JN000380

社会福祉連携推進法人の制度と会計実務
-社会福祉法人のための早わかりガイド-

［編著］一般社団法人 福祉経営管理実践研究会

第一法規

は じ め に

　現代において、人口動態の変化や福祉ニーズの複雑化・複合化の中で、社会福祉法人には、経営基盤の強化を図るとともに、こうした福祉ニーズに対応することが求められています。

　社会福祉法人制度は1951年、社会福祉事業法（現　社会福祉法）によって制度化されました。戦後、連合国軍最高司令官総司令部（GHQ）は社会事業の民主化・非軍事化を要求し、『SCAPIN75（社会救済）』を発令して政府の実施責任の確立と民間への委任移譲を禁止したことに対し、政府が行うべき事業を代行した対価を償還払いするという形で措置委託制度が採用されました。社会福祉法人は、これを行う民間団体としてその公益性を明らかにし、設けられたものです。よって当時、社会福祉法人に求められた役割は、計画通りに割り当てられた任務を全うすることに重点が置かれていたと考えられます。

　その後の高度経済成長の結果、社会問題として顕在化した消費者物価の上昇、格差の拡大、社会資本の不足に対し、国民皆保険・皆年金等、社会保障の拡充が要請され、福祉六法体制が確立しました。しかし1980年代以降、政府の役割は“保護介入”から“側面から支援し環境条件を整備する”役割に転換し、分権化、民間活力の活用、多元化がうたわれるようになりました。さらに2000年以降は、社会福祉基礎構造改革によって、個人の尊厳を重視したサービス促進、サービスの質の向上、社会福祉事業への多様な主体の参入、地域福祉の推進が掲げられ、福祉サービスの利用の多くが措置制度から利用契約制度へと変更されました。近年では「地域共生社会」がキーワードとなり、地域住民や地域の多様な主体が参画し、人と人、人と資源が世代や分野を超えつながることで、住民一人ひとりの暮らしと生きがい、地域をともにつくっていく社会が目指されています。

　戦後の福祉実践を担ってきた社会福祉法人の役割は、制度福祉のプレイヤーに留まらず、新たな社会課題に対する解決策を生み出すアントレプレナーとなることが期待されます。既存の枠に捉われず、今までにない取組による地域公益活動を創発、促進させる一手法として、この社会福祉連携推進法人制度を理解し、活用していただければと考えます。そして、制度の活用がすべての住民の主体性をもった地域社会への参画促進という近年の流れを発展させ、これまでの法人単独、地域単位での活動では限界があった根本的な社会問題の解決につながることを願います。

2023年2月

一般社団法人　福祉経営管理実践研究会

一同

目次

Ⅱ 連携法人の会計基準と通知

第 1 章

社会福祉連携推進法人制度

　ここでは、社会福祉連携推進法人制度にご関心をお持ちの皆様に対し、制度全般の概要を示します。

　これから社会福祉連携推進法人を設立し、運用する上で必要な認定申請や具体的な業務、ガバナンスについて、対応する法令箇所を併せて表記していますので、**第2章以下**においてこれらを参照することにより、理解を深めていただけます。

1　制度の概要

　　ここでは、社会福祉連携推進法人制度について、（1）どのような目的で創設されたのか、（2）どのような業務が行えるのか、そして（3）その構成員（→社員）はどう設定するのか、制度の概要を説明します。

　　なお、以下、「社会福祉連携推進法人」を「連携法人」と略記します。

　　また、本章でご紹介していく認定所轄庁（2（1）参照）における認定事務及び連携法人の業務運営等については、以下の法令によることとされています。

- ・一般社団法人及び一般財団法人に関する法律（平成18年法律第48号、以下「一般法」という）
- ・社会福祉法（昭和26年法律第45号、以下「社福法」という）
- ・社会福祉法施行令（昭和33年政令第185号、以下「社福法施行令」という）
- ・社会福祉法施行規則（昭和26年厚生省令第28号、以下「社福法施行規則」という）
- ・厚生労働省社会・援護局長通知「社会福祉連携推進法人の認定等について」（社援発1112第1号）の別添「社会福祉連携推進法人認定・運営基準」（以下「認定・運営基準」という）

▶社会福祉連携推進認定をする所轄庁を「認定所轄庁」とします（社福法127条）

（1）　制度創設の目的

　　連携法人制度は、社福法127条1号において、①社員の社会福祉に係る業務の連携を推進し、②地域における良質かつ適切な福祉サービスを提供するとともに、③社会福祉法人の経営基盤の強化に資することを目的として、福祉サービス事業者間の連携・協働方策の新たな選択肢として創設されたものです。2以上の社会福祉法人等の法人が社員として参画し、その創意工夫による多様な取組を通じて、地域福祉の充実、災害対応力の強化、福祉サービス事業に係る経営の効率化、人材の確保・育成等を推進します。よって連携法人の設立により、同じ目的意識を持つ法人が個々の自主性を保ちながら連携し、規模の大きさを生かした法人運営が可能となります。

　　連携法人は、一般社団法人が社会福祉連携推進認定を受けることによって設立します。2以上の社会福祉法人等（社員）が参画し、社員の過半数が社会福祉法人であることが要件となっており、理事及び監事の要件は社会福祉法人制度と同水準が求められます。また、会計基準は、社会福祉連携推進法人会計基準に準拠することになっています。

▶「社会福祉連携推進認定」は、社福法125条に定める所轄庁による認定です

　　連携法人は既存の連携方策等と比較し、①個々の法人の自主性を確保しつつ、法的ルールに則った一段深い連携が可能であること（自主的な連携との比較）、②業務の実施区域が限定されていないことから、広範囲での連携が可能であり、また、連携する合意の取れた法人同士で設立ができること（社会福祉協議会との比較）、③社会福祉法人のように社会福祉事業を実施する必要がな

く、法人同士の連携のために設立ができること（法人形態を社会福祉法人とすることとの比較）の3点から、同じ目的意識を持つ法人が個々の自主性を保ちながら連携し、規模の大きさを生かした法人運営が可能となります。

これまでも地域において自主的な連携による創意工夫はみられましたが、資産の法人外流出に対する制限により施策に限界がありました。連携法人制度によって地域資源の人的・財源的共有が可能となり、サービスの質の向上にも資することが期待されます。

▶連携法人は、社会福祉事業を営むことができません（社福法132条4項）

法人間連携の新たな選択肢（設立のメリット①）

良質な福祉サービスの提供と社会福祉法人の経営基盤の強化に向けた連携を促進するため、「社会福祉協議会や法人間の緩やかな連携（連携低）」と「合併、事業譲渡（連携高）」しかなかった連携方策における、法人の自主性を確保しつつ連携を強化する中間的な新たな選択肢となるのでは、と期待されています。

（2）　連携法人が行える業務

連携法人が行える業務として、①地域福祉支援業務、②災害時支援業務、③経営支援業務、④貸付業務、⑤人材確保等業務、⑥物資等供給業務、の6業務が掲げられます。

【連携法人の全体像】

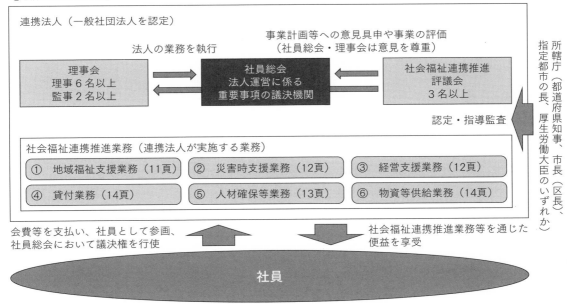

（厚生労働省「社会福祉連携推進法人の運営の在り方等に関する検討会とりまとめ」p.2を参照し作成）

社福法125条に社会福祉連携推進業務として掲げられる6業務は全部実施ではなくとも、一部を選択して実施することもあります。また、例えば地域福祉支援業務は小地域における活動が主となるのに対し、経営支援業務は必ずしも

地域が限定されないように、活動領域も様々になります。

▶社会福祉連携推進
　法人制度の施行に
　向けたFAQ（No.1）
　（以下「FAQ」とい
　う）問4の一部

地域的なものと広域的なものを想定（設立のメリット②）

　社会福祉連携推進業務のうち、どの業務を行うかは、各連携法人の判断であることから、

- 　地域福祉支援業務等を中心に、市区町村域において分野を超えて様々な法人が連携支援を行うタイプ
- 　人材確保等業務等を中心に、都道府県域等において特定の分野の法人が広域的に連携するタイプ

など、その連携法人の創意工夫に基づき、多様な運営形態で行われることが許容されるものと考えられます。

　地域の衰退、家族機能のさらなる脆弱化等による生活課題の複雑化・困難化・複合化により、社会福祉の意義、重要性はますます高まっています。社会福祉法人の存在意義を再認識し、社会保障や社会福祉事業では対応できなくなりつつある社会的ニーズへの積極的な取組へのサポートが、連携法人には期待されていると考えます。

福祉サービス実施のための連携（設立のメリット③）

　社会福祉法人は社福法24条2項において、社会福祉事業及び公益事業を行うに当たって、日常生活又は社会生活上の支援を必要とする者に対し、無料又は低額な料金で、福祉サービスを積極的に提供するよう努めなければならないとされています。しかし社会福祉法人は、社会福祉事業を行うことを目的として、社福法の定めるところにより設立される法人です。人口減少、共同体機能の脆弱化といった多様化する地域ニーズの変化に対応

Column　社会福祉協議会による積極的な連携について

　連携法人制度の創設は、「良質な福祉サービスの提供と社会福祉法人の経営基盤の強化に向けた連携を促進するため、＜社会福祉協議会や法人間の緩やかな連携＞、＜合併、事業譲渡＞しかない社会福祉法人間の連携方策に中間的な新たな選択肢が必要ではないか」（社会福祉法人の事業展開等に関する検討会（第4回）、2019年10月）という視点から検討されました。しかし、合併を行った社会福祉法人に対して実施された調査では、合併目的について「業績不振法人の救済のため（84.6％）」とする回答が最も多いことから（厚生労働省ホームページ「社会福祉連携推進法人の運営等について」2021年8月）、合併は地域公益活動への前向きな取組を検討する法人間では活用される選択肢ではないかもしれません。

　連携法人は、連携する範囲を社員間で設計することが可能となり、先進的な取組が生まれることが期待されます。なお、連携法人制度は新たな選択肢であって、これまでの緩やかな連携を否定するものではありません。社会福祉協議会には、社会福祉法人の連携の中核として、複数法人間連携による地域貢献の取組をさらに推進する積極的な姿勢が求められているのではないでしょうか。

し、安定的に制度内外のサービスを提供するためには、法人の持続可能な経営基盤の確保が必要です。連携法人は制度化された社会福祉事業の実施ではなく、制度を超えた取組を「支え合う」ことにその役割が期待されます。連携法人は社会福祉法人ではなく一般社団法人の形態を取ることで、参加する社員によって制度化されていない社会的ニーズへの対応を強化・推進できるのではないでしょうか。

（3）　構成員—社員について

　社員については、社会福祉法人その他社会福祉事業を経営する者又は社会福祉法人の経営基盤を強化するために必要な者（社福法施行規則40条１項において、①社会福祉事業等従事者の養成機関を経営する法人、②社会福祉事業を目的とする事業（社会福祉事業を除く）を経営する法人）とされています（社福法127条２号）。社員はいわゆる従業員ではなく、社員総会において議決権を行使することができる構成員のことです。

▶「4　ガバナンス（1）社員」にて詳しく記載します

　社員は、会費や入会金、業務委託費等を負担し、連携法人の運営に参画するとともに、その運営に係る重要事項の意思決定に当たって、社員総会において議決権を行使します。

社会福祉法人は複数の連携法人の社員となれるのでしょうか

　地域福祉支援業務等を中心に、市町村域において法人種別を超えた連携支援を行うタイプや人材確保等業務等を中心に、都道府県域等において特定法人種別が広域的に連携するタイプ等、多様なタイプの連携法人が設立されることが想定されるため、社会福祉法人等は、複数の連携法人の社員となることができます。

▶地域福祉支援業務等、連携法人の業務については、全体像を３頁の図にて、詳細を９頁以下「3　社会福祉連携推進業務」にて説明します。

2　認定申請

　ここでは、連携法人としての認定を受けるための申請に必要な手続、認定基準及び地域住民に対して周知すべき社会福祉連携推進方針、定款記載事項について、説明します。

（1）　認定所轄庁（社福法131条により準用される30条関係）

　認定所轄庁は、連携法人の主たる事務所の所在地及びその行う事業の区域に応じ、次のアからエまでにそれぞれ掲げる通りです。

　　ア　主たる事務所が市（特別区を含む。以下同じ）の区域内にある連携法人であって、その行う事業がその市の区域を越えないもの
　　　　市長（特別区の区長を含む）

　　イ　主たる事務所が指定都市の区域内にある連携法人であってその行う事業が１の都道府県の区域内において２以上の市町村の区域にわたるもの
　　　　指定都市の長

▶連携法人が行う事業は、現に連携法人に参画する社員に係る法人の主たる事務所の所在地を基準に判断します。なお、社員の増減により、認定所轄庁が変更となる見込みがある場合には、連携法人は、速やかにその旨を現在の認定所轄庁に相談してください。

ウ　連携法人の行う事業が2以上の地方厚生局の管轄区域にわたるもので
あって、社員に係る法人の主たる事務所が全ての地方厚生局の管轄区域に
わたり、かつ社福法125条に掲げる社会福祉連携推進業務の全てを行うも
の、又はそれに類するもの（社福法施行規則40条の4）

厚生労働大臣

エ　アからウまで以外のもの

都道府県知事

なお、認定所轄庁に関する規定は、社会福祉法人に関する規定を準用します
（社福法131条関係）。

また、連携法人の計算、解散及び清算、役員等並びに社会福祉連携推進認定
をした所轄庁（認定所轄庁）による監督等についても、社会福祉法人に関する
規定を準用します（社福法138条1項、141条、143条1項及び144条関係）。

さらに、連携法人の代表理事の選定及び解職は、認定所轄庁の認可を受けな
ければ、その効力を生じません（社福法142条関係）。

（2）　必要な書類（社福法126条1項関係）

認定所轄庁への申請は、社員の氏名又は名称、社会福祉連携推進業務を実施
する区域等を記載した社会福祉連携推進方針その他厚生労働省令で定める次の
書類を添えてしなければなりません。

ア　申請書

イ　定款

ウ　登記事項証明書

エ　社会福祉連携推進方針

オ　役員名簿（氏名、生年月日、住所）

カ　社会福祉連携推進評議会の構成員名簿（氏名、生年月日、住所）

キ　社員名簿（名称、代表者氏名、主たる事務所の所在地）

ク　社福法127条各号に規定する認定基準に適合することを証する書類

ケ　社福法128条各号に規定する役員が欠格事由に該当しないことを証する
書類

コ　役員・社会福祉連携推進評議会の構成員の就任承諾書・暴力団員に該当
しない旨の誓約書

サ　認定申請段階においてその連携法人に帰属すべき財産の財産目録

シ　認定申請を行う会計年度及びその次の会計年度における事業計画書及び
これに伴う収支予算書

ス　その他認定所轄庁が必要と認める書類

（3）　認定基準（社福法127条関係）

連携法人の認定を受けるには、次の基準に適合する必要があります。

ア　法人設立の目的について（社福法127条1号関係）

定款上、次の㋐及び㋑のいずれもが記載されているとともに、社会福祉

▶ウの末尾「それに
類するもの」とは、
社員に係る法人の
主たる事務所が全
ての都道府県に所
在し、かつ社福法
125条に掲げる社
会福祉連携推進業
務のうち2以上の
業務を行うものを
指します。

▶これらの様式につ
いては認定・運営
基準の別記2、3、
4、5参照

▶申請に当たって
は、副本1通を添
付すること

6

連携推進業務に係る事業費率が過半を占めていることが必要です。

　　⑦　社員の社会福祉に係る業務の連携を推進する旨

　　④　それにより、地域における良質かつ適切な福祉サービスの提供及び社会福祉法人の経営基盤の強化に資する旨

　イ　社員の構成について（社福法127条2号関係）

　　要件を満たしていることが必要です（「4　ガバナンス（1）社員」を参照）。

　ウ　知識及び能力並びに財産的基礎について（社福法127条3号関係）

　　社会福祉連携推進業務を適切かつ確実に行うため、組織機関が全て備わり、かつ業務運営の実施体制が確保されているとともに、会費等により、少なくとも認定申請を行う会計年度及びその次の会計年度において事業支出に相当する収入が確保される見通しがあることが必要です。

　エ　社員の資格の得喪について（社福法127条4号関係）

　　定款等において、社員の資格の得喪に関し、連携法人の目的に照らして、不当に差別的な取扱いをする条件その他の不当な条件を付していないことが必要です。

　オ　定款の記載事項について（社福法127条5号関係）

　　後述の（5）定款の作成及び認定・運営基準別紙3の定款例を参照し、作成します。

（4）　社会福祉連携推進方針（社福法126条2項、140条関係）

　社会福祉連携推進方針は、地域住民等に対して、当該連携法人の業務内容を周知する観点から、以下の内容を記載しなければなりません。

　ア　参画する社員の氏名又は名称

　イ　社会福祉連携推進業務を実施する区域（以下「社会福祉連携推進区域」という）

　　原則として市町村単位で記載しますが、社員に係る法人の主たる事務所の所在地が1つの都道府県の全ての市町村にわたる場合には、「○○県全域」といった記載で差し支えありません。

　ウ　社会福祉連携推進業務の内容

　　社会福祉連携推進業務の種類ごとに、当該連携法人において行われる業務の内容を具体的に記載します。

　エ　貸付業務を行う場合には、「貸付対象社員の名称」「貸付けの金額及び契約日」「予算・決算等の貸付対象社員の重要事項の承認方法」

　　当初の認定申請の段階において貸付業務を行う予定がない場合には、記載不要です。また、認定後において新たに貸付業務を行おうとする場合には、社会福祉連携推進方針の変更が必要となります。

　　また、社会福祉連携推進方針に変更が生じる場合、連携法人は、社員総会での決議を経た上で、認定・運営基準別記様式8により、認定所轄庁の認定を受けなければなりません。

（参考）社会福祉連携推進方針の記載イメージ

社会福祉連携推進法人の名称		社会福祉連携推進法人　〇〇会
社員		社会福祉法人〇〇、社会福祉法人□□、社会福祉法人△△、 社会福祉法人●●、NPO法人〇〇
理念・運営方針		1. 社会福祉連携推進業務を通じて、地域住民に安心、安全かつ質の高い福祉サービスの提供を目指す。 2. 福祉・介護人材の育成・確保、定着を目指す。 3. 地域ニーズの変化を踏まえ、地域における福祉サービスを維持・確保していくため、効率的かつ透明性の高い経営の確保を目指す。
社会福祉連携推進業務を実施する区域		〇〇県及び□□県
社会福祉連携推進業務の内容	地域福祉支援業務	社員が共同で行う「地域における公益的な取組」の企画・立案、実施に向けた調整業務
	災害時支援業務	実施なし
	経営支援業務	社員の財務状況の分析・助言
	貸付業務	実施なし
	人材確保等業務	社員の人材の合同募集、社員間の人事交流、合同研修の実施等の調整業務
	物資等供給業務	実施なし

※以下は社会福祉連携推進法人が貸付業務を行いたい場合

貸付件名	令和〇年〇月〇日の社員〇〇に対する〇〇円の貸付け
貸付対象社員	社会福祉法人〇〇
貸付対象社員における重要事項に係る決定の確認方法	貸付対象社員の評議員会において、各年度の予算・決算等を決議するに当たっては、あらかじめ社会福祉連携推進法人の理事会において、承認を受けなければならないものとする。

（厚生労働省「社会福祉連携推進法人の運営の在り方等に関する検討会とりまとめ」p. 45）

　なお、貸付業務を行う場合にあっては、連携法人及び貸付対象社員との間の契約単位で、貸付業務の内容を社会福祉連携推進方針に盛り込む必要があります。

（5）　定款の作成（社福法127条5号関係）

　連携法人の認定に当たっては、定款において、次の事項を定めなければならないこととされています。

ア　社員の議決権に関すること

イ　役員に関すること

ウ　代表理事に関すること

エ　理事会に関すること

オ　一定規模を超える法人においては、業務の適正を確保するための体制及び会計監査人に関すること

カ　社会福祉連携推進評議会に関すること

キ　貸付業務を行う場合に、貸付対象社員があらかじめ連携法人の承認を受けなければならない事項に関すること

ク　資産に関すること

ケ　会計に関すること

コ　解散に関すること

サ　社会福祉連携推進認定の取消しを受けた場合の財産の帰属先に関すること

シ　清算する場合の財産の帰属先に関すること

ス　定款の変更に関すること

セ　その他、社会福祉連携推進業務を行うために必要なものに関すること

　定款の作成に当たっては、「社会福祉連携推進法人定款例」が示されますが、これはあくまで一例であり、定めなければならない事項が記載され、その内容が関係法令に沿ったものとなっていることを確認してください。

▶認定所轄庁より認定の通知があった場合には定款中の名称変更が必要となります（34頁「5（11）定款の変更」参照）。

（6）　欠格事由（社福法128条及び社福法施行令34条関係）

　次のアからウまでのいずれかに該当する場合には、社会福祉連携推進認定は受けられません。

　ア　役員のうち、次の㋐から㋓までのいずれかに該当する者があるもの

　　㋐　連携法人が社福法145条1項又は2項の規定により社会福祉連携推進認定を取り消された場合において、その取消しの原因となった事実があった日以前1年内に当該連携法人の業務を行う理事であった者でその取消しの日から5年を経過しないもの

　　㋑　社福法又は社福法施行令の規定で定める社会福祉に関する法律の規定により罰金以上の刑に処せられ、その執行を終わり、又は執行を受けることがなくなった日から5年を経過しない者（㋐に該当する者を除く）

　　㋒　禁錮以上の刑に処せられ、その刑の執行を終わり、又は刑の執行を受けることがなくなった日から5年を経過しない者

　　㋓　暴力団員による不当な行為の防止等に関する法律（平成3年法律第77号）2条6号に規定する暴力団員又は暴力団員でなくなった日から5年を経過しない者（以下「暴力団員等」という）

　イ　社福法145条1項又は2項の規定により社会福祉連携推進認定を取り消され、その取消しの日から5年を経過しないもの

　ウ　暴力団員等がその事業活動を支配するもの

3　社会福祉連携推進業務

　ここからは、社会福祉連携推進業務の具体的な内容について、例を示しながら説明します。

（1）　全般

　連携法人は、自ら社会福祉事業を実施することはできませんが（社福法132条4項）、共同購入等による業務効率化、経営支援等のノウハウ提供だけではなく、資金流出に制限のある社会福祉法人が、他の社会福祉法人に対して貸付業務による資金の貸付を行う等、社会福祉連携推進業務が可能となります。

　なお、社会福祉連携推進業務の遂行に支障がなければ、関連業務を以下の要件を満たす範囲において、行うことができるとされています。

　ア　当該業務の事業規模が連携法人全体の事業規模の過半に満たないもので

▶社会福祉連携推進業務以外の業務の要件

あること

イ　当該業務を行うことによって社会福祉連携推進業務の実施に支障を及ぼすおそれがないものであること

ウ　社会福祉事業その他社会福祉を目的とする福祉サービス事業でないこと

これらの業務内容については特段の制約はありませんが、連携法人の社会的信用を傷つけるおそれのあるもの又は投機的なものは適当ではありません。また、これらの業務から得られた収益は、社会福祉連携推進業務に充当することが求められています。

（2）　社会福祉連携推進業務の例示

連携法人は、主な業務として、社会福祉連携推進業務である①地域福祉支援業務、②災害時支援業務、③経営支援業務、④貸付業務、⑤人材確保等業務、⑥物資等供給業務の実施が想定されています。

① 　**地域福祉支援業務**

- ・　地域住民の生活課題を把握するためのニーズ調査の実施
- ・　ニーズ調査の結果を踏まえた新たな取組の企画立案、支援ノウハウの提供
- ・　取組の実施状況の把握・分析
- ・　地域住民に対する取組の周知・広報
- ・　社員が地域の他の機関と協働を図るための調整
- ・　社員の経営する施設又は事業所の利用者であって、判断能力が不十分なもの等に対する法人後見

② 　**災害時支援業務**

- ・　災害時支援ニーズの事前把握
- ・　ＢＣＰ（業務継続計画）の策定や避難訓練の実施
- ・　被災施設等に対する被害状況調査の実施
- ・　被災施設等に対する応急的な物資の備蓄・提供
- ・　被災施設等の利用者の他施設への移送の調整
- ・　被災施設等で不足する人材の応援派遣の調整
- ・　地方公共団体との連絡・調整

③ 　**経営支援業務**

- ・　社員に対する経営ノウハウ等に関するコンサルティングの実施
- ・　賃金テーブル作成等、人事・給与システムに関するコンサルティング実施
- ・　社員の財務状況の分析・助言
- ・　社会福祉法人会計に関する研修の実施等、適正な財務会計の構築支援
- ・　社員の特定事務に関する事務処理の代行
- ・　社員の施設等における外国人材の受入れ支援（介護職種に係る技能実習の監理団体として行う業務に限る）

④ 　**貸付業務**

▶認定・運営基準第2「連携推進法人の行う業務」

▶社員ではない地域の被災者に対する支援活動については、地域福祉支援業務として行います

▶特定事務とは、経営や労務管理等に関する事務を指します

　　社会福祉法人である社員に対する資金の貸付け

⑤　人材確保等業務

・　社員合同での採用募集

・　出向等社員間の人事交流の調整

・　賃金テーブルや初任給等の社員間の共通化に向けた調整

・　社員の施設等における職場体験、現場実習等の調整

・　社員合同での研修の実施

・　社員の施設等における外国人材の受入れ支援（経営支援業務である介護職種に係る技能実習の監理団体として行う業務を除く）

⑥　物資等供給業務

・　紙おむつやマスク、消毒液等の衛生用品の一括調達

・　介護ベッドや車いす、リフト等の介護機器の一括調達

・　介護記録の電子化等ＩＣＴを活用したシステムの一括調達

・　社員の施設等で提供される給食の供給

（3）　社会福祉連携推進業務の内容

　　ここでは、社会福祉連携推進業務である業務の内容について確認します。なお、貸付業務については多岐にわたるため、次項（4）に整理します。

①　地域福祉支援業務（社福法125条1号関係）

【要件】

　　地域福祉支援業務については、社福法125条1号の規定により、以下ア〜ウに該当する必要があります。

　　ア　地域福祉の推進に係る取組であること

　　イ　その取組を社員が共同して行うものであること

　　ウ　その取組を連携法人が支援するものであること

【地域福祉の推進に係る取組について】

　　地域福祉の推進に係る取組には、法令上の事業に限らず、地域の社会福祉を推進するものが広く該当します。その取組の実施には、福祉サービスの提供は社員が行うことを前提としつつ、社員間の情報共有や連絡調整、ノウハウの共有等といった連携強化のための支援を行うことになります。

▶社福法24条2項に規定する、「地域における公益的な取組」を含みます

【連携法人による支援とは】

　　地域福祉「支援」業務であることを鑑み、連携法人自体が主体となって、地域住民等に対し、社会福祉事業その他社会福祉関係の福祉サービスを提供するような取組は、地域福祉支援業務に該当しません。ただし、例外的に、地域の福祉ニーズを踏まえつつ、連携法人が社員である社会福祉法人等を支援する一環で、社会福祉関係の福祉サービスを行う場合については、以下の要件をいずれも満たせば、地域福祉支援業務に該当します。

　　ア　連携法人と社員の両方がその福祉サービスを提供していること

　　イ　連携法人から社員へのノウハウの移転等を主たる目的とするなど、連携法人が福祉サービスを実施することが社員への支援に当たること

▶制度として確立され、定型化・定着している社会福祉事業を除きます

② 災害時支援業務（社福法125条2号関係）

【要件】

　災害時支援業務については、社福法125条2号の規定により以下ア～ウに該当する必要があります。

　ア　災害が発生した場合、社会福祉事業を経営する社員が提供する福祉サービスの利用者の安全を確保するための取組であること

　イ　その取組を社員が共同して行うものであること

　ウ　その取組を連携法人が支援すること

【対象となる災害時とは】

　社福法125条2号に規定される災害は、自然災害に限定されていないため、例えば感染症等の危機的状況は災害に含まれると解し、その取組は災害時支援業務に該当します。また、社会福祉事業を経営する社員が提供する福祉サービスは、社会福祉事業に該当しないものであっても災害時支援業務に含まれます。なお、福祉避難所として受け入れた被災者等に対する支援も含まれることとされます。

【連携法人による支援とは】

　ここでの支援とは、社員が提供する福祉サービスの利用者の安全を確保するための取組に対して、社員間の情報共有や連絡調整、人材や物資の融通等といった支援をいうものとされています。

【地方公共団体との連携について】

　業務の実施に当たって、地方公共団体が行う、災害対策や感染症対策の方向性と矛盾する業務を行うと、地域の復旧・復興に著しい支障を生ずるおそれがあります。連携法人と社員は、常に連携法人の活動区域内の地方公共団体（認定所轄庁以外の地方公共団体も含む）と連携し、これらの対策と調和が保たれるように努めなければなりません。

災害派遣福祉チーム（DWAT）との関係

　災害派遣福祉チーム（DWAT）との関係としては、連携法人が、社員である法人からDWATのチーム員を登録させ、これをチームとして編成し、都道府県災害対策本部等と連携の上、避難所等への派遣調整、移動手段や宿泊先の確保等、チームへの後方支援等を行う本部機能を担うことも考えられています。

---

③ 経営支援業務（社福法125条3号関係）

【要件】

　経営支援業務については、社福法125条3号の規定により以下ア、イに該当する必要があります。

　ア　社員が経営する社会福祉事業の経営方法に関する知識の共有を図る取組であること

　イ　その取組を連携法人が支援するものであること

【経営方法に関する知識の共有】

特定の社員が持つ経営方法に関する知識を共有することに限らず、社会福祉事業の経営ノウハウを共有することが広く該当します。連携法人はその取組の実施に当たって、社員間の連絡調整、社員へのコンサルティング等の支援を行うことになります。

【法令範囲への配慮】

連携法人が事務処理の代行を行う際、他法令に違反しない範囲で行うことに留意する必要があります。例えば、会計関係の業務や人事労務管理の業務については、社会福祉法人が他者に事務処理を委託している例がありますが、連携法人が行う場合には、他法令に抵触しないもの（報酬等請求事務のデータの作成代行や会計帳簿の記帳代行等）を行うことが可能となります。租税に関する申告や書類作成（税理士法に抵触）、社会保険労務士法別表第1に規定された労働基準法や職業安定法等に基づく書類の作成や手続等（社会保険労務士法に抵触）は行うことができません。

④　貸付業務（社福法125条4号関係）

【要件】

貸付業務については、社福法125条4号の規定により以下ア、イのいずれにも該当する必要があります。

　ア　社会福祉法人である社員に対する貸付けであること

　イ　その貸付けに係る原資は、貸付けを受ける社員以外の社会福祉法人である社員から連携法人に対して貸付けを受けたものであること

　なお、詳細は次項（4）に整理します。

⑤　人材確保等業務（社福法125条5号関係）

【要件】

人材確保等業務については、社福法125条5号の規定により以下ア、イのいずれかの取組に該当する必要があります。

　ア　社員が経営する社会福祉事業の従事者の確保のための支援

　イ　社員が経営する社会福祉事業の従事者の資質の向上を図るための研修

【従事者確保のための取組について】

従事者確保のための取組には、「新たな従事者の募集や採用、外国人材の受入れの調整等多様な人材の確保のための取組」、「社員間の人事交流の支援等既存の従事者が職場に定着するための取組」、「学生に対する職場体験の調整等福祉・介護の仕事の魅力を発信するための取組」等、多様な取組が広く含まれます。

【委託募集の特例について】

社福法134条2項に基づき、連携法人は、委託募集をするときは、あらかじめ、厚生労働省令で定められた事項を厚生労働大臣（都道府県労働局長）に届け出なければならないこととなっています。

当該事項については、委託募集の規定がある他の法令を参考に、「募集に係る事業所の名称及び所在地」、「募集時期」、「募集職種及び人員」、「募集地域」、「募集に係る労働者の業務の内容」、「賃金、労働時間その他の募集に係

▶税理士法（昭和26年法律第237号）

▶労働基準法（昭和22年法律第49号）

▶職業安定法（昭和22年法律第141号）

▶社会保険労務士法（昭和43年法律第89号）

▶認定・運営基準別紙2「委託募集の特例の実施方法」参照

▶委託募集に関する法令については、第2章の「4　（2）**委託募集の特例等**」参照

る条件」、となります。

【社員間の人事交流・労働移動について】

人材確保等業務には、連携法人が社員間の人事交流を支援することも含まれますが、人事交流を支援するに当たっては、労働関係法規に抵触しない方法で行うことが必要となります。

また、連携法人が職業紹介（職業安定法）や労働者派遣（労働者派遣法）を行う場合は、別途適用される各法令の要件を満たし、適正な手続により許可を取る必要があります。

【外国人材の受入れ支援について】

社員が技能実習生以外の外国人材を受け入れるに当たり、連携法人が社員を支援することは、社会福祉事業の従事者の確保に当たるため、連携法人は、別途各法令の要件を満たした場合、人材確保等業務として行うことができます。なお、介護職種に係る技能実習の監理団体については、経営支援業務として行うことになります。

⑥　物資等供給業務（社福法125条 6 号関係）

【要件】

物資等供給業務については、社福法125条 6 号の規定により、以下ア、イのいずれかの取組に該当する必要があります。

ア　社員が経営する社会福祉事業に必要な設備又は物資であること

イ　その設備又は物資を連携法人が供給すること

【給食の供給について】

▶連携法人が一括調達して社員に供給することのほか、連携法人が生産して社員に供給することを含みます

社員の施設で提供される給食の供給については、食品衛生法（昭和22年法律第233号）等関係法令を遵守した上で、社員から連携法人が委託を受けて、物資等供給業務の一環として行うことができます。その際、給食に必要な設備については、特定の社員の施設の厨房を活用するほか、連携法人が必要な設備を持つことも認められます。

（4）　貸付業務の内容

資金の貸付業務については、以下の内容を検討する必要があります。

▶連携法人による貸付業務は、あくまでも民間金融機関による融資や、独立行政法人福祉医療機構等による政策融資の補完的な役割を担うものであることに注意が必要です

なお、本業務の原資は、社員である社会福祉法人の資産を想定しているため、社会福祉法人が保有する資産が主として介護報酬や措置費といった公費によって構成されるとともに、これらは福祉ニーズを抱える者に対するサービス提供の対価であることを考慮すれば、法人運営に支障のないよう行う必要があります。社員である社会福祉法人が社会福祉業務を行うのに必要な資金調達に関するニーズは想定されますが、制度施行から当面の間は、リスク管理の観点から、貸付けのみを認めることとされています。

また、貸付業務の実施に当たっては、認定・運営基準　別紙 1 の「貸付業務の実施方法」に従って行うことが求められています。

①　契約方法

貸付原資提供社員と連携法人との金銭消費貸借契約、連携法人と貸付対

象社員との金銭消費貸借契約とを、それぞれ締結します。また、貸付資金が返済不能になる場合に備え、返済不能時の資金回収手続や、回収資金分配等の処理について、私法上の契約を結びます。

　　金銭消費貸借契約等について、連携法人の社員は、利害関係を有する社員が議決権を行使したことによって著しく不当な決議がされた場合、一般法266条の規定に基づき、裁判所に社員総会等の決議の取消しの訴えを提起できます。

② 　契約の履行

　　貸付原資提供社員と連携法人との契約、及び連携法人と貸付対象社員との契約履行（貸付金の振込）は同一日に行います。

　　連携法人の目的に鑑み、貸付原資提供社員と連携法人との金銭消費貸借契約、連携法人と貸付対象社員との金銭消費貸借契約には、債権譲渡禁止特約を盛り込むこととします。

③ 　貸付原資提供社員（社会福祉法人のみ）のルール

【連携法人への貸付けの要件】

　　貸付原資提供社員の法人運営の安定のため、連携法人への貸付金の提供に当たっては、以下を要件とします。

　　ア 　拠点区分として本部拠点を設け、当該本部拠点の貸借対照表に連携法人への貸付金を計上すること

　　イ 　貸付けを行う年度の前年度の法人全体の事業活動計算書における当期活動増減差額が黒字であること

　　ウ 　直近３か年度の本部拠点の事業活動計算書における当期活動増減差額の平均額を上限とすること

　　エ 　貸付金原資を調達する目的で、金融機関等からの借入、資産の売却を行わないこと

　　オ 　貸付金利は高利でない適正な利率（無利子含む）であること

　　カ 　その連携法人から貸付けを受けていないこと

【手続】

　　理事会、評議員会において、貸付けの当事者で合意すべき内容について承認を受けます。その際、貸付対象社員の状況次第では、返済されない可能性があることを十分考慮し、理事会、評議員会において丁寧に議論した上で、手続を進める必要があります。

　　また、貸付原資提供社員の法人運営の安定性が損なわれることのないよう、貸付原資提供社員は、連携法人への貸付けについて、あらかじめ認定所轄庁に相談することが望ましいと考えます。

【社会福祉法人の事業における貸付原資の位置付け】

　　貸付原資提供社員から提供される貸付原資は、法人本部の資金であり、貸付対象社員への貸付金の使途は社会福祉事業に限定されていることから、貸付原資提供社員から連携法人への貸付けは、社会福祉法人の事業区分上では、社会福祉事業の一環として位置付けられます。

▶「貸付原資提供社員」から「連携法人」への貸付と、「連携法人」から「貸付対象社員」への貸付が発生します

▶法人本部をサービス区分として設置する社会福祉法人についても、貸付けを行う場合は必ず法人本部を拠点として設置する必要があります（FAQ（No.１）問12）

▶貸付原資の提供は複数の社員からできますが、貸付対象社員を除く社会福祉法人である全社員が行わなくてもよいことになっています。なお、貸付原資提供社員は、提供上限額の範囲内であれば、複数の社員に対して、同時に複数の貸付けを行うことも可能です

社会福祉連携推進法人が行う貸付けの基本スキーム

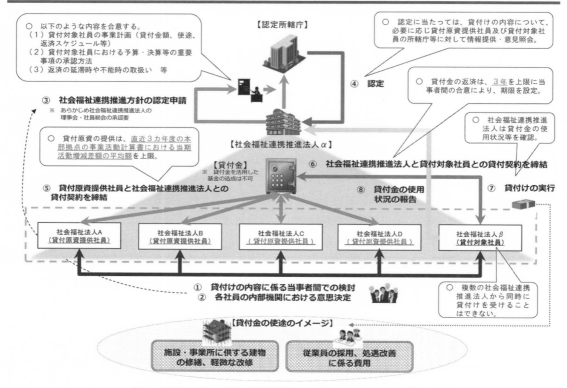

（厚生労働省「社会福祉連携推進法人の運営の在り方等に関する検討会とりまとめ」p. 29）

▶なお、貸付原資提供社員から連携法人への貸付けは、社会福祉充実財産の控除対象財産とはなりません

④　貸付対象社員のルール

理事会、評議員会において、貸付けの当事者として合意すべき内容について承認を受けます。

抵当権等の担保の設定については、連携法人以外からの借入の場合と同様、基本財産を担保とする場合のみ、貸付対象社員は、その法人の認定所轄庁の認可を得る必要があります。さらに貸付対象社員は、社福法127条5号トに基づき、自法人の予算等の重要事項について、連携法人の承認を受けなければなりません。

なお、貸付金使用後、連携法人に対して、速やかにその貸付金の使用状況について報告を行わなければなりません。

【要承認事項】

貸付けを受ける社員は、貸付けを受けた年度から、その貸付金の返済が完了する年度までの間、以下の事項について、連携法人の承認を受ける必要があります。

ア　予算（補正予算を含む）の決定又は変更及び決算の決定

イ　借入金（その会計年度内の収入にて償還する一時借入金を除く）の借入

ウ　重要な資産の処分

エ　合併

（参考）社会福祉連携推進法人による貸付けの手続フロー

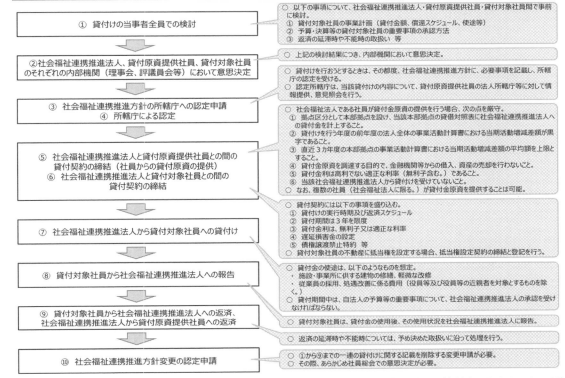

（厚生労働省「社会福祉連携推進法人の運営の在り方等に関する検討会とりまとめ」p.30）

　オ　目的たる事業の成功の不能による解散

【脱退に関する事項】

　貸付対象社員の脱退手続については、連携法人への加入脱退は原則自由であることも踏まえ、社員総会における全員一致の決議を必要とすること等を定款に定めることが望ましいです。

⑤　金利や上限額の設定等

【貸付期間及び貸付上限額】

　法人の経営環境は、報酬改定等3年程度で大きく変わることがあり得ることから、貸付原資提供社員の運営に支障のないように、貸付期間は3年以内となります。

　貸付原資提供社員から連携法人への貸付金額については上限を設けることを前提に、連携法人から貸付対象社員への貸付金額については、返済可能な額とします。

【貸付金の金利の設定等】

　貸付けの安定性を確保するため、以下のルールが設けられます。

　ア　高利でない適正な利率（無利子含む）が設定されていること

　イ　担保や保証人の設定等が必要に応じて適切に行われていること

　ウ　貸付けに当たっての事務手数料等については、会費や金利に上乗せして回収することが考えられるが、利益を得る目的で不当に高額な価格を

設定することは認められないこと

エ　適切な遅延損害金の設定を行うこと

オ　貸付金の使途については、貸付対象社員が社会福祉事業の継続に最低限必要と認められる使途で、かつ、返済が見込まれやすいものに限定するため、貸付対象社員が行う社会福祉事業の安定的な運営に必要な改修、又は、貸付対象社員が行う社会福祉事業の安定的な運営に必要な職員の人件費等（役員等報酬を除く）であること

⑥　焦げ付いた場合の責任の所在

　　返済の延滞時や不能時の取扱いに沿って、期限延長等の処理を行うこととし、それでも返済が期待できない場合は、連携法人は、貸付けの当事者として合意した返済不能時の処理に沿って、処理を行います。抵当権等を設定している場合には、貸付対象社員の施設の状況も踏まえつつ実行し、貸付原資提供社員への弁済を行います。

　　弁済不能が見込まれる貸付金については、貸付原資提供社員の計算書類において引当計上する等、社会福祉法人会計基準に従った処理を実施します。

⑦　連携法人のルール

【社会福祉連携推進方針】

　　社会福祉連携推進方針には、貸付けについて合意すべき内容のうち、以下について貸付対象社員ごとに記載し、認定所轄庁の認定を受ける必要があります（変更も同様）。

ア　貸付対象社員の名称

イ　貸付けの金額及び契約日

ウ　予算・決算等の貸付対象社員の重要事項の承認方法

【認定所轄庁による認定】

　　連携法人の認定所轄庁は、高利でない適正な利率が設定されていることや、担保や保証人の設定が必要に応じて適切に行われていることなど、社会福祉法人の資金の法人外流出の禁止等の観点から貸付内容を確認します。そして、必要に応じて貸付原資提供社員及び貸付対象社員の所轄庁等に対して情報提供、意見照会を行い、特段の問題がなければ認定します。なお、既に貸付業務以外の社会福祉連携推進業務の実施について認定を受けた連携法人が、新たに貸付業務を行う場合には、社会福祉連携推進評議会での意見聴取を経て、理事会、社員総会の承認を受けなければなりません。

【その他】

　　手続が円滑に行われるよう、認定所轄庁による上記の認定の前に、貸付原資提供社員及び貸付対象社員は、各法人内での手続を完了させなければなりません。また、貸付原資提供社員から連携法人への貸付金については、他の資金と区分経理し、貸付対象社員への貸付け以外への使用を禁止します。なお、認定所轄庁が貸付業務の終了（貸付原資提供社員への返済完了）を把握するために、貸付業務の終了後、社会福祉連携推進方針の変更の認定を受けなければなりません。

▶利率は、社会福祉法人は「高利な融資事業」を収益事業として行うことができないことを考慮します。貸付原資提供社員から連携法人への貸付利率と揃えることは不要です

▶FAQ（No.1）において、貸付業務関係は問10～問20に記述がありますので参考にしてください

4　ガバナンス

> ここでは連携法人に置くべき組織機関について、社員総会を構成する社員及び代表理事、理事会を構成する理事、監事、社会福祉連携推進評議会、そして、会計監査人について説明します。

（1）　社員

　社福法127条2号の規定により、社員に参画できる者は、社会福祉法人その他社会福祉事業を経営する者、及び社会福祉法人の経営基盤を強化するために必要な者として厚生労働省令で定める者とし、社会福祉法人である社員の数が社員の過半数であることとされています。

　また、①連携法人の安定的な経営のため、社員は法人であること、②連携法人の目的に鑑み、2以上の法人が参画しなければならないこと、③2以上の施設・事業所を有する法人の場合、主として一部の施設・事業所のみが連携法人に参画することも可能ですが、この場合であっても、施設・事業所単位ではなく、法人として社員となるものであること、が定められています。

　なお、1つの法人が複数の連携法人の社員となることを妨げるものではありません。

①　社会福祉事業を経営する者

　社福法2条1項に規定する第1種社会福祉事業及び第2種社会福祉事業を経営する法人をいうものであり、法人種別は問いません。

　ア　社会福祉法人

　イ　社会福祉事業を経営する法人（社会福祉法人を除く）

②　社会福祉法人の経営基盤を強化するために必要な者

　連携法人の社員総会において議決権を有する社員となることから、社会福祉連携推進業務により、直接的に便益を受け得る主体に限定することとし、以下の法人が該当します。

　ア　介護保険法（平成9年法律第123号）に規定する居宅介護支援事業や老人福祉法（昭和38年法律第133号）に規定する有料老人ホームを経営する事業等、社会福祉に関連する公益を目的とした事業を経営する法人（社福法施行規則40条1項2号）

　イ　介護福祉士や社会福祉士養成施設、保育士養成施設、初任者研修実施機関等、社福法89条に規定する社会福祉事業に従事する者を養成する機関（学校を含む）を経営する法人（社福法施行規則40条1項1号）

③　地方公共団体の参画

　地方公共団体は社会福祉法人等に対し、施設・事業所の許認可、補助金等の支給、指導監督等、優越的地位にあることから、社会福祉法人を中心とした民間事業者の対等な連携の枠組みである連携法人の社員となることはできません。

④　社員の義務（社福法133条関係）

▶認定・運営基準第3「連携推進法人に置くべき組織機関」

▶この項で説明する組織機関の運営、及び後記「5　その他各論について」にて説明する業務運営については、一般法のうち、一般社団法人に係る規定（ただし、同法5条1項（名称）、67条1項及び3項（監事の任期）、128条（貸借対照表等の公告）並びに第5章（合併）の規定を除く）によります

▶これは、地方公共団体と連携法人が実行上の連携を図ることを妨げる規定ではありません

　　社員のうち社会福祉事業を経営する法人は、その提供する福祉サービスに係る業務を行うに当たり、その所属する連携法人の社員である旨を明示しなければなりません。また社員は、一般法27条の規定に基づき、定款で定めるところにより、連携法人に対し、経費を支払う義務を負います。

（2）　社員総会

　社員総会では、法人運営に係る重要事項の意思決定機関として、一般法の規定に基づき、社員が出席し、理事、監事、会計監査人の選任・解任や定款の変更、計算書類や役員報酬等基準の承認、社員の除名等の決議を行います。

①　議決権に関する留意事項

　　連携法人の社員の議決権については、社員間の公平性を保ち、適切な運営を担保するため、原則として1社員当たり1つの議決権とされます。

　　ただし、連携法人の適切かつ効果的な運営を推進する観点から、以下の要件を全て満たし、社員間の合意に基づく場合は、定款の定めるところにより、原則とは異なる取扱いをすることも可能です。

　ア　社会福祉連携推進目的に照らし、不当に差別的な取扱いをしないこと
　　　例えば、特定の法人格であることを理由に議決権の配分を減らすことや、貸付業務の貸付けを受けることを理由に議決権の配分を減らすなど、社会福祉連携推進業務に当たって社員間に生じる立場の違いを理由に議決権の配分を減らすことは、不当に差別的な取扱いとなります。

　イ　社員が連携法人に対して提供した金銭その他の財産の価額に応じて異なる取扱いをしないこと

　ウ　1の社員に対し、総数の半数を超える議決権を配分しないこと
　　　これは、社員総会での実質的な議論を確保できない配分を行わないことが趣旨であり、これに該当しない場合であっても、例えば、社員の数が多い連携法人において、常に2つの社員で決議ができるよう、実質的な議論が困難となる配分をすることも望ましくありません。

　　また、社員の過半数は社会福祉法人でなければならないこととされていますが、議決権行使の場面でもこれを担保するため、社員である社会福祉法人の議決権が総社員の議決権の過半数を占めていることとします。

　　なお、議決権の行使は社員に係る法人の代表者が行うことになります。議決権の行使に当たっては、公正な意思決定プロセスを担保するため、その議決権行使の内容につき、社員が運営する法人の理事会において決議を経ている必要があります。さらに、一般法50条1項の規定によりその代表者以外の代理人が議決権を行使する場合には、その議決権行使の内容につき、あらかじめ社員に係る法人の理事会において決議されている必要があるとともに、連携法人に対し、代理権を証明する書面を提出しなければなりません。

②　社員総会の運営に関する留意事項

　　社員総会の運営に当たっては、定款や一般法の準用により以下の通り運

▶なお、ア～ウに該当しない場合であって、社員の社会福祉事業の事業規模に応じて議決権を配分することは、これだけをもって不当に差別的な取扱いとはいえません

営することになります。

ア　社員総会は、一般法及び定款で定めた事項に限り、決議をすることができます（一般法35条2項）。なお、連携法人は、一般法に規定する理事会設置一般社団法人に該当することから、社員総会において、一般社団法人に関する一切の事項について決議をすることができる旨を規定する一般法35条1項は適用されないことに留意する必要があります。

イ　社員総会は、総社員の議決権の10分の1以上（定款において、5分の1以下の割合を定めることも可）の議決権を有する社員が裁判所の許可を得て招集する場合を除き、理事が招集することになります（一般法36条3項及び37条）。

ウ　社員が社員総会を招集する場合を除き、社員総会の日時・場所等の招集に関する事項の決定は、理事会の決議によります（一般法38条2項）。

エ　理事は、社員総会の日の1週間前までに、社員に対して招集を通知しなければなりません。ただし、書面又は電磁的方法による議決権行使ができることとする場合には2週間前までにその通知を行う必要があります（一般法39条）。

オ　総社員の議決権の30分の1以上（定款において、これを下回る割合を定めることも可）の議決権を有する社員は、理事に対し、一定の事項を社員総会の目的とすることを請求することができます（一般法43条2項）。

カ　社員は、社員総会において、社員総会の目的である事項につき、議案を提出することができます（一般法44条）。

キ　社員総会の決議は、定款に別段の定めがある場合を除き、総社員の議決権の過半数を有する社員が出席し、出席した当該社員の議決権の過半数をもって行います。ただし、社員の除名、定款の変更等の事項については、総社員の半数以上であって、総社員の議決権の3分の2以上に当たる多数をもって行わなければなりません（一般法49条）。

ク　書面による議決権行使は、議決権行使書面を提出して行います。また、書面によって行使された議決権の数は、出席した社員の議決権の数に算入することになります（一般法51条）。

ケ　理事及び監事は、社員総会において、社員から特定の事項について説明を求められた場合には、その事項について必要な説明をしなければなりません（一般法53条）。

コ　社員総会の議事については、議事録を作成し、社員総会の日（次のサに規定する決議の省略により、決議があったものとみなされた日を含む）から10年間、主たる事務所に、並びに社員総会の日から5年間、その写しを従たる事務所に備え置かなければなりません。また、社員及び債権者は、連携法人の業務時間内は、いつでもその議事録の閲覧又は謄写の請求ができます（一般法57条）。

サ　社員総会の目的である事項について、社員全員が書面又は電磁的記録により同意の意思表示をしたときは、その提案を可決する旨の社員総会の決議があったものとみなされます（一般法58条）。

（3）　代表理事、理事及び理事会

理事は、連携法人の業務を執行するとともに、理事会を構成します。また、代表理事は、連携法人を代表する者として理事の中から選定し、一般法77条4項の規定により、連携法人の業務に関する一切の裁判上又は裁判外の行為をする権限を有することになります。

理事会は、一般法の規定により、業務執行の決定、理事の職務の執行の監督、代表理事の選定及び解職を担います。

①　代表理事の選定及び解職（社福法142条及び社福法施行規則40条の14関係）

代表理事の選定及び解職は、認定所轄庁の認可を受けなければ、その効力を生じません。

なお、社会福祉連携推進認定は代表理事の選定を含めて行うこととなるため、その認定時において本手続を別途行うことは不要であり、認定後、新たに代表理事の選定及び解職が生じた場合には本手続を行う必要があります。代表理事の選定及び解職の認可申請は、認定・運営基準別記様式9により、認定所轄庁あてに申請を行う必要があります。なお、代表理事が任期満了により退任する場合については、その申請は不要です。

▶申請に当たっては、副本1通を添付します

代表理事の解職の認可があった場合には、速やかに後任の代表理事の選定を行い、その選定に係る認可申請を行う必要があります。その際、長期間、代表理事の選定が行われない場合には、認定所轄庁において一時代表理事の選任が可能です。

②　代表理事及び理事に関する留意事項

ア　員数（社福法127条5号ロ(1)及び同号ハ関係）

理事を6人以上置き、このうち代表理事を1人選任します。

イ　選任・解任

理事は、一般法63条1項の規定により、社員総会の決議によって選任され、一般法70条1項の規定により、社員総会の決議によって解任することができます。

▶社会福祉連携推進業務に識見を有する者については、社会福祉法人や福祉サービスの経営に従事した経験を有していること、あるいは社会福祉連携推進業務の各業務に関連する知識や経験を有していることが履歴書等から確認できれば足りるとされています

また、代表理事は、一般法90条2項及び3項の規定により、理事会において、理事の中から選定し、解職することができます。その際、併せて認定・運営基準第5の9に規定する認定所轄庁の認可が必要となります。

ウ　資格要件（社福法127条5号ロ(4)及び社福法施行規則40条5項関係）

社会福祉連携推進業務について識見を有する者及び社会福祉連携推進区域における福祉サービスに関する実情に通じている者をそれぞれ含むことが必要です。

エ　兼職禁止

同一の連携法人の監事又は社会福祉連携推進評議会の構成員を兼ねることができません。

オ　特殊関係者の制限（社福法127条5号ロ(2)及び社福法施行規則40条3項関係）

理事のうちには、次に掲げる各理事の特殊関係者が3人を超えて含まれず、さらに理事及びその特殊関係者が理事の総数の3分の1を超えないことが必要です。

㋐　当該理事の配偶者

㋑　当該理事の三親等以内の親族

㋒　当該理事と事実上婚姻関係と同様の事情にある者

㋓　当該理事の使用人

㋔　当該理事から受ける金銭その他の財産によって生計を維持している者

㋕　㋓及び㋔に掲げる者の配偶者

㋖　㋒から㋔までに掲げる者の三親等以内の親族であって、これらの者と生計を一にするもの

カ　同一法人出身理事の制限

理事のうち、同一法人出身者は、理事の総数の3分の1（社員の数が2である連携法人にあっては、2分の1）を超えてはなりません。

キ　任期

選任後2年以内に終了する会計年度（一般法に規定する事業年度に同じ。以下同じ）のうち最終のものに関する定時社員総会の終結の時までとなります。ただし、定款の定めによりこれを短縮することは可能です。

また、再任することは差し支えありません。

ク　業務執行理事

一般法91条1項の規定により、理事会の決議によって代表理事以外の業務を執行する理事を選定することも可能です。

③　理事会の運営に関する留意事項

ア　代表理事又は業務執行理事は、3か月に1回以上（定款において、毎会計年度に4か月を超える間隔で2回以上とすることも可）、自己の職務の執行の状況を理事会に報告しなければなりません（一般法91条2項）。

イ　理事は、競業及び利益相反取引を行う場合には、理事会において、その取引について重要な事実を開示し、その承認を受けなければなりません（一般法92条）。

ウ　理事会は、各理事（理事会を招集する理事を定款又は理事会で定めたときは、当該理事）が招集します（一般法93条）。

エ　理事は、理事会の日の1週間前（定款において、これを下回る期間を

定めることも可）までに、各理事及び各監事に対して招集を通知しなければなりません（一般法94条）。

オ　理事会の決議は、議決に加わることができる理事の過半数（定款において、これを上回る割合を定めることも可）が出席し、その過半数をもって行います（一般法95条1項）。その際、社員総会とは異なり、書面による議決権行使は認められていないので留意します。

カ　理事会の決議の目的である事項に係る提案について、議決に加わることができる理事全員が書面又は電磁的記録により同意の意思表示をしたとき（監事が当該提案について異議を述べたときを除く）は、その提案を可決する旨の理事会の決議があったものとみなす旨を定款で定めることができます（一般法96条）。

キ　理事会の議事については、議事録を作成し、理事会の日（カの決議の省略により、決議があったものとみなされた日を含む）から10年間、主たる事務所に備え置かなければなりません。社員及び債権者は、裁判所の許可を得て、その議事録の閲覧又は謄写の請求ができます（一般法97条）。

（4）　監事

　監事は、理事の職務執行を監査し、監査報告（一般法99条1項に規定する監査報告をいう。以下同じ）を作成します。

ア　員数（社福法127条5号ロ(1)関係）
　　2人以上置きます。

イ　選任・解任
　　理事の取扱いと同じです。

ウ　資格要件（社福法127条5号ロ(4)及び社福法施行規則40条5項関係）
　　財務管理について識見を有する者を含むことが必要です。

エ　兼職禁止
　　同一の連携法人の理事又は職員、社会福祉連携推進評議会（次項（5）にて説明）の構成員を兼ねることができません。

オ　特殊関係者の制限（社福法127条5号ロ(3)及び社福法施行規則40条4項関係）
　　次に掲げる各理事及び監事（以下「役員」という）の特殊関係者が含まれてはいけません。

　⑦　当該役員の配偶者
　④　当該役員の三親等以内の親族
　⑨　当該役員と事実上婚姻関係と同様の事情にある者
　⑤　当該役員の使用人
　⑦　当該役員から受ける金銭その他の財産によって生計を維持している者
　⑪　⑤及び⑦に掲げる者の配偶者
　⑬　⑨から⑦までに掲げる者の三親等以内の親族であって、これらの者と

生計を一にするもの

カ　同一法人出身監事の制限

　　監事のうち、同一法人出身者が含まれず、かつ理事との同一法人出身者
は1人までとします。

キ　任期

　　選任後2年以内に終了する会計年度のうち最終のものに関する定時社員
総会の終結の時までとなります。ただし、定款の定めによりこれを短縮す
ることは可能です。

　　また、再任することは差し支えありません。

（5）　社会福祉連携推進評議会

　地域の連携法人は、福祉サービスを受ける立場にある者、社会福祉に関する
団体、学識経験を有する者その他の関係者（社福法127条5号ヘ(1)）で構成さ
れた社会福祉連携推進評議会を設置しなければならないこととなっています。

ア　員数

　　員数は、複数で意見が分かれた際に賛否が決定できる最少人数である3
人以上であって、具体的には定款で定める員数となります。社会福祉連携
推進評議会を活用して、地域住民の声を連携法人の運営に反映させていく
ことになります。

イ　任期

　　選任後4年以内に終了する会計年度のうち最終のものに関する定時社員
総会の終結の時までとなります。また、再任することは差し支えありませ
ん。

ウ　兼務について

　　社会福祉連携推進評議会の構成員は、中立公正性を確保する観点から、
連携法人及び社員である法人の役員との兼務は認められません。

エ　意見を求める項目と評価項目（社福法127条5号ヘ(2)(3)及び社福法136条
関係）

　　連携法人は、社会福祉連携推進評議会の意見を尊重することや評価の結
果を公表することが義務となっているため、福祉サービスの質の維持・向
上や、地域住民のニーズや要望の把握状況を、社会福祉連携推進評議会に
意見を求める項目や評価項目として入れます。

（意見を求める項目）

・　社福法127条5号ヘ(2)の規定に基づき、貸付対象社員が予算の決定又は
変更等を行うにつき、連携法人による承認の適否

・　連携法人の事業計画への地域ニーズ反映

・　社会福祉連携推進評議会の構成員の定数変更

・　構成員の過半数の賛成により、社員総会又は理事会において意見を述べ
る必要があるとされた事項

（評価項目）

▶この他、新規事業
の立ち上げ、既存
事業の廃止等連携
法人の事業運営に
関して重要な決定
を行う場合には、
代表理事の招集に
応じて意見を述べ
ることができます

・　社会福祉連携推進方針に照らした個々の業務の実施状況（業務の性質に応じて、福祉サービスの質の維持・向上の状況や、地域住民のニーズや要望の把握状況も含む）

・　連携法人の事業報告

・　個々の業務の費用対効果

・　連携法人の運営の全体評価

オ　構成員について

　　社会福祉連携推進評議会は、連携法人の意見具申・評価機関として、代表理事が招集します。構成員の選任に当たっては、理事会において人選の提案を決議し、社員総会においてその人選について承認を受けなければならないこととされています。また、社会福祉連携推進認定の際に、認定所轄庁において、構成員の選任を確認することとします。なお、解任に当たっても、上記と同様、理事会において解任を決議し、社員総会において承認を受けなければなりません。

（具体的な構成員イメージ）

・　福祉サービスの利用者団体から推薦を受ける者

・　福祉サービスの経営者団体から推薦を受ける者

・　学識有識者

・　介護福祉士・社会福祉士等の職能団体から推薦を受ける者

・　社会福祉協議会から推薦を受ける者

・　共同募金会から推薦を受ける者

・　ボランティア団体から推薦を受ける者

・　自治会から推薦を受ける者

・　民生委員・児童委員

・　福祉・介護人材の養成機関から推薦を受ける者

・　就労支援機関から推薦を受ける者

・　商工会議所から推薦を受ける者

・　地方自治体から推薦を受ける者

・　その他地域福祉に関して中立公正な立場から意見を述べられる団体から推薦を受ける者又は個人

カ　議事録の作成

　　社員総会及び理事会の取扱いに準じて議事録を作成します。

キ　運営について

　　社会福祉連携推進評議会は、少なくとも毎年度 1 回以上は開催します。

　　社会福祉連携推進評議会は、毎会計年度における決算に係る理事会の開催後から定時社員総会までの間に行うことを基本とします。連携法人は、社会福祉連携推進評議会による意見を尊重しなければなりません（社福法136条 2 項）。意見が具申された際も同様です。意見の内容及び社会福祉連携推進評議会の議事の内容については、社員総会に報告しなければなりません。

▶構成員には、社会福祉連携推進区域における福祉サービスに関する実情に通じる者を必ず加える必要があります

社会福祉連携推進法人における法人ガバナンスルールの概要

	社員総会（社員）	代表理事	理事会（理事）	監事	会計監査人	社会福祉連携推進評議会
位置付け	法人運営に係る重要事項の議決機関	法人の代表、業務の執行機関	業務執行の決定、理事の職務執行の監督機関	理事の職務執行の監査機関		社会福祉連携推進業務の実施状況等に関する意見具申・評価機関
構成員の資格	社員（法人）	理事	社会福祉連携推進業務について識見を有する者 等	財務管理について識見を有する者 等	・公認会計士 ・監査法人	・社会福祉連携推進区域の福祉の状況の声を反映できる者を必ず入れる ・業務に応じて、福祉サービス利用者団体、経営者団体、学識有識者等から構成
任期		2年	2年	2年	1年（社員総会で別段の決議がない場合自動再任）	4年
構成員の員数	2以上	1名	6名以上	2名以上	1名以上	定款で定める員数（3名以上）
理事との兼務				不可（一社法第65条第2項）	不可（会計士法第24条第1項）	不可
親族等特殊関係者の制限等			・各理事の親族等の特殊関係者が3人以内であること ・上記の合計数が理事総数の1／3を超えていないこと ・同一法人からの理事が理事の総数の1／3（社員数が2の場合は1／2）を超えないこと	各役員の親族等特殊関係者が含まれていないこと	・理事・監事から公認会計士等の業務以外の業務により継続的な報酬を受けている者又はその配偶者等でないこと ・監査法人でその社員の半数以上が上記に該当していないこと	
構成員の選任方法		理事の互選又は社員総会の決議	社員総会	社員総会	社員総会	理事会で人選し、社員総会で承認
議決（意見聴取）事項	・社員の除名 ・理事、監事、会計監査人の選任、解任 ・利益相反取引 ・役員報酬基準の承認 ・定款変更 ・計算書類の承認 等		・社員総会の日時、場所、議題、議案 ・代表理事の選定・解職 ・重要な財産の処分、譲受け ・計算書類の承認 等			・事業計画 ・社会福祉連携推進評議会の構成員の定数変更 等
その他	・社員の過半数は社会福祉法人 ・議決権の過半数は社会福祉法人	理事会又は社員総会の決議で解任可（一社法第70条第1項、第90条第3項）	社員総会の決議で解任可（一社法第70条第1項）	社員総会の決議で解任可（一社法第70条第1項）	会計監査人については、収益30億円又は負債60億円超の場合に必置	意見具申の内容及び理事会が諮問を行った場合、議事を社員総会に報告

（厚生労働省「社会福祉連携推進法人の運営の在り方等に関する検討会とりまとめ」p.55）

（6）　会計監査人

　会計監査人は、一定以上の規模を有する連携法人が作成する計算書類及びその附属明細書並びに財産目録を監査し、会計監査報告（一般法107条1項に規定する会計監査報告をいう。以下同じ）を作成します。

　ア　設置義務対象法人の基準（社福法施行令33条及び社福法施行規則40条の2）

　　次の㋐か㋑のいずれかに該当する場合には、会計監査人を選任しなければなりません。

　㋐　最終会計年度において定時社員総会の承認を受けた損益計算書（現に会計監査人を設置している法人にあっては、一般法127条の規定により、社員総会に報告された損益計算書）中、「当年度決算（A）」の「サービス活動収益計（1）」欄に計上される額が30億円を超えること。

　㋑　最終会計年度において定時社員総会の承認を受けた貸借対照表（現に会計監査人を設置している法人にあっては、一般法127条の規定により、社員総会に報告された貸借対照表とし、一般社団法人成立後、最初の定時社員総会までの間にあっては、一般法123条1項に規定する成立の日における貸借対照表）の負債の部に計上される額の合計額が60億円を超えること。

　イ　員数

１人以上を置きます。

ウ　選任・解任

理事の取扱いと同じです。

また、一般法71条の規定により、会計監査人が次の㋐から㋒までのいずれかに該当するときは、監事全員の同意により、その会計監査人を解任することができます。

㋐　職務上の義務に違反し、又は職務を怠ったとき

㋑　会計監査人としてふさわしくない非行があったとき

㋒　心身の故障のため、職務の執行に支障があり、又はこれに堪えないとき

エ　資格要件

公認会計士又は監査法人であることが求められます。

オ　兼職禁止

同一の連携法人の役員、職員又は社会福祉連携推進評議会の構成員を兼ねることができません。

カ　任期

選任後１年以内に終了する会計年度のうち最終のものに関する定時社員総会の終結の時までとなります。

なお、その定時社員総会において別段の決議がされなかったときは、その定時社員総会において再任されたものとみなされます。ただし、会計監査人を置く旨の定款の定めを廃止する定款の変更をした場合には、会計監査人の任期は、その定款の変更の効力が生じた時に満了します。

（７）　役員報酬等基準の策定（社福法138条により準用される45条の35関係）

連携法人は、役員に対する報酬等（報酬、賞与その他の職務執行の対価として連携法人から受ける財産上の利益をいいます）について、民間事業者の役員の報酬等及び従業員の給与、その連携法人の経理の状況等を考慮して、不当に高額なものとならないような支給の基準（以下「役員報酬等基準」という）を定めなければなりません。

役員報酬等基準の策定又は変更は、社員総会の承認を受けなければなりません。なお、役員に対する報酬等の支給は、役員報酬等基準に従って行わなければなりません。

（８）　役員に欠員を生じた場合の措置（一般法75条１項及び社福法143条により準用される45条の６第２項及び３項関係）

ア　役員に欠員を生じた場合については、任期の満了又は辞任により退任した役員は、新たに選任された役員が就任するまでの間、なお役員としての権利義務を有します。

イ　役員又は代表理事に欠員が生じた場合において、事務が遅滞することにより損害を生ずるおそれがあるときは、認定所轄庁は利害関係人の請求に

より又は職権で、一時役員又は代表理事の職務を行うべき者を選任できます。

ウ　会計監査人に欠員が生じた場合において、遅滞なく会計監査人が選任されないときは、監事は、一時会計監査人の職務を行うべき者を選任しなければなりません。

5　その他各論について

> ここでは、上記1〜4では扱っていない各論について説明します。

（1）名称

連携法人は、その名称中に「社会福祉連携推進法人」の文字を用いなければなりません。また、その名称が悪用されることを防ぐため、次のアからウまでに掲げる事項を遵守する必要があります。

ア　名称変更時の登記の申請書には、社会福祉連携推進認定を受けたことを証する書面を添付しなければなりません。

イ　連携法人でない者は、その名称又は商号中に「社会福祉連携推進法人」であると誤認されるおそれのある文字を用いてはなりません。

ウ　連携法人は、不正の目的をもって、他の連携法人であると誤認されるおそれのある名称又は商号を使用してはなりません。

（2）特別な利益供与の禁止（社福法施行令35条及び社福法施行規則40条の5）

連携法人は、次のアからカまでに掲げる関係者に対し、特別の利益を与えてはなりません。

ア　連携法人の社員又は基金（一般法131条に規定する基金）の拠出者

イ　連携法人の理事、監事、職員又は社会福祉連携推進評議会の構成員

ウ　ア及びイに掲げる者の配偶者又は三親等内の親族

エ　アからウまでに掲げる者と婚姻の届出をしていないが、事実上婚姻関係と同様の事情にある者

オ　ウ及びエに掲げる者のほか、ア又はイに掲げる者から受ける金銭その他の財産によって生計を維持する者

カ　アに掲げる者が法人である場合にあっては、その法人が事業活動を支配する法人又はその法人の事業活動を支配する者として、次に掲げるもの

㋐　その法人が他の法人の財務及び営業、又は事業の方針の決定を支配している場合（1の者又はその1若しくは2以上の子法人が社員総会その他の意思決定機関における議決権の過半数を有する場合をいう）におけるその他の法人

㋑　1の者がその法人の財務及び営業、又は事業の方針の決定を支配している場合におけるその1の者

（3）　業務運営に係る費用

　連携法人の業務運営に係る費用は、社員からの下記ア～ウの会費等により賄われます。社員からの会費等の徴収に当たっては、その使途及び金額について、理事会で決議した上で社員総会において承認を得ることが必要です。

　会費については、連携法人の本部運営のための事務所使用料や決算費用等の管理経費のほか、業務ごとに必要となる運営費用に充てることも可能です。しかし、業務ごとに参画する社員が異なる場合は、費用負担の公平性を考慮し、当該業務に参画する社員から、別途業務委託費を徴収することや、各業務において得られた収益等により確保する必要があります。

　ア　入会金：連携法人の立ち上げに係る設備の導入費用等
　イ　会費：連携法人の事務局運営費用等
　ウ　業務委託費：特定の社会福祉連携推進業務の実施に必要な費用

（4）　連携法人の財産

　連携法人は、社会福祉連携推進業務を遂行するために財産を保有できますが、財産の管理については、社会福祉法人における資産の取扱いと同様、安全・確実な方法で行うことが基本となります。

　連携法人は、社会福祉連携推進業務を遂行するために寄附を受けることができます。債券の発行については、一般法及び社福法において規定が整備されておらず、発行できません。基金の設置については、一般社団法人として定款の定めるところにより可能ですが、基金は法令上、引受人や使途の制限がないことから、少なくとも社会福祉法人である社員については、資金の法人外流出が禁止されているため、その基金に資金等を拠出し、引受人となることは認められません。

（5）　事業実施体制の整備

　連携法人は、社会福祉連携推進業務及びその他業務を実施するために、必要な人員体制及び設備・備品を確保する必要があります。

　また、連携法人の職員については、主として社員である法人の事務職員が連携法人の事務を担うと考えられることから、社員である法人の業務に支障がない範囲において兼務可能です。兼務する際には、人件費支出については勤務時間数等により、適切に按分することが必要となります。また事務室等の設備についても、同様に社員である法人の業務に支障がない範囲において、兼用できます。

▶連携法人の社員となることにより、社会福祉法人は社会福祉連携推進業務等を通じて様々な便宜を受けることが可能となり、この点、一定の対価性が認められることから、資金の法人外流出には当たりません

▶株式投資又は株式を含む信託投資等による管理運用も差し支えありませんが、株式の取得は、公開市場を通してのもの等に限られます

> **兼務関係について**
>
> 　兼務関係については、サービス及び当該サービスにおいて必要とされる職種ごとに確認する必要がありますが、例えば、介護老人福祉施設（特別養護老人ホーム）の人員配置基準についてみると、以下のような整理が可能です。
>
> 事務員：専従でなければならないこととされていますが、入所者の処遇に支障のない範囲で兼務可能です。
>
> 施設長（管理者）：常勤専従の管理者を配置しなければならないこととされていますが、管理上支障のない範囲で兼務可能です。

（6）　社会福祉連携推進目的事業財産等（社福法137条及び社福法施行規則40条の10関係）

　連携法人は、次のアからキまでに掲げる財産につき、正当な理由がある場合を除き、社会福祉連携推進業務を行うために使用し、又は処分しなければなりません。

　ア　社会福祉連携推進認定を受けた日以後に寄附を受けた財産（寄附をした者が社会福祉連携推進業務以外のために使用すべき旨を定めたものを除く）

　イ　社会福祉連携推進認定を受けた日以後に交付を受けた補助金その他の財産（財産を交付した者が社会福祉連携推進業務以外のために使用すべき旨を定めたものを除く）

　ウ　社会福祉連携推進認定を受けた日以後に行った社会福祉連携推進業務に係る活動の対価として得た財産

　エ　社会福祉連携推進認定を受けた日以後に行ったその他業務から生じた収益に100分の50を乗じて得た額に相当する財産

　オ　前各号に掲げる財産を支出することにより取得した財産

　カ　社会福祉連携推進認定を受けた日の前に取得した財産であって、同日以後に財産目録、貸借対照表等において、社会福祉連携推進業務の用に供するものである旨を表示した財産

　キ　前各号に掲げるもののほか、その連携法人が社会福祉連携推進業務を行うことにより取得し、又は社会福祉連携推進業務を行うために保有していると認められるものとして次に掲げる財産

　　㋐　社会福祉連携推進認定を受けた日以後に社員から徴収した経費のうち、会費など、その徴収に当たり使途が定められていないものの額に100分の50を乗じて得た額に相当する財産

　　㋑　社会福祉連携推進認定を受けた日以後に社員から徴収した経費のうち、その徴収に当たり社会福祉連携推進業務に使用すべき旨が定められているものの額に相当する財産

　　㋒　社会福祉連携推進認定を受けた日以後に社会福祉連携推進目的保有財

▶正当な理由がある場合とは、次の①から③までに掲げる場合をいいます。この場合、社福法137条は適用されません（社福法施行規則40条の10第1項）。
① 善良な管理者の注意を払ったにもかかわらず、財産が滅失又は毀損した場合
② 財産が陳腐化、不適応化その他の理由によりその価値を減じ、その財産を破棄することが相当な場合
③ 連携法人が公益社団法人及び公益財団法人の認定等に関する法律（平成18年法律第49号。以下「公益認定法」という）4条の規定による認定を受けた法人である場合

　　　産（社福法施行規則40条の10第 4 項 2 号に規定する「社会福祉連携推進目的保有財産」をいう。以下同じ）から生じた収益に相当する財産

　⑭　社会福祉連携推進目的保有財産を処分することにより得た額に相当する財産

　⑭　社会福祉連携推進目的保有財産以外の財産とした社会福祉連携推進目的保有財産の額に相当する財産

　⑦　前に掲げる財産を支出することにより取得した財産

　⑦　社会福祉連携推進認定を受けた日以後に⑦から⑭まで及び上記アからエまでに掲げる財産以外の財産を支出することにより取得した財産であって、同日以後に財産目録、貸借対照表又はその附属明細書において、社会福祉連携推進業務の用に供するものである旨を表示した財産

　⑦　その連携法人の定款又は社員総会において、社会福祉連携推進業務のために使用し、又は処分する旨を定めた額に相当する財産

社会福祉連携推進認定と公益法人認定の両方を受けた法人の財産

　社会福祉連携推進認定と公益法人認定の両方を受けた法人の場合、社会福祉連携推進業務の内容によっては、両制度における財産に重複があることが想定されますが、公益目的事業財産及び公益目的取得財産残額については、税制上の優遇を受けて形成された財産であり、法人内部にとどめることは適当ではありません。したがって、公益目的事業財産及び公益目的取得財産残額については、社会福祉連携推進目的事業財産及び社会福祉連携推進目的取得財産残額に優先させ、使用又は処分します。

（ 7 ）　会計処理（社福法138条により準用される45条の23関係）

　連携法人の会計処理は、「社会福祉連携推進法人会計基準」（令和 3 年厚生労働省令第177号）の規定に従って行わなければなりません。連携法人の会計年度は 4 月 1 日に始まり、翌年 3 月31日に終わります。

（ 8 ）　毎会計年度における認定所轄庁への届出（社福法144条により準用される59条及び社福法施行規則40条の15関係）

　連携法人は、毎会計年度終了後 3 か月以内に、次のアからキまでに掲げる書類を認定所轄庁に届け出なければなりません。

　ア　計算書類（貸借対照表及び損益計算書をいう。以下同じ）及び事業報告並びにこれらの附属明細書（以下「計算書類等」という）

　イ　財産目録

　ウ　役員等名簿

　エ　役員報酬等基準

　オ　法人現況報告書

　カ　社会福祉連携推進評議会による業務評価（別記様式 1 ）

　キ　事業計画（定款に作成する旨を定めている場合に限ります）

（9）　計算書類等の作成、備置き及び閲覧について（一般法10条及び14条、31
条及び32条、99条、107条、123条、129条並びに127条、社福法138条により
準用される45条の32第４項及び45条の34、社福法139条４項の規定により準
用される34条の２第３項関係）

連携法人は、次のアからウまでに掲げる書類を作成し、それぞれに掲げる期
間、その主たる事務所及び従たる事務所に備え置かなければなりません。

ア　定款

期間の定めなく常時

イ　各事業年度に係る計算書類等、監査報告、会計監査報告

定時社員総会の２週間前の日（一般法58条１項の規定により、社員総会
の決議の省略を行う場合にあってはその提案があった日）から５年間（従
たる事務所にあってはその写しを３年間）

ウ　財産目録、役員等名簿、役員報酬等基準、別に定める法人現況報告書
（社福法138条により準用される45条の34第１項４号に規定する事業の概要
その他の事項を記載した書類をいう。以下同じ）、社会福祉連携推進方
針、社会福祉連携推進評議会による評価結果

５年間（従たる事務所にあってはその写しを３年間）

これらのほか、一般法32条の規定により、社員名簿につき、主たる事務所に
常時備え置きます。そして社員は、理由を明らかにして閲覧又は謄写の請求が
できます。

備置書類については、何人も閲覧等の請求を行うことができます。なお、社
員及び債権者に対しては、その閲覧等の請求に応ずる義務があるものであり、
その他の者からの請求については正当な理由なく拒んではなりません。また、
備置書類が書面によって作成されているときは書面の閲覧を、電磁的記録を
もって作成されているときは、その電磁的記録の閲覧の請求ができます（社福
法施行規則２条の３及び２条の５）。

（10）　情報公表について（社福法136条１項及び144条により準用される59条の
２並びに社福法施行規則40条の16関係）

連携法人は、社福法144条により準用される59条の２第１項に基づき、定
款、役員報酬基準、計算書類、役員名簿、法人現況報告書等をそれぞれ掲げる
場合に、遅滞なく公表しなければならないこととなっています。

これに加え、社会福祉連携推進方針についても公表しなければなりません。

ア　定款

社福法139条１項の規定により定款変更の認可を受けたとき又は同条３
項の規定により定款変更の届出をしたとき

イ　役員報酬等基準

社福法138条１項において準用する45条の35第２項の規定により社員総
会の承認を受けたとき又は社福法144条により準用される59条の規定によ
り認定所轄庁に届け出たとき

　　ウ　計算書類、役員等名簿、法人現況報告書、社会福祉連携推進評議会によ
　　　る評価結果
　　　　社福法144条により準用される59条の規定により認定所轄庁に届け出た
　　　とき
　　エ　社会福祉連携推進方針
　　　　社福法125条の規定により社会福祉連携推進認定を受けたとき又は社福
　　　法140条の規定により社会福祉連携推進方針の変更に係る認定所轄庁の認
　　　定を受けたとき
　　また、これらの公表は、別に定めるところにより、インターネットの利用に
　より行います。

（11）　定款の変更（社福法139条 1 項から 3 項まで及び社福法施行規則40条の13 関係）

　　連携法人が定款を変更する場合には、社会福祉連携推進認定を受けた認定所
　轄庁の認可を受けなければ、その効力は生じません（次のアからウまでに掲げ
　る事項の変更を行う場合を除く）。
　　定款変更の認可申請は、認定・運営基準別記様式 6 により、認定所轄庁に行
　います。
　　なお、次のアからウまでに掲げる事項の変更を行う場合には、別記様式 7 に
　より、認定所轄庁あてに届出を行うことで足ります。
　　ア　事務所の所在地
　　イ　社会福祉連携推進認定による法人の名称の変更
　　ウ　公告の方法
　　また、認定所轄庁より認定の通知があった場合には、定款中の「一般社団法
　人」を「社会福祉連携推進法人」へ名称の変更を行うことが必要となり、別記
　様式 7 による定款の変更の届出及び法人名称の変更登記が必要となります。そ
　の際、あらかじめ理事会及び社員総会において、「社会福祉連携推進認定が
　あった場合には、定款中の『一般社団法人』を『社会福祉連携推進法人』へ名
　称を変更する定款変更を行うこととする旨」につき、決議を得ておくことがで
　きます。
　　なお、その定款の変更により、定款の情報公表が必要になります。

（12）　退社

　　一般法28条の規定により、定款において別段の定めがある場合を除き、社員
　はいつでも退社することができます。ただし、現に連携法人から貸付けを受け
　ている社員については、社員総会において社員全員の同意を得なければ退社で
　きない旨、定款において別段の定めを置くことが望ましいでしょう。なお、一
　般法29条の規定により、次のアからエまでに掲げる事由によって、社員は強制
　的に退社することとなります。
　　ア　定款で定めた事由の発生

▶令和 4 年10月18日付厚生労働省社会・援護局長通知「社会福祉連携推進法人の情報の公表等について」（社援発1018第 4 号）参照

▶申請に当たっては、副本 1 通を添付する必要があります

　　イ　総社員の同意
　　ウ　社員である法人の解散
　　エ　一般法30条の規定による除名

（13）　子会社の設立可否

　社会福祉法人は資金の法人外流出が禁止されていることから、出資は行うことができないこととされていることを踏まえ、連携法人についても、出資は行えず、出資して子会社を持つことはできません。

（14）　社会福祉連携推進認定の取消し（社福法145条関係）

①　認定所轄庁による取消し

　認定所轄庁は、連携法人が次のア及びイのいずれかに該当するときは、社会福祉連携推進認定を取り消します。また認定所轄庁は、連携法人が次のウからオまでのいずれかに該当するときは、社会福祉連携推進認定を取り消すことができます。

　　ア　２（６）に掲げる欠格事由のいずれかに該当するに至ったとき
　　イ　偽りその他不正の手段により社会福祉連携推進認定を受けたとき
　　ウ　認定基準のいずれかに適合しなくなったとき
　　エ　社会福祉連携推進認定の取消しの申請があったとき
　　オ　社福法、社福法施行令又は社福法施行規則に基づく命令や処分に違反したとき

②　解散するとき

　次項（15）の事由により解散する場合にあっては、連携法人は前述の①エの社会福祉連携推進認定の取消しの申請を行わなければなりません。

③　認定所轄庁の役割（社福法施行規則40条の３）

　認定所轄庁は、社会福祉連携推進認定を取り消したときは、その旨を公示しなければなりません。併せて、認定所轄庁は、公益認定法29条６項及び７項の規定の準用により、遅滞なく、その連携法人の主たる事務所及び従たる事務所の所在地を管轄する登記所にその法人の名称の変更の登記を嘱託するとともに、その名称変更の登記に係る嘱託書には、その登記の原因となる事由に係る処分を行ったことを証する書面を添付しなければなりません。

　なお、認定所轄庁が社会福祉連携推進認定の取消しをした場合、定款の定めに従い、社会福祉連携推進認定の取消しの日から１か月以内に、社会福祉連携推進目的取得財産残額に相当する額の財産の贈与に係る書面による契約が成立しないときは、認定所轄庁が定款で定める贈与をその社会福祉連携推進認定の取消しを受けた法人から受ける旨の書面による契約が成立したものとみなされます。

④　名称変更

　社会福祉連携推進認定が取り消された連携法人は、その名称中の「社会

福祉連携推進法人」という文字を一般社団法人と変更する定款の変更をしたものとみなされます。

（15）　解散及び清算について
①　解散事由
連携法人は、一般法148条の規定により、次のアからカまでに掲げる事由によって解散します。
ア　定款で定めた存続期間の満了
イ　定款で定めた解散の事由の発生
ウ　社員総会の決議
エ　社員が欠けたこと
オ　破産手続開始の決定
カ　一般法261条1項又は268条の規定に基づく裁判所による解散命令
②　清算について
連携法人が解散した場合には、一般法206条の規定により、清算をしなければなりません。その際、清算人は、遅滞なくその旨を認定所轄庁に届け出なければなりません（社福法141条の規定により準用される46条3項）。また、清算をする連携法人は、一般法207条の規定により、清算の目的の範囲内において、清算を結了するまではなお存続するものとみなされます。
③　準用規定
その他社福法141条の規定により、連携法人の解散及び清算については、法46条の2（破産手続の開始）、46条の6第4項及び5項（清算人の就任）、47条の4（裁判所による監督）、47条の5（清算結了の届出）、47条の6（検査役の選任）の社会福祉法人に係る規定がそれぞれ準用されます。

（16）　残余財産の帰属先（社福法127条5号ル及び社福法施行規則40条9項関係）
社会福祉連携推進認定の取消しを受けた場合又は連携法人が解散する場合の残余財産の帰属先については、一般法239条1項の規定により、定款の定めるところによるものであるが、連携法人の業務の性質に鑑み、国、地方公共団体、他の連携法人又は社会福祉法人（社員を除く）の全部又はいずれかとし、これを定款に定めなければなりません。
社員に対し、剰余金又は残余財産の分配を受ける権利を与える旨の定款の定めは、一般法11条2項の規定により、その効力を有しません。

（17）　税制について
連携法人は一般社団法人であり普通課税となりますが、剰余金の分配禁止、関係者への利益供与の禁止、役員の同族制限等の要件を満たしているため、

「非営利型一般社団法人」となる可能性があると考えられます。

非営利型一般社団法人について（法人税法2条9号の2）

　公益認定を受けていない一般社団法人のうち、次の①又は②に該当するもの（それぞれの要件の全てに該当する必要があります）は、特段の手続を踏むことなく公益法人等である非営利型法人になります。

①　非営利性が徹底された法人

　　1　剰余金の分配を行わないことを定款に定めていること

　　2　解散したときは、残余財産を国・地方公共団体や一定の公益的な団体に贈与することを定款に定めていること

　　3　上記1及び2の定款の定めに違反する行為（上記1、2及び下記4の要件に該当していた期間において、特定の個人又は団体に特別の利益を与えることを含む）を行うことを決定し、又は行ったことがないこと

　　4　各理事について、理事とその理事の親族等である理事の合計数が、理事の総数の3分の1以下であること

②　共益的活動を目的とする法人

　　1　会員に共通する利益を図る活動を行うことを目的としていること

　　2　定款等に会費の定めがあること

　　3　主たる事業として収益事業を行っていないこと

　　4　定款に特定の個人又は団体に剰余金の分配を行うことを定めていないこと

　　5　解散したときにその残余財産を特定の個人又は団体に帰属させることを定款に定めていないこと

　　6　上記1から5まで及び下記7の要件に該当していた期間において、特定の個人又は団体に特別の利益を与えることを決定し、又は与えたことがないこと

　　7　各理事について、理事とその理事の親族等である理事の合計数が、理事の総数の3分の1以下であること

▶FAQ（No.1）問48

　非営利型一般社団法人に該当する場合は、法人税法6条の規定に基づき、収益事業から生じた所得以外の所得に対しては、法人税は非課税となります。

　なお非営利型法人に該当するためには、定款について要件を整えなければなりません。定款の取扱い等については、「法人税法第2条第9号の2に規定する非営利型法人の要件を満たす社会福祉連携推進法人の定款の取扱い等について」（令和3年11月12日付社援基発1112第3号厚生労働省社会・援護局福祉基盤課長通知）を参照してください。

（18）　社員間の情報共有等について

　連携法人の円滑な運営のために、社員総会等を通じて、社員間で定期的に情報共有することが望ましいとされます。また、社会福祉連携推進業務の実施上

　必要な情報共有がある場合については、個人情報保護法等の関連法令にのっとり、あらかじめ取り決めを行い、個人の同意を取るなど、適切に管理する必要があります。

　社員の施設利用者の情報については、個人情報であることに鑑み、それぞれの社員において適切な管理が行われることが望ましいとされます。

Column　社会福祉協議会や法人間の緩やかな連携

　生活圏域における法人間の連携、共同による取組例として、兵庫県の事例をご紹介します。

　兵庫県内では、社会福祉法人制度改革以前から、兵庫県社会福祉法人経営者協議会が社会貢献活動の奨励をはじめ、平成26年度よりモデル的に市区町域で社会福祉法人連絡協議会（以下「ほっとかへんネット」という）の組織化を推進しました。また、兵庫県社会福祉協議会は「2020年計画」の重点的取組の1つに「社会福祉法人の地域公益活動の推進」を掲げ、平成28年度以降は、兵庫県経営者協議会との協働で設立を支援してきました。

　「ほっとかへんネット」は、2021年3月現在、兵庫県内37市区町で設立されています。県内における取組は下記①から⑬の区分に分類されていますが、各市区町の令和2年度の重点取組は、主に取組件数の多い順に、⑦地域福祉推進に関する各種事業への参画、福祉啓発に関する活動と、⑪地域の関係者とのネットワークづくり、①地域の要支援者に対する相談支援、とされているため、これらに取り組む地域が多くなっています。「社会福祉協議会や法人間の緩やかな連携」は地域公益活動実践という大きな役割を担っています。

【令和2年度の重点的取組について】

実施市区町数（複数回答） （地域の要支援者に対する支援：①〜⑤）		⑦地域福祉推進に関する各種事業への参画、福祉啓発に関する活動	19
①地域の要支援者に対する相談支援	17	⑧福祉人材の確保に関する活動	6
②会食、配食、食材配達等の食生活の支援	4	⑨災害時に想定した要援護者支援に関する取組み	15
③移動・外出の支援	4	⑩地域住民等との交流・意見交換の実施	12
④学習支援、就労支援、見守り支援	2	⑪地域の関係者とのネットワークづくり	19
⑤生活支援、緊急資金・物資の貸与・提供	8	⑫提言・意見具申の取組み	1
⑥福祉学習、ボランティア・福祉人材の育成に関する活動	10	⑬その他（中長期計画の策定、地域ごとの取組みの検討　等）	8

（兵庫県社会福祉協議会HPより）

第 2 章

社会福祉連携推進法人の法令

　第2章では、社会福祉連携推進法人（本書では「連携法人」と略記）に係る法令を取り扱います。

　詳しい説明は本文に委ねますが、連携法人は社会福祉法の特例を受ける一般社団法人ですので、連携法人に係る法令は、主には、次の2つの法律とそれらに関する施行令及び施行規則になります。

○「一般社団法人及び一般財団法人に関する法律」（平成18年法律第48号。本書では「一般法」と略記）

○「社会福祉法」（昭和26年法律第45号。本書では「社福法」と略記）

　また、社福法の中では、「地域共生社会の実現のための社会福祉法等の一部を改正する法律」（令和2年法律第52号）によって社会福祉法に新たに設けられた「第11章　社会福祉連携推進法人」が中心となります。

Ⅰ　連携法人の法令の概略

1　はじめに

> ここでは、社会福祉法人の実務に携わっている方を念頭に、「社会福祉連携推進法人に係る法令」の概略をご理解いただくことを目的として記載します。したがって、読者の皆様が、社会福祉法人制度について一定の知識を持っておられることを前提として記載しています。

▶「社会福祉連携推進認定」及び「社会福祉連携推進業務」については後述します

▶本書での略記
社会福祉法
　　　→社福法
社会福祉連携推進法人　→連携法人

社会福祉連携推進法人とは、社会福祉連携推進認定を受けた**一般社団法人**をいいます（社福法128条1号イ）。社会福祉連携推進認定とは、「社会福祉連携推進業務」を行おうとする一般社団法人が、一定の認定の基準に適合する一般社団法人であることについての所轄庁の認定です。

　多くの方が、連携法人を社会福祉法人の1つだと思っておられるようですが、そうではありません。「社会福祉連携推進認定」を受けた「一般社団法人」が連携法人なのです。そこで、以下では「一般社団法人」について記載し、続いて「社会福祉連携推進認定」について説明します。

2　連携法人と一般社団法人

（1）「法人」の種類と連携法人

　今、本書を読んでおられる人（あなた）は、「自然人」です。これに対して、「法人」は、法律によって権利能力を認められた存在です。

▶法人の2類型
社団タイプの法人　と
財団タイプの法人

　「法人」には、人の集団として組織された「社団タイプの法人」と、一定の財産を運用するために組織された「財団タイプの法人」との2つの類型があります。それらの「法人」の代表的なものが、「一般社団法人及び一般財団法人に関する法律」（本書では「一般法」と略記）によって設立される「一般社団法人」と「一般財団法人」です。これらの法人のうち、公益性があると認定された法人は「公益社団法人」あるいは「公益財団法人」とされます（公益社団法人及び公益財団法人の認定等に関する法律（平成18年法律第49号））。

▶本書での略記
一般社団法人及び一般財団法人に関する法律
　　　→一般法

　社会福祉法人は、社福法によって設立される法人ですが、寄附された財産を運用する財団タイプの法人として設計されています（そのために、社会福祉法人の機関に関する定めについては、一般法の一般財団法人に関する規定が多く準用されています）。

▶社会福祉法人は財団タイプの法人

　連携法人は社会福祉連携推進認定を受けた一般社団法人なので、連携法人になるためには、連携法人になる前に一般社団法人として成立している必要があります。そのために、**連携法人を規制する法令は第一義に一般法**だということになります。その一般社団法人が、社福法に定める社会福祉連携推進認定を受けることによって連携法人となるので、この段階から**連携法人は社福法の特例を受ける一般社団法人**であることになります。

▶連携法人は「社会福祉連携推進認定」を受けた「一般社団法人」であって一般社団法人でなくなるわけではありません

　この法律関係を図示すると、次頁の**図表1**のようになります。

　太線で囲んでいるのが一般法の規定、二重線で囲んでいるのが連携法人に係る社福法の第11章の規定です。このうちの網掛けしている**C・D**の部分は連携

法人には適用されない規定です。

　結果として、**図表1**の「太線あるいは二重線で囲まれたうちの白地部分が、連携法人に適用される法律」、ということになります。

図表1　連携法人に適用される法律関係

（「連携法人は社福法の特例を受ける一般社団法人である」ことを念頭において見てください）

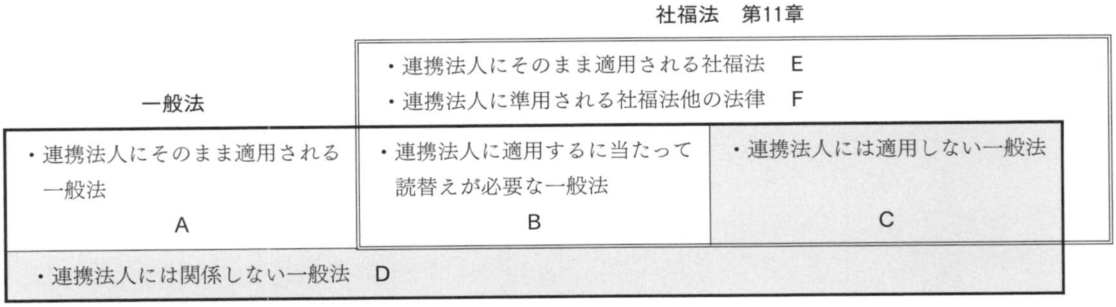

社福法　第11章

・連携法人にそのまま適用される社福法　E	
・連携法人に準用される社福法他の法律　F	

一般法

・連携法人にそのまま適用される一般法　A	・連携法人に適用するに当たって読替えが必要な一般法　B	・連携法人には適用しない一般法　C

・連携法人には関係しない一般法　D

A：連携法人にそのまま適用される一般法

　　一般社団法人として当然に適用される一般法の多くの条文

B：連携法人に適用するに当たって読替えが必要な一般法

　　一般法を連携法人に適用するに当たって読み替えることが社福法によって求められている条文

C：連携法人には適用しない一般法

　　一般社団法人に関する規定であるが、社福法によって連携法人には適用しないとされている条文

D：連携法人には関係しない一般法

　　一般法のうち一般財団法人に関する規定など、一般社団法人には関しない条文

E：連携法人にそのまま適用される社福法

　　社会福祉連携推進業務に係る規定など社福法が独自に定めている条文

F：連携法人に準用される社福法他の法律

　　連携法人に対して一般法以外の法律を準用することを求めている社福法の条文

（2）　一般法と連携法人の設立

①　一般法の概観

　連携法人は、一般社団法人として一般法の適用を受けるので、まず一般社団法人の根拠法である一般法の内容を少し見ておきます。一般法の章建てを見ると、**図表2**のようになっています。

図表2　一般法の章建て

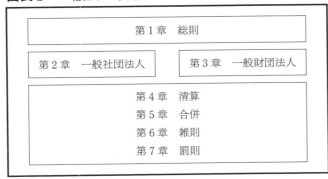

第1章　総則

第2章　一般社団法人　　第3章　一般財団法人

第4章　清算
第5章　合併
第6章　雑則
第7章　罰則

一般法の「第1章　総則」は、一般社団法人及び一般財団法人の全てに共通する事項が定められています。「第2章　一般社団法人」は、一般社団法人のみに関する事項が定められており、連携法人にとって大切な事項が網羅されています。「第3章　一般財団法人」は、一般財団法人に関する規定なので、連携法人には関係のない規定です（**図表1のD**の部分）。また、「第4章　清算」以降は、一般社団法人及び一般財団法人に共通する手続等を定めていますが、本書では説明を省略します。

さて一般法の第2章は一般社団法人だけに係る規定ですが、その構成は次のようになっています。

> ▶一般法の「第5章　合併」の規定は、連携法人には適用しないこととされています（社福法147条）

> ▶機関については後述の「3　社会福祉連携推進認定」で記載します

> ▶計算については後述の「4　連携法人の業務運営等（4）連携法人の計算書類等」で記載します

> ▶基金については後述の「5　基金」で記載します

第1節　設立
　定款の作成に始まって一般社団法人の設立に関する事項が定められています。

第2節　社員
　社員が集まって一般社団法人が組織されますので、当該社員についての定めが規定されています。なお、社員は一般社団法人の構成部分とも言え、「機関」ではありません。

第3節　機関
　一般社団法人の機関について定められています。連携法人にあっては、社福法が様々な特例を定めており、社会福祉法人に近似した制度となっています。

第4節　計算
　一般社団法人の計算について定められていますが、これについても連携法人にあっては、社福法が様々な特例を定めており、社会福祉法人に近似した制度となっています。

第5節　基金
　基金制度は一般社団法人に独特な制度です。連携法人についての特段の定めはありませんが、一般社団法人を運営する上では必要な知識の1つだと思われます。

第6節　定款の変更
　内容については、「**第2章　Ⅱ　連携法人法令規則集**」に記載している一般法146条をご覧ください。

第7節　事業の譲渡
　内容については、「**第2章　Ⅱ　連携法人法令規則集**」に記載している一般法147条をご覧ください。

第8節　解散
　本書では、解散・清算等についての説明は省いています。

---

②　連携法人の設立

> ▶「一般社団法人が次に記載する社会福祉連携推進認定を受けて連携法人が成立する」と言い換えることができるかもしれません

　連携法人は一般社団法人として設立されるので、正確には「連携法人の設立」はありません。一般社団法人の設立に当たっては、一般法の「第2章　一般社団法人　第1節　設立」の規定が適用されます。具体的な手続は司法書士などの専門家に依頼することになるでしょうが、連携法人となるための社会福祉連携推進認定を受けるには、様々な事項を法人の定款に定めておく

ことが求められています。したがって、設立の段階から社会福祉連携推進認定の内容を熟知し、この認定に備えておく必要があります。

3　社会福祉連携推進認定

（1）　概略

　社会福祉連携推進認定とは、「社会福祉連携推進業務」を行おうとする一般社団法人が、一定の認定の基準に適合する一般社団法人であることについての所轄庁の認定です。ここに「社会福祉連携推進業務」とは、次に掲げる業務をいいます（個別の業務内容についての説明は、第1章の「3　社会福祉連携推進業務」をお読みください）。

▶社福法125条

　①　地域福祉の推進に係る取組を社員が共同して行うための支援
　②　災害が発生した場合における社員※が提供する福祉サービスの利用者の安全を社員が共同して確保するための支援
　③　社員※が経営する社会福祉事業の経営方法に関する知識の共有を図るための支援
　④　資金の貸付けその他の社員が社会福祉事業に係る業務を行うのに必要な資金を調達するための支援として行う資金の貸付け
　⑤　社員※が経営する社会福祉事業の従事者の確保のための支援及びその資質の向上を図るための研修
　⑥　社員※が経営する社会福祉事業に必要な設備又は物資の供給

▶※　②③⑤⑥の社員は、社会福祉事業を経営する者に限ります

▶④の「社員」は、社会福祉法人に限られます

　以上の社会福祉連携推進業務を行おうとする一般社団法人が、認定所轄庁から社会福祉連携推進認定を受けるには、書類による申請が必要です（社福法126条）。申請を受けた認定所轄庁が社会福祉連携推進認定をするには、一定の基準（以下「認定基準」という）に適合すると認められることが必要です。

▶認定所轄庁は「社会福祉連携推進認定をした所轄庁」と規定されています（社福法139条）

（2）　認定基準

　社福法127条は、次の①から⑥を認定基準として規定しています。

　①　設立目的
　②　社員構成
　③　知識・能力・財産的基礎
　④　社員資格の得喪
　⑤　定款記載事項
　⑥　その他

　以上の詳細については、すでに第1章の「2　認定申請」で記載していますので、ここでは上の⑤の定款記載事項について記載します。

（3）　認定基準としての定款記載事項とガバナンス

▶社福法127条5号

　社福法127条5号は、認定基準の1つとして、連携法人が定款に記載すべき事項としてイロハの順にワまで、多くのことを規定しています。これらについても、その概略は第1章の「2　認定申請」に記載していますが、以下では、

▶社福法127条5号に規定している社会福祉連携推進目的取得財産に関しては、別に「4　**連携法人の業務運営等（3）**」で記載します

社福法127条5号イからトに規定されている主にガバナンスに関する事項（機関設計が主なものとなります）を整理して記載します。

　社福法127条5号が、連携法人に対して定款に様々なことを記載するように義務付けた結果、連携法人の機関設計は社会福祉法人に近似したものとなっています。

　連携法人のガバナンス体制については第1章「4　**ガバナンス**」で詳述して

図表3　連携法人のガバナンス体制（一般社団法人及び社会福祉法人との対比）

摘　要		一般社団法人	社福法による特例を受けている連携法人	社会福祉法人
評議員・評議員会				必置
社員・社員総会	〔社　員〕	〔存在するが機関ではない〕	（同左）	
	社員総会	必　置	（同左）	
	議決権	原則：社員各1個（定款で別段の定め可）	原則：社員各1個（条件付きで定款で別段の定め可）	
理事	定　数	1人又は2人以上	6人以上	同左
	特殊関係者	定めなし	3人を超えず理事総数の3分の1を超えて含まれない	同左
	含まれなければならない者	定めなし	区域における福祉に関する実情に通じている者	1．福祉事業経営に関する識見を有する者 2．同左 3．施設設置法人の場合施設管理者
	任　期	2年（短縮を妨げない）	同左	同左
理事会		置くことができる	必置	同左
代表者		各理事が代表するが、代表理事を定めることもできる	代表理事1人	理事長1人
監事	定　数	置くことができる（一定の場合には必置）	2人以上	同左
	特殊関係者	定めなし	各役員に含まれない	同左
	含まれなければならない者	定めなし	財務管理について識見を有する者	1．福祉事業識見を有する者 2．同左
	任　期	4年（2年までの短縮を妨げない）	2年（短縮を妨げない）	同左
会計監査人		置くことができる	同左	同左
		負債額200億円以上の場合必置	収益額30億円超or負債額60億円超の場合　必置	同左
社会福祉連携推進評議会			必置（連携法人に特有の機関）	

いますが、一般社団法人及び社会福祉法人と対比して示すと**図表3**の通りとなります。

①　「社員及び社員総会」と「評議員及び評議員会」など

機関の構成で、連携法人と社会福祉法人とで大きく異なるのは、「社員及び社員総会」と「評議員及び評議員会」です。

▶社 福 法127条5号イ〜ニ

一般社団法人（連携法人）は、複数の人が集って一般社団法人を構成します。この一般社団法人を構成する人を「社員」というので、社員は、一般社団法人（連携法人）の機関としては扱われません。それに対して社会福祉法人は寄附者から寄附された基本金を運用する法人であり、その運営のために評議員が機関として選任されます。

そして、一般社団法人（連携法人）の最高意思決定機関は社員総会であるのに対して社会福祉法人のそれは、評議員を構成員とする評議員会です。社員総会と評議員会とは、ともに法人の最高意思決定機関としての役割、運営方法等は、ほとんど同じです。

▶社会福祉法人の評議員会の運営等については一般財団法人に関する一般法の定めの多くが準用されています

なお、社員総会における議決権の取扱いについては、原則として社員は各1個の議決権を有するものとされています。一般社団法人においては「ただし、定款で別段の定めをすることを妨げない」（一般法48条）とされていますが、連携法人の場合、社会福祉連携推進目的に照らし、不当に差別的な取り扱いをしないこと等の他に、議決権の過半数は社員である社会福祉法人が保有することが必要とされています（社福法施行規則40条2項）。

また、**図表3**をご覧いただくと、理事・監事等については、社福法が連携法人について、社会福祉法人に近いガバナンスの強化を図っていることが理解できます。

②　特定規模の法人に対する会計監査人の選定等

負債額200億円以上の一般社団法人は「大規模一般社団法人」とされ、当該法人は、会計監査人を置かなければならないとされています（一般法62条）。また、当該法人は、理事の職務執行が法令・定款に適合するための体制その他法人の業務の適正を確保するための体制の整備について理事会で決議することが義務付けられています（一般法90条5項）。他方、連携法人にあっては、収益額30億円超あるいは負債額60億円超の法人に対して同じような規制が社福法によって設けられており、特定社会福祉法人と同様の法規制となっています（社福法127条5号ホ）。

▶社 福 法127条5号ホ

▶法人が任意に体制整備に関する事項を決定する場合には、一般法90条4項5号に掲げる事項の決定となりますが、社福法施行規則40条6項と内容は同じです

大規模一般社団法人に関する規定を、連携法人に対しては適用しないとの社福法上の特例は設けられていません。しかし、連携法人の場合、大規模一般社団法人として扱われることになるよりも先に、収益額30億円超あるいは負債額60億円超の規定（社福法127条5号ホ）に該当することになるものと思われます。したがって、一般法における大規模一般社団法人に関する規定は連携法人にとっては、ほとんど無意味な規定だと思われます。

③　社会福祉連携推進評議会

社会福祉連携推進評議会は、一般社団法人にも社会福祉法人にも存在しな

▶社福法127条5号へ

い連携法人に独自の機関です。社会福祉連携推進評議会は、福祉サービスを受ける立場にある者、社会福祉に関する団体、学識経験を有する者その他の関係者をもって構成され、次に記載する④の承認について、社員総会及び理事会において意見を述べることができます。また、社会福祉連携推進方針に照らし、連携法人の業務の実施の状況について評価を行い、必要があると認めるときは、社員総会及び理事会において意見を述べることができます。

▶評価の結果は公表されます（社福法136条１項）

▶社福法127条５号ト

④　**貸付けを受ける社会福祉法人の重要事項決定についての承認**

社会福祉連携推進業務としての資金の貸付けを受ける社員（社会福祉法人に限られます）が予算等の重要事項を決定するに当たっては、あらかじめ連携法人の承認を受けなければなりません。

（４）　その他

①　欠格事由

▶社福法128条

社福法128条には、社会福祉連携推進認定を受けることができない欠格事由が規定されていますが、その内容は第１章の「２　認定申請（６）欠格事由」に記載しています。

②　名称

▶社福法130条

一般社団法人は、その名称中に一般社団法人という文字を用いなければならないとされ（一般法５条）、一般社団法人でない者は、その名称等の中に一般社団法人であると誤認されるおそれのある文字を用いてはならない（一般法６条）など、名称についての規制がありますが、連携法人の名称についても同じような規制が定められています。

すなわち、連携法人は、その名称中に「社会福祉連携推進法人」という文字を用いなければならず、連携法人でない者は、その名称又は商号中に、連携法人であると誤認されるおそれのある文字を用いてはならないことなどが定められています。

以上のことから、これから新たに連携法人を設立する場合には、いったん「一般社団法人×××」として一般社団法人を設立し、社会福祉連携推進認定を受けた後に、法人名称を「社会福祉連携推進法人×××」と変更することになります。

4　連携法人の業務運営等

（１）　概略

連携法人の業務運営等について、社福法は第11章第２節に、「業務運営等」として132条から140条までの定めを置いています。以下、逐条的に概略を記載します。

①　社福法132条

▶右の業務運営は、あくまで連携法人の業務・運営に係る事項をさしており、「社会福祉連携推進業務」とは別の事柄です

社福法132条は、連携法人は、「社員の社会福祉に係る業務の連携の推進及びその運営の透明性の確保を図り、地域における良質かつ適切な福祉サービスの提供及び社会福祉法人の経営基盤の強化に資する役割を積極的に果たす

よう努めなければならない」（1項）と規定し、また連携法人は「社会福祉
連携推進業務を行うに当たり、当該一般社団法人の社員、理事、監事、職員
その他の政令で定める関係者に対し特別の利益を与えてはならない」（2項）
と規定しています。さらに連携法人は、「社会福祉連携推進業務以外の業務
を行う場合には、社会福祉連携推進業務以外の業務を行うことによつて社会
福祉連携推進業務の実施に支障を及ぼさないようにしなければならない」
（3項）こと、及び、連携法人は「社会福祉事業を行うことができない」（4
項）ことが規定されています。

▶特別の利益については、社福法施行令35条に規定があり、本書第1章「5　その他各論について（2）特別な利益供与の禁止」で説明しています

②　社福法133条

社福法133条は、社会福祉事業を経営する連携法人の社員の義務として、
社員が提供する福祉サービスに係る業務を行うに当たり、その所属する連携
法人の社員である旨を明示しておくべきことを規定しています。

▶連携法人は社会福祉事業を行うことができません

③　社福法134条及び135条

社福法134条及び135条は、労働者の募集に関する特例を定めているもので
すが、内容が複雑なので、次の「（2）委託募集の特例等」で記載します。

④　社福法136条

社福法136条は、社会福祉連携推進評議会による評価の結果を公表しなけ
ればならないこと、また連携法人は、社会福祉連携推進評議会による意見を
尊重することを規定しています。

⑤　社福法137条

社福法137条は、社会福祉連携推進目的事業財産について規定していま
す。これについても第1章の「5　その他各論について（6）社会福祉連携
推進目的事業財産等」で既に記載していますが、後述の「（3）社会福祉連
携推進目的事業財産等」で改めて記載します。

⑥　社福法138条

また、社福法138条は、計算書類等について連携法人の特例を定めたもの
です。これについても、内容が複雑となるので、「（4）連携法人の計算書類
等」で改めて記載します。

⑦　社福法139条及び140条

以上の他、社福法139条は、定款変更は認定所轄庁の認可を受けなけれ
ば、その効力を生じないと規定し、社福法140条は、社会福祉連携推進方針
を変更しようとするときは、認定所轄庁の認定を受けなければならないと規
定しています。

社福法の第11章第2節に「業務運営等」として定められているのは、以上の
とおりです。

（2）　委託募集の特例等（社福法134条及び135条）

職業安定法は、求人と求職の需要供給の適正かつ円滑な調整に係る体制を確
保すること等によって、各人にその有する能力に適合する職業に就く機会を与
え、及び産業に必要な労働力を充足し、もつて職業の安定を図るとともに、経

▶職業安定法＝昭和22年法律第141号

済及び社会の発展に寄与することを目的として制定されたものです（職業安定法1条）。

求人と求職を調整する仕組みには、大きく分けて「職業紹介」「労働者の募集」「労働者供給事業」「労働者派遣事業等」があります。このうち労働者の募集について、職業安定法（以下「職安法」という）36条1項及び3項では、次のように労働者の募集を他者に従事させる場合の厚生労働大臣への許可・届出義務を定めています。

▶以下、本書での略記
職業安定法
　　　→**職安法**

職安法

（委託募集）

第36条　労働者を雇用しようとする者が、その被用者以外の者をして報酬を与えて労働者の募集に従事させようとするときは、厚生労働大臣の許可を受けなければならない。

2　前項の報酬の額については、あらかじめ、厚生労働大臣の認可を受けなければならない。

3　労働者を雇用しようとする者が、その被用者以外の者をして報酬を与えることなく労働者の募集に従事させようとするときは、その旨を厚生労働大臣に届け出なければならない。

▶連携法人が連携推進業務として当該募集に従事しようとするときは、職安法36条1項及び3項は適用しません（社福法134条1項）

この職安法36条1項（及び3項）をそのまま適用すると、社会福法人が自法人の職員以外の者（例えば連携法人）に報酬を与えて労働者の募集に従事させようとするときは、厚生労働大臣の許可を受ける義務が社会福祉法人に生じます（無償で従事させようとする場合には、3項によって届出の義務が生じます）。しかし社福法134条は、連携法人が社会福祉推進業務として連携法人の社員たる社会福祉法人の労働者の募集に従事しようとするときは、この義務を免除しました。

つまり、連携法人の社員たる社会福祉法人が連携法人に労働者の募集を委託するときには、その義務を免除し（社福法134条1項による職安法36条1項・3項の適用除外）、それに代えて、労働者の募集に従事することとなる連携法人が一定事項を厚生労働大臣に届け出なければならないことと定めました（社福法134条2項）。

このように連携法人の特例として、社福法が職安法36条1項及び2項を適用除外としたために、これに代わる必要な職安法の多くの定めを準用するとともに、準用に当たっての読替規定を定めているのが、社福法134条3項及び4項です。

社福法134条3項の規定を整理すると、次の4つに整理することができます。

（ⅰ）　届出があった場合に準用する職安法

（ⅱ）　募集に従事する者に準用する職安法

（ⅲ）　同上の者への報酬に準用する職安法

（ⅳ）　行政庁の職員の職権行使に準用する職安法

また、社福法134条4項は、適用除外されなかった職安法36条2項及び職安

法42条の2の適用に当たっての必要な読替えを規定したものです。

　詳しくは、本章の「Ⅱ　連携法人法令規則集」に記載されている該当箇所をご覧いただきたいと思いますが、複雑な法体系であり、実際の運用に当たっては、連携法人において、専門家の協力を求めるべき事柄であろうと思います。なお、社福法135条は、公共職業安定所は、労働者の募集に従事する連携法人に対して、「当該募集が効果的かつ適切に実施されるよう、雇用情報及び職業に関する調査研究の成果を提供し、かつ、これらに基づき当該募集の内容又は方法について指導を行うものとする」と規定しています。

▶本書105頁以下

（3）　社会福祉連携推進目的事業財産等（社福法137条）

　社会福祉連携推進目的事業財産は、連携推進業務を行うための財産です。連携法人は、社会福祉連携推進目的事業財産を「社会福祉連携推進業務を行うために使用し、又は処分しなければならない。ただし、厚生労働省令で定める正当な理由がある場合は、この限りでない」とされています（社福法137条）。

　社会福祉連携推進目的事業財産は、連携推進業務を行うための財産なので、社会福祉連携推進認定を取り消されたとき（社福法145条）は、認定基準によって定められた定款の記載（社福法127条5号ル）に従って、社会福祉連携推進目的事業財産の一定残額（以下「社会福祉連携推進目的取得財産残額」という）は国等に贈与されます。

　なお、社会福祉連携推進目的取得財産残額は、具体的には社会福祉連携推進法人会計基準10条2号に規定する損益計算書内訳表における社会福祉連携推進業務会計の当期末純資産残高として計算されます。

▶社会福祉連携推進目的事業財産の詳しい内容は、本書第1章「5　その他各論について（6）社会福祉連携推進目的事業財産等」に記載しています
また、本章Ⅱ記載の社福法146条に付記している＜編者注＞（本書140頁）を参照してください
▶本書151頁参照

（4）　連携法人の計算書類等

①　基本的理解

　繰り返しになりますが、連携法人は一般社団法人ですので、連携法人の計算書類等については、一般法の「第2章　一般社団法人」の「第4節　計算（第119条─第130条）」の規定に従うことになります。

　しかし社福法138条は次のような規定を置き、結果として、連携法人の計算書類等の法規制は、社会福祉法人に関する法規制とほぼ同様となっています。

②　社福法138条1項

　次のように社福法138条1項は、社福法の計算規定を、一般社団法人である連携法人の計算について準用することとしています。この規定によって、例えば社福法45条の23が連携法人に準用される結果、連携法人は社会福祉連携推進法人会計基準に従うこととなっています。また、準用に当たっては「評議員」とあるのを「社員」と読み替える等の必要な読替規定を設けました。

▶社会福祉連携推進法人会計基準
→本書の他の箇所では「連携会計基準」と略記しています

連携法人に準用される社福法

準用される条文	備　考
社福法45条の23	会計の原則等
社福法45条の32第4項	計算書類等の備置き及び閲覧等
社福法45条の34	財産目録の備置き及び閲覧等
社福法45条の35	役員に対する報酬等

▶読替規定については記載を省略しています

③　社福法138条2項

　社福法138条2項は、一般法の規定を連携法人の計算書類に適用するについての読替規定を設けました。つまり、次の条文の適用については、「法務省令」とあるのを「厚生労働省令」と読み替えることとしています。

▶「法務省令」とあるのを「厚生労働省令」と読み替えることとした結果、多くの社福法施行規則が連携法人の計算書類等に読み替えて準用されることとなりました

　　一般法120条1項
　　一般法123条1項及び2項
　　一般法124条1項及び2項

　また、一般法123条1項の適用については、「その成立の日」とあるのを「社会福祉法第126条第1項に規定する社会福祉連携推進認定を受けた日」と読み替えることとしました。

④　連携法人の計算書類等に関する法令

　上記の社福法138条の適用に伴って、多くの社福法及びその施行規則が連携法人の計算書類等に読み替えて準用されることとなりました。しかし、一般法の規定がそのまま適用されるものもあります。そのために、連携法人の計算書類等に関する法令は、一般法の体系のものと社福法の体系のものとが混在しています。

　本章の「Ⅱ　連携法人法令規則集」では、一般法の「第2章　一般社団法人」の「第4節　計算」の記載に当たって、一般法と社福法（そのうち連携法人に準用される部分）とを混在した状態で記載しています。いわば「キメラ状態」となっていますが、その状態の方が、法文を読むに際しては理解しやすいものと思われます。

5　基金

（1）　基金の定義と意義

　基金の制度は、一般社団法人に特有の制度です。連携法人に特別な規定は設けられていませんので、通常の一般社団法人と同様に連携法人も基金の制度を利用することができます。

▶基金の定義

　「基金」とは、「一般社団法人に拠出された金銭その他の財産であって、当該一般社団法人が拠出者に対してこの法律及び当該一般社団法人と当該拠出者との間の合意の定めるところに従い返還義務（金銭以外の財産については、拠出時の当該財産の価額に相当する金銭の返還義務）を負うもの」です（一般法131条）。

▶基金の意義

　基金制度は、剰余金の分配を目的としないという一般社団法人の基本的性格

を維持しつつ、その活動の原資となる資金を調達し、その財産的基礎の維持を図るための制度です。なお、基金として集めた金銭等の使途についての法令上の制限はありませんので、法人の活動の原資として自由に活用することができます。

（2）　基金制度の概要

①　基金制度を採用するかどうかは法人の任意

基金制度を採用するためには、定款に「基金を引き受ける者の募集をすることができる旨」のほか、「基金の拠出者の権利に関する規定」及び「基金の返還の手続」を定めることが必要とされています（一般法131条）。

「基金の拠出者の権利に関する規定」（一般法131条1号）とは、基金の拠出者が一般社団法人に対して有する権利の内容について、例えば「○年○月○日までは返還しない」というような返還時期の制限について定めることがあります。また、「基金の返還の手続」（一般法131条2号）とは、一般法141条の規定に基づいて基金を返還する際の具体的な手続、例えば、「定時社員総会において、返還すべき基金の総額について決議した後、その後の具体的な基金の返還に関する事項については理事が決定する。また、基金の返還を行う場所及び方法を定める。」といった定めを置くことがあります。

②　基金は誰でも拠出者となれる

基金は一種の外部負債なので、基金の拠出者の地位と一般社団法人（連携法人）の社員としての地位には関係がありません。したがって、社員も社員以外の者も拠出者となることが可能です。

基金の募集をしようとするときは、その都度、募集事項として募集に係る基金の総額その他一定の事項を定めなければなりません（一般法132条）。また、基金の申込み（一般法133条）、基金の割当て（一般法134条）、基金の引受け（一般法136条）、等々の規定が設けられています。

③　基金の返還

基金の返還は、定時社員総会の決議（普通決議）によって行われなければなりません（一般法141条1項）。定款で定めても、理事や理事会の決定事項とすることはできませんし、臨時社員総会で決めることもできません。一般社団法人（連携法人）の財産的基礎の維持を図るための制度です。

また、基金の返還は、拠出額（金銭以外の財産が拠出されたときは、拠出時の評価額）を限度とし、かつ、基金の返還に係る債権には利息を付することができません（一般法143条）。一般社団法人（連携法人）は非営利法人なので、利息の形で利益を分配することを防止するためです。

④　基金の返還原資

基金の返還原資は、毎事業年度の貸借対照表上の純資産額が基金の総額等を超える額に限られます（一般法141条2項）。

また、基金を返還する場合には、返還額に相当する金額を代替基金として計上する必要があります（一般法144条1項）。

　法人が解散した場合、一般社団法人（連携法人）の債権者等に対する弁済が終わらなければ、基金の拠出者は、基金の返還を受けることができません（一般法236条）。このように基金は、法人の一般債権者の引当てとなるものですので、返還された基金の代わりに代替基金を計上することによって、基金の総額が減少しないようにしているのです。したがって、代替基金を任意に取り崩すことはできません（一般法144条 2 項）。

⑤　基金の総額・代替基金の貸借対照表への計上

　基金の総額及び代替基金は、貸借対照表の純資産の部に計上します。連携会計基準13条 2 項では、「純資産の部は、基金、代替基金、積立金及び次期繰越活動増減差額に区分するものとする」と規定しています。

　あくまで参考ですが、一般法施行規則31条 1 項は、「基金の総額及び代替基金は、貸借対照表の純資産の部に計上しなければならない」とし、その 2 項は、「基金の返還に係る債務の額は、貸借対照表の負債の部に計上することができない」と規定しています。基金及び代替基金は、一般社団法人にとって資本類似の機能を有するものですが、同時に債務としての性格を有することから、その貸借対照表上の取扱いに疑義が生じないようにしています。連携法人には適用されない規則ですが、考え方としては同じことだと思います。

▶社福法138条は社福法45条の23の「社会福祉法人は、厚生労働省令で定める基準に従い、会計処理を行わなければならない」との規定を連携法人に準用していますので、一般社団法人の計算について定めている法務省令（一般法施行規則の21条から33条までの規定）は連携法人には適用されません

Ⅱ　連携法人法令規則集

1　はじめに

> 　連携法人は、社福法に定める一定の認定を受けた一般社団法人です。したがって、連携法人を律する法律は、第一義的には一般法であり、さらに社福法の定める特例にも従うことになります。
> 　この第2章の Ⅱ では、以上の一般法と社福法、及びそれらの施行令・施行規則を中心に収録しています。

2　記載範囲・順序等

（1）　収録した法令の範囲

　連携法人は一般社団法人なので、以下では一般法のうち、連携法人を運営するうえで実務的に必要性が乏しいと考えられる部分以外の法文を記載しています。また、当該法文に関連する政令・省令も収録しています。

　なお、一般法のうち記載を省略した部分は、次の通りです。

　一般法のうち記載していない部分

　第3章　一般財団法人

　第4章　清算

　第5章　合併

　第6章　雑則

　第7章　罰則

　また、社福法については、「第11章　社会福祉連携推進法人」の定め（及びこれに関連する施行令・施行規則を含む）は、解散及び清算に関する141条以外の全てを網羅しています。また、社福法の定める特例によって連携法人に準用される社福法については、一般法あるいは社福法の関連する法文にあわせて記載しています。

（2）　一般法と社福法の記載順序等

　連携法人に関する法令は、一般法と社福法との規定の多くの部分が輻輳します。そこで以下の法令規則の記載に当たっては、一般法と社福法とを別個に記載せず、法の定めを立体的に理解するために、一般法と社福法とを可能な限り連携法人の実体に応じた体系の順に記載することとしました。

　具体的には、次のような記載順序となっています。

《法令規則の記載要約目次》

（社福法に関する規定は**太字（ゴシック体）**で表記しています。）

一般法　第1章　総則（第1条—第9条）

一般法　第2章　一般社団法人

　一般法　第2章　第1節　設立（第10条—第26条）

　社福法　第11章　第1節　認定等（第125条—第131条）

　一般法　第2章　第2節　社員（第27条—第34条）

▶本書での略記
　社会福祉連携推進
　法人　→**連携法人**
　一般社団法人及び
　一般財団法人に関
　する法律
　　　　→**一般法**
　社会福祉法
　　　　→**社福法**

▶連携法人は、一般
　社団法人として設
　立され、社福法に
　よる認定を受けて
　連携法人となりま
　す

▶特に、計算の部分の記載は、一般法の規定と社福法138条による準用規定との輻輳が顕著となっています

> 一般法　第2章　第3節　機関（第35条―第118条の3）
> **社福法　第11章　第2節　業務運営等（第132条―第138条）**
> 一般法　第2章　第4節　計算（第119条―第130条）
> 一般法　第2章　第5節　基金（第131条―第145条）
> 一般法　第2章　第6節　定款の変更（第146条）
> 一般法　第2章　第7節　事業の譲渡（第147条）
> 一般法　第2章　第8節　解散【省略】
> **社福法　第11章　第2節　業務運営等＜続＞（第139条―第140条）**
> **社福法　第11章　第3節　解散及び清算（第141条）【省略】**
> 一般法　第3章　一般財団法人【以下省略】

　法令規則には、一般法と社福法（及びこれらに関する政令・省令）とが混在することとなりますので、条文・政令・省令を示すに当たって、それが一般法を指すものか社福法を指すものか等を明示することとしています。いちいち「一般法」「社福法」と記載されていることは煩わしいことですが、疑問なく読んでいただくために、あえてそのような記載にしました。

（3）　読替えに関する記載方法等

①　適用あるいは準用に当たって、当然に読み替える語句の表記

　一般法を読むうえで、社会福祉連携推進認定を受ける法人に関する規定は「一般社団法人」を「社会福祉連携推進法人」と理解して読む必要があります。また、社福法の規定によって様々な法令を連携法人に準用する場合には、「社会福祉法人」を「社会福祉連携推進法人」と読み替える必要があります。

▶連携法人は一般社団法人であって社会福祉法人ではありません

　このように、一般法その他の法令を連携法人に適用（あるいは準用）するに際して当然に読み替えられる語句を記載するには、原則として、次のように読み替えられる語句に取消線を付し、続けて読み替えられた後の語句に下線を付して示しています。

▶「社会福祉連携推進法人」は「連携法人」と略記しています

> 例　「社会福祉法人」を「社会福祉連携推進法人」と読み替える場合
> ~~社会福祉法人~~<u>連携法人</u>

②　法令の規定によって読み替える語句の表記

　社福法の第11章は、連携法人に関して様々な規定を置いています。そのうちには、一般法を連携法人に適用する場合に読み替えるべき語句を規定している場合があります。また、準用される法律を定めたうえで、準用する場合に読み替えるべき語句を規定している場合もあります。

　このような場合には、読み替えられるべき語句に取消線を付し、続けて 社福法○○条読替 と表記した後に、読替後の語句に下線を付して示しています。

> 例　社福法138条の定めによって、「法務省令」を「厚生労働省令」と読み替える場合
> ~~法務省令~~ 社福法138条読替 <u>厚生労働省令</u>

省令によって読み替える場合も同様です。

　例　社福法40条の11の定めによって、「理事等」を「役員」と読み替える場合

理事等 社福規則40条の11読替 役員

③　連携法人に関しない語句等の表記

　連携法人に関しない法令は、【連携法人に関しない規定なので、記載省略】等と記載しています。

（4）　施行令・施行規則の記載

　一般法及び社福法に係る施行令・施行規則は、それぞれ「一般法施行令」「一般法施行規則」（欄外注では「一般法規則」）あるいは「社福法施行令」「社福法施行規則」（欄外注では「社福法規則」）として記載しています。記載場所は、原則として、関連条文が最初に出てくる条文の直下に記載することとしています。

　また、条文中の「法務省令」等の語句の記載されている欄外注に「一般法規則○○条」等と記載し、条文の直下に記載されているものについては下向き指差し記号☞を付し、既出の施行令・施行規則については、付記している条文番号を指差し記号☞で示しています。

「一般社団法人及び一般財団法人に関する法律」の収録部分目次
（社福法の「第11章　社会福祉連携推進法人」の部分は**太字（ゴシック体）**で条文番号を算用数字で示した）

一般法　第1章　総則

<編者注>　一般社団法人及び一般財団法人に係る総則なので、以下では連携法人には関係のない一般財団法人に関する規定も掲載している。なお、連携法人は一般社団法人なので、以下の法文中「一般社団法人」は「連携法人」あるいは「連携法人となる法人」と理解して読む必要がある。

一般法　第1節　通則

（趣旨）

一般法　第1条　一般社団法人及び一般財団法人の設立、組織、運営及び管理については、他の法律に特別の定めがある場合を除くほか、この法律の定めるところによる。

（定義）

一般法　第2条　この法律において、次の各号に掲げる用語の意義は、当該各号に定めるところによる。

一　一般社団法人等　一般社団法人又は一般財団法人をいう。

二　【大規模一般社団法人に関する規定なので、記載省略】

<編者注>　負債200億円以上の一般社団法人は「大規模一般社団法人」とされる。連携法人について、「大規模一般社団法人」に関する規定を適用除外する旨の規定は見当たらないが、収益額30億円超あるいは負債額60億円超の連携法人にあっては、特定社会福祉法人と同様の規制がなされていることから、大規模一般社団法人に関する規定は、連携法人に関する限りほぼ無意味なものと考え、本書では基本的に無視している。

三　【大規模一般財団法人に関する規定なので、記載省略】

四　【子法人に関する規定であるが、明文規定はないものの連携法人は子法人を持てないものとされているので、記載省略】

五　【吸収合併に関する規定なので、記載省略】

六　【新設合併に関する規定なので、記載省略】

七　公告方法　一般社団法人又は一般財団法人が公告（この法律又は他の法律の規定により官報に掲載する方法によりしなければならないものとされているものを除く。）をする方法をいう。

（法人格）

一般法　第3条　一般社団法人及び一般財団法人は、法人とする。

（住所）

一般法　第4条　一般社団法人及び一般財団法人の住所は、その主たる事務所の所在地にあるものとする。

一般法　第2節　法人の名称

（名称）

一般法　第5条　一般社団法人又は一般財団法人は、その種類に従い、その名称中に一般社団法人又は一般財団法人という文字を用いなければならない。

<編者注>　連携法人は、一般社団法人として設立され、設立の後に社会福祉連携推進認定を受けて初めて連携法人となる（社福法125条）。

連携法人になると、上の一般法5条1項は適用を除外され（社福法147条）、その名称中には連携法人という文字を用いるべきこと等の規定（社福法130条）が適用される。

2　一般社団法人は、その名称中に、一般財団法人であると誤認されるおそれのある文字

▶連携法人には関係のない一般財団法人に関する規定は取消線で示したその他、連携法人に不要な文言も同様である

▶社福法127条（認定の基準）5号ホ

▶連携法人は合併できない

▶一般法5条1項は**連携法人には適用しない**（社福法147条）

を用いてはならない。

▶3項は財団法人に係る規定

3　一般財団法人は、その名称中に、一般社団法人であると誤認されるおそれのある文字を用いてはならない。

（一般社団法人又は一般財団法人と誤認させる名称等の使用の禁止）

一般法　第6条　一般社団法人又は一般財団法人でない者は、その名称又は商号中に、一般社団法人又は一般財団法人であると誤認されるおそれのある文字を用いてはならない。

一般法　第7条　何人も、不正の目的をもって、他の一般社団法人又は一般財団法人であると誤認されるおそれのある名称又は商号を使用してはならない。

2　前項の規定に違反する名称又は商号の使用によって事業に係る利益を侵害され、又は侵害されるおそれがある一般社団法人又は一般財団法人は、その利益を侵害する者又は侵害するおそれがある者に対し、その侵害の停止又は予防を請求することができる。

（自己の名称の使用を他人に許諾した一般社団法人又は一般財団法人の責任）

一般法　第8条　自己の名称を使用して事業又は営業を行うことを他人に許諾した一般社団法人又は一般財団法人は、当該一般社団法人又は一般財団法人が当該事業を行うものと誤認して当該他人と取引をした者に対し、当該他人と連帯して、当該取引によって生じた債務を弁済する責任を負う。

一般法　第3節　商法の規定の不適用

一般法　第9条　商法（明治32年法律第48号）第11条から第15条まで及び第19条から第24条までの規定は、一般社団法人及び一般財団法人については、適用しない。

商法第11条から第15条及び第19条から第24条まで
○　商法第11条から第15条〜商号に関する規定
○　商法第19条から第24条〜商業帳簿及び支配人に関する規定

一般法　第 2 章　一般社団法人連携法人

> ＜編者注＞　社福法に定める社会福祉推進連携認定を受ける前は、連携法人ではなく一般の「一般社団法人」なので、この章の「一般社団法人」については「連携法人になるための一般社団法人」と理解して読む必要がある。

一般法　第 1 節　設立
一般法　第 1 款　定款の作成
　（定款の作成）
一般法　第10条　一般社団法人を設立するには、その社員になろうとする者（以下「設立時社員」という。）が、共同して定款を作成し、その全員がこれに署名し、又は記名押印しなければならない。

2　前項の定款は、電磁的記録（電子的方式、磁気的方式その他人の知覚によっては認識することができない方式で作られる記録であって、電子計算機による情報処理の用に供されるものとして法務省令で定めるものをいう。以下同じ。）をもって作成することができる。この場合において、当該電磁的記録に記録された情報については、法務省令で定める署名又は記名押印に代わる措置をとらなければならない。

▶通常の実務では左の事務は司法書士に依頼する
▶一般法規則89条 🔖
▶一般法規則90条 🔖

> 一般法施行規則
> 　（電磁的記録）
> 第89条　法第10条第 2 項（法第152条第 3 項において準用する場合を含む。）に規定する法務省令で定めるものは、磁気ディスクその他これに準ずる方法により一定の情報を確実に記録しておくことができる物をもって調製するファイルに情報を記録したものとする。

> 一般法施行規則
> 　（電子署名）
> 第90条　次に掲げる規定に規定する法務省令で定める署名又は記名押印に代わる措置は、電子署名とする。
> 　一　法第10条第 2 項（法第152条第 3 項において準用する場合を含む。）
> 　二　法第95条第 4 項（法第197条及び第221条第 5 項において準用する場合を含む。）
> 2　前項に規定する「電子署名」とは、電磁的記録に記録することができる情報について行われる措置であって、次の要件のいずれにも該当するものをいう。
> 　一　当該情報が当該措置を行った者の作成に係るものであることを示すためのものであること。
> 　二　当該情報について改変が行われていないかどうかを確認することができるものであること。

▶ 1 号：定款の作成
▶ 2 号：理事会の決議

　（定款の記載又は記録事項）
一般法　第11条　一般社団法人の定款には、次に掲げる事項を記載し、又は記録しなければならない。

▶以下、参照すべき社福法

> ＜編者注＞　以下のほか、連携法人の認定を受ける場合に定款に記載すべき事項が社福法127条（認定の基準） 5 号に規定されているので注意が必要である。

　一　目的
　二　名称
　三　主たる事務所の所在地
　四　設立時社員の氏名又は名称及び住所

社福法127条 1 号
社福法130条
社福法131条
社福法127条 2 号

社福法127条 4 号

　　五　社員の資格の得喪に関する規定
　　六　公告方法

> ＜編者注＞　公告方法としては、官報に掲載する方法以外に、①時事に関する事項を掲載する日刊新聞紙に掲載する方法、②電子公告、③主たる事務所の公衆の見やすい場所に掲示する方法がある（一般法331条 1 項、一般法施行規則88条）。コストから考えれば③の方法が最も低廉であると考えられる。

　　七　事業年度

▶一般社団法人は非営利法人

2 　社員に剰余金又は残余財産の分配を受ける権利を与える旨の定款の定めは、その効力を有しない。

一般法　第12条　前条第 1 項各号に掲げる事項のほか、一般社団法人の定款には、この法律の規定により定款の定めがなければその効力を生じない事項及びその他の事項でこの法律の規定に違反しないものを記載し、又は記録することができる。

　（定款の認証）

一般法　第13条　第10条第 1 項の定款は、公証人の認証を受けなければ、その効力を生じない。

　（定款の備置き及び閲覧等）

一般法　第14条　設立時社員（一般社団法人の成立後にあっては、当該一般社団法人）は、定款を設立時社員が定めた場所（一般社団法人の成立後にあっては、その主たる事務所及び従たる事務所）に備え置かなければならない。

2 　設立時社員（一般社団法人の成立後にあっては、その社員及び債権者）は、設立時社員が定めた時間（一般社団法人の成立後にあっては、その業務時間）内は、いつでも、次に掲げる請求をすることができる。ただし、第 2 号又は第 4 号に掲げる請求をするには、設立時社員（一般社団法人の成立後にあっては、当該一般社団法人）の定めた費用を支払わなければならない。

▶一般法規則91条 1 号📖
▶一般法規則92条📖

　　一　定款が書面をもって作成されているときは、当該書面の閲覧の請求
　　二　前号の書面の謄本又は抄本の交付の請求
　　三　定款が電磁的記録をもって作成されているときは、当該電磁的記録に記録された事項を法務省令で定める方法により表示したものの閲覧の請求
　　四　前号の電磁的記録に記録された事項を電磁的方法（電子情報処理組織を使用する方法その他の情報通信の技術を利用する方法であって法務省令で定めるものをいう。以下同じ。）であって設立時社員（一般社団法人の成立後にあっては、当該一般社団法人）の定めたものにより提供することの請求又はその事項を記載した書面の交付の請求

▶一般法規則93条 1 号📖

3 　定款が電磁的記録をもって作成されている場合であって、従たる事務所における前項第 3 号及び第 4 号に掲げる請求に応じることを可能とするための措置として法務省令で定めるものをとっている一般社団法人についての第 1 項の規定の適用については、同項中「主たる事務所及び従たる事務所」とあるのは、「主たる事務所」とする。

> **一般法施行令**
>
> 　（電磁的方法による通知の承諾等）
>
> **第 1 条**　次に掲げる規定により電磁的方法（一般社団法人及び一般財団法人に関する法律（以下「法」という。）第14条第 2 項第 4 号に規定する電磁的方法をいう。以下同じ。）により通知を発しようとする者（次項において「通知発出者」という。）は、法務省令で定めるところにより、あらかじめ、当該通知の相手方に対し、その用いる電磁的方法の種類及び内容を示し、書面又は電磁的方法による承諾を得なければならない。
>
> 　　一　法第39条第 3 項
> 　　二　法第182条第 2 項

▶電磁的方法の種類及び内容は一般法規則97条📖

▶一般法39条 3 項＝社員総会招集通知

▶一般法182条は一

2　前項の規定による承諾を得た通知発出者は、同項の相手方から書面又は電磁的方法により電磁的方法による通知を受けない旨の申出があったときは、当該相手方に対し、当該通知を電磁的方法によって発してはならない。ただし、当該相手方が再び同項の規定による承諾をした場合は、この限りでない。

一般法施行規則

（電磁的記録に記録された事項を表示する方法）

第91条　次に掲げる規定に規定する法務省令で定める方法は、次に掲げる規定の電磁的記録に記録された事項を紙面又は映像面に表示する方法とする。

　　一　法第14条第 2 項第 3 号
　　二　法第32条第 2 項第 2 号
　　三　法第50条第 6 項第 2 号
　　四　法第52条第 5 項
　　五　法第57条第 4 項第 2 号
　　六　法第58条第 3 項第 2 号
　　七　法第97条第 2 項第 2 号（法第197条において準用する場合を含む。）
　　八　法第107条第 2 項第 2 号（法第197条において準用する場合を含む。）
　　九　法第121条第 1 項第 2 号（法第199条において準用する場合を含む。）
　　十　法第129条第 3 項第 3 号（法第199条において準用する場合を含む。）
　　十一　法第156条第 2 項第 3 号
　　十二　法第193条第 4 項第 2 号
　　十三　法第194条第 3 項第 2 号
　　十四　法第223条第 2 項第 2 号
　　十五　法第229条第 2 項第 3 号
　　十六　法第246条第 3 項第 3 号
　　十七　法第250条第 3 項第 3 号
　　十八　法第253条第 3 項第 3 号
　　十九　法第256条第 3 項第 3 号
　　二十　法第260条第 3 項第 3 号

一般法施行規則

（電磁的方法）

第92条　法第14条第 2 項第 4 号に規定する電子情報処理組織を使用する方法その他の情報通信の技術を利用する方法であって法務省令で定めるものは、次に掲げる方法とする。

　　一　電子情報処理組織を使用する方法のうちイ又はロに掲げるもの
　　　イ　送信者の使用に係る電子計算機と受信者の使用に係る電子計算機とを接続する電気通信回線を通じて送信し、受信者の使用に係る電子計算機に備えられたファイルに記録する方法
　　　ロ　送信者の使用に係る電子計算機に備えられたファイルに記録された情報の内容を電気通信回線を通じて情報の提供を受ける者の閲覧に供し、当該情報の提供を受ける者の使用に係る電子計算機に備えられたファイルに当該情報を記録する方法
　　二　磁気ディスクその他これに準ずる方法により一定の情報を確実に記録しておくことができる物をもって調製するファイルに情報を記録したものを交付する方法

2　前項各号に掲げる方法は、受信者がファイルへの記録を出力することにより書面を作成することができるものでなければならない。

般財団法人に係る規定

▶ 1 号：定款備置等
▶ 2 号：社員名簿備置等
▶ 3 号：議決権代理行使
▶ 4 号：電磁的方法による議決権行使
▶ 5 号：社員総会議事録
▶ 6 号：社員総会決議省略
▶ 7 号：理事会議事録
▶ 8 号：会計帳簿等
▶ 9 号：会計帳簿等
▶ 10号：計算書類等備置
▶ 11号以下：一般財団法人関係他につき記載省略

一般法施行規則

　（電磁的記録の備置きに関する特則）

第93条　次に掲げる規定に規定する法務省令で定める措置は、一般社団法人等の使用に係る電子計算機を電気通信回線で接続した電子情報処理組織を使用する方法であって、当該電子計算機に備えられたファイルに記録された情報の内容を電気通信回線を通じて一般社団法人等の従たる事務所において使用される電子計算機に備えられたファイルに当該情報を記録するものによる措置とする。

▶1号：定款の備置等

▶2号：社員会議事録

▶3号：計算書類備置

▶4号以下：財団法人関係他

　一　法第14条第3項

　二　法第57条第3項

　三　法第129条第2項（法第199条において準用する場合を含む。）

　四　法第156条第3項

　五　法第193条第3項

一般法施行規則

　（一般社団法人及び一般財団法人に関する法律施行令に係る電磁的方法）

第97条　一般社団法人及び一般財団法人に関する法律施行令（平成19年政令第38号）第1条第1項又は第2条第1項の規定の規定により示すべき電磁的方法の種類及び内容は、次に掲げるものとする。

　一　次に掲げる方法のうち、送信者が使用するもの

　　イ　電子情報処理組織を使用する方法のうち次に掲げるもの

　　　(1)　送信者の使用に係る電子計算機と受信者の使用に係る電子計算機とを接続する電気通信回線を通じて送信し、受信者の使用に係る電子計算機に備えられたファイルに記録する方法

　　　(2)　送信者の使用に係る電子計算機に備えられたファイルに記録された情報の内容を電気通信回線を通じて情報の提供を受ける者の閲覧に供し、当該情報の提供を受ける者の使用に係る電子計算機に備えられたファイルに当該情報を記録する方法

　　ロ　磁気ディスクその他これに準ずる方法により一定の情報を確実に記録しておくことができる物をもって調製するファイルに情報を記録したものを交付する方法

　二　ファイルへの記録の方式

一般法　第2款　設立時役員等の選任及び解任

　（設立時役員等の選任）

一般法　第15条　定款で設立時理事（一般社団法人の設立に際して理事となる者をいう。以下この章、第278条及び第318条第2項において同じ。）を定めなかったときは、設立時社員は、第13条の公証人の認証の後遅滞なく、設立時理事を選任しなければならない。

2　設立しようとする一般社団法人が次の各号に掲げるものである場合において、定款で当該各号に定める者を定めなかったときは、設立時社員は、第13条の公証人の認証の後遅滞なく、これらの者を選任しなければならない。

▶連携法人は監事設置一般社団法人（社福法127条5号ロ(1)）

　一　監事設置一般社団法人（監事を置く一般社団法人又はこの法律の規定により監事を置かなければならない一般社団法人をいう。以下同じ。）　設立時監事（一般社団法人の設立に際して監事となる者をいう。以下この章、第254条第6号及び第318条第2項第3号において同じ。）

　二　会計監査人設置一般社団法人（会計監査人を置く一般社団法人又はこの法律の規定により会計監査人を置かなければならない一般社団法人をいう。以下同じ。）　設立時会計監査人（一般社団法人の設立に際して会計監査人となる者をいう。次条第2項

及び第318条第 2 項第 4 号において同じ。）

> <編者注>　会計監査人の設置
> ①　原則：会計監査人を置くことができる（一般法60条 2 項）
> ②　一定規模の連携法人は会計監査人を置く等の旨を定款に記載することが要求されている（社福法127条 5 号ニ）

一般法　第16条　設立しようとする一般社団法人が理事会設置一般社団法人（理事会を置く一般社団法人をいう。以下同じ。）である場合には、設立時理事は、3 人以上でなければならない。

▶連携法人は理事会設置一般社団法人（社福法127条 5 号ロ(1)）

> <編者注>　連携法人の認定を受けるには、「理事 6 人以上及び監事 2 人以上を置く旨」及び「理事会を置く旨」を定款に記載することが求められている（社福法127条 5 号ロ(1)及び同条同号ニ）。

2　第65条第 1 項又は第68条第 1 項若しくは第 3 項の規定により成立後の一般社団法人の理事、監事又は会計監査人となることができない者は、それぞれ設立時理事、設立時監事又は設立時会計監査人（以下この款において「設立時役員等」という。）となることができない。

▶一般法65条 1 項
　＝役員の欠格事由
▶一般法68条 1 項または 3 項
　＝会計監査人の欠格事由

> <編者注>　一般法65条 1 項は、役員の欠格事由を定めているが、社福法128条では連携推進認定を受けることができない役員の欠格事由が定められていることに留意する。

3　第65条の 2 の規定は、設立時理事及び設立時監事について準用する。

（設立時役員等の選任の方法）

一般法　第17条　設立時役員等の選任は、設立時社員の議決権の過半数をもって決定する。

2　前項の場合には、設立時社員は、各 1 個の議決権を有する。ただし、定款で別段の定めをすることを妨げない。

▶一般法65条の 2
　＝成年被後見人等の役員就任

（設立時役員等の解任）

一般法　第18条　設立時社員は、一般社団法人の成立の時までの間、設立時役員等を解任することができる。

（設立時役員等の解任の方法）

一般法　第19条　設立時役員等の解任は、設立時社員の議決権の過半数（設立時監事を解任する場合にあっては、3 分の 2 以上に当たる多数）をもって決定する。

2　第17条第 2 項の規定は、前項の場合について準用する。

一般法　第 3 款　設立時理事等による調査

一般法　第20条　設立時理事（設立しようとする一般社団法人が監事設置一般社団法人である場合にあっては、設立時理事及び設立時監事。次項において同じ。）は、その選任後遅滞なく、一般社団法人の設立の手続が法令又は定款に違反していないことを調査しなければならない。

2　設立時理事及び設立時監事は、前項の規定による調査により、一般社団法人の設立の手続が法令若しくは定款に違反し、又は不当な事項があると認めるときは、設立時社員にその旨を通知しなければならない。

▶連携法人は監事設置一般社団法人（社福法127条 5 号ロ(1)）

一般法　第 4 款　設立時代表理事の選定等

一般法　第21条　設立時理事は、設立しようとする一般社団法人が理事会設置一般社団法人である場合には、設立時理事の中から一般社団法人の設立に際して代表理事（一般社団法人を代表する理事をいう。以下この章及び第301条第 2 項第 6 号において同じ。）となる者（以下この条及び第318条第 2 項において「設立時代表理事」という。）を選定し

▶連携法人は理事会設置一般社団法人（社福法127条 5 号ロ(1)）

なければならない。

2　設立時理事は、一般社団法人の成立の時までの間、設立時代表理事を解職することができる。

3　前2項の規定による設立時代表理事の選定及び解職は、設立時理事の過半数をもって決定する。

一般法　第5款　一般社団法人の成立

一般法　第22条　一般社団法人は、その主たる事務所の所在地において設立の登記をすることによって成立する。

一般法　第6款　設立時社員等の責任

（設立時社員等の損害賠償責任）

一般法　第23条　設立時社員、設立時理事又は設立時監事は、一般社団法人の設立についてその任務を怠ったときは、当該一般社団法人に対し、これによって生じた損害を賠償する責任を負う。

2　設立時社員、設立時理事又は設立時監事がその職務を行うについて悪意又は重大な過失があったときは、当該設立時社員、設立時理事又は設立時監事は、これによって第三者に生じた損害を賠償する責任を負う。

（設立時社員等の連帯責任）

一般法　第24条　設立時社員、設立時理事又は設立時監事が一般社団法人又は第三者に生じた損害を賠償する責任を負う場合において、他の設立時社員、設立時理事又は設立時監事も当該損害を賠償する責任を負うときは、これらの者は、連帯債務者とする。

（責任の免除）

一般法　第25条　第23条第1項の規定により設立時社員、設立時理事又は設立時監事の負う責任は、総社員の同意がなければ、免除することができない。

（一般社団法人不成立の場合の責任）

一般法　第26条　一般社団法人が成立しなかったときは、設立時社員は、連帯して、一般社団法人の設立に関してした行為についてその責任を負い、一般社団法人の設立に関して支出した費用を負担する。

社福法　第11章　社会福祉連携推進法人

社福法　第1節　認定等

（社会福祉連携推進法人の認定）

社福法　第125条　次に掲げる業務（以下この章において「社会福祉連携推進業務」という。）を行おうとする一般社団法人は、第127条各号に掲げる基準に適合する一般社団法人であることについての所轄庁の認定を受けることができる。

一　地域福祉の推進に係る取組を社員が共同して行うための支援

二　災害が発生した場合における社員（社会福祉事業を経営する者に限る。次号、第5号及び第6号において同じ。）が提供する福祉サービスの利用者の安全を社員が共同して確保するための支援

三　社員が経営する社会福祉事業の経営方法に関する知識の共有を図るための支援

四　資金の貸付けその他の社員（社会福祉法人に限る。）が社会福祉事業に係る業務を行うのに必要な資金を調達するための支援として厚生労働省令で定めるもの

▶社会福祉連携推進業務

▶地域福祉支援業務
▶災害時支援業務

▶経営支援業務
▶貸付業務
▶社福法規則38条📝

社福法施行規則

（資金を調達するための支援）

第38条　法第125条第4号に規定する厚生労働省令で定めるものは、資金の貸付けとする。

五　社員が経営する社会福祉事業の従事者の確保のための支援及びその資質の向上を図るための研修

六　社員が経営する社会福祉事業に必要な設備又は物資の供給

（認定申請）

社福法　第126条　前条の認定（以下この章において「社会福祉連携推進認定」という。）の申請は、厚生労働省令で定める事項を記載した申請書に、定款、社会福祉連携推進方針その他厚生労働省令で定める書類を添えてしなければならない。

2　前項の社会福祉連携推進方針には、次に掲げる事項を記載しなければならない。

一　社員の氏名又は名称

二　社会福祉連携推進業務を実施する区域

三　社会福祉連携推進業務の内容

四　前条第4号に掲げる業務を行おうとする場合には、同号に掲げる業務により支援を受けようとする社員及び支援の内容その他厚生労働省令で定める事項

▶人材確保等業務

▶物資等供給業務

▶社会福祉連携推進認定
▶社福法規則39条1項〜3項📝
▶社会福祉連携推進方針
▶社会福祉連携推進方針の変更には所轄の認定が必要
→社福法140条

▶社福法規則39条4項📝

社福法施行規則

（社会福祉連携推進認定の申請手続）

第39条　法第126条第1項に規定する厚生労働省令で定める事項は、次に掲げる事項とする。

一　名称及び代表者の氏名

二　主たる事務所の所在地

三　法第125条に規定する社会福祉連携推進業務の内容

2　法第126条第1項に規定する厚生労働省令で定める書類は、次に掲げる書類とする。

一　当該一般社団法人の登記事項証明書

二　当該一般社団法人の理事及び監事の氏名、生年月日及び住所を記載した書類

三　法第127条各号に掲げる基準に適合することを証明する書類

四　当該一般社団法人の理事及び監事が法第128条第1号イからニまでのいずれにも該当しないことを証明する書類

五　法第128条第2号及び第3号のいずれにも該当しないことを証明する書類

　　六　前各号に掲げるもののほか、所轄庁が法第125条の認定（以下「社会福祉連携
　　　推進認定」という。）に必要と認める書類
　3　前項の申請書類には、副本1通を添付しなければならない。
　4　法第126条第2項第4号に規定する厚生労働省令で定める事項は、次に掲げる事
　　項とする。
　　一　法第125条第4号の業務（次号及び第3号において「貸付業務」という。）によ
　　　り支援を受けようとする社員名
　　二　貸付業務に係る貸付けの金額
　　三　貸付業務に係る貸付けの契約日
　　四　法第127条第5号トに掲げる事項の承認の方法

（認定の基準）

社福法　第127条　所轄庁は、社会福祉連携推進認定の申請をした一般社団法人が次に掲
　げる基準に適合すると認めるときは、当該法人について社会福祉連携推進認定をするこ
　とができる。

　一　その設立の目的について、社員の社会福祉に係る業務の連携を推進し、並びに地域
　　における良質かつ適切な福祉サービスの提供及び社会福祉法人の経営基盤の強化に資
　　することが主たる目的であること。

▶設立の目的

　二　社員の構成について、社会福祉法人その他社会福祉事業を経営する者又は社会福祉
　　法人の経営基盤を強化するために必要な者として厚生労働省令で定める者を社員と
　　し、社会福祉法人である社員の数が社員の過半数であること。

▶社員の構成
▶社福法規則40条1
　項👈

　三　社会福祉連携推進業務を適切かつ確実に行うに足りる知識及び能力並びに財産的基
　　礎を有するものであること。

▶知識・能力・財産
　的基礎

　四　社員の資格の得喪に関して、第1号の目的に照らし、不当に差別的な取扱いをする
　　条件その他の不当な条件を付していないものであること。

▶社員資格の得喪

　五　定款において、一般社団法人及び一般財団法人に関する法律第11条第1項各号に掲
　　げる事項のほか、次に掲げる事項を記載し、又は記録していること。

▶一般法11条1項
　＝定款の必要記載
　事項

　　イ　社員が社員総会において行使できる議決権の数、議決権を行使することができる
　　　事項、議決権の行使の条件その他厚生労働省令で定める社員の議決権に関する事項

▶社福法規則40条2
　項👈

　　ロ　役員について、次に掲げる事項
　　　(1)　理事6人以上及び監事2人以上を置く旨
　　　(2)　理事のうちに、各理事について、その配偶者又は三親等以内の親族その他各理
　　　　事と厚生労働省令で定める特殊の関係がある者が3人を超えて含まれず、並びに
　　　　当該理事並びにその配偶者及び三親等以内の親族その他各理事と厚生労働省令で
　　　　定める特殊の関係がある者が理事の総数の3分の1を超えて含まれないこととす
　　　　る旨

▶連携法人の役員構
　成は社会福祉法人
　と同一

▶社福法規則40条3
　項👈

　　　(3)　監事のうちに、各役員について、その配偶者又は三親等以内の親族その他各役
　　　　員と厚生労働省令で定める特殊の関係がある者が含まれないこととする旨
　　　(4)　理事又は監事について、社会福祉連携推進業務について識見を有する者その他
　　　　厚生労働省令で定める者を含むこととする旨

▶社福法規則40条4
　項👈

　　ハ　代表理事を1人置く旨
　　ニ　理事会を置く旨及びその理事会に関する事項

▶社福法規則40条5
　項👈

　　ホ　その事業の規模が政令で定める基準を超える一般社団法人においては、次に掲げ
　　　る事項
　　　(1)　理事の職務の執行が法令及び定款に適合することを確保するための体制その他
　　　　当該一般社団法人の業務の適正を確保するために必要なものとして厚生労働省令
　　　　で定める体制の整備に関する事項は理事会において決議すべき事項である旨

▶社福法施行令33条
　＝社福法37条の特
　　定社会福祉法人
　　類似特例　社福
　　法45条の13第5
　　項参照

▶社福法規則40条6
　項👈

　　　(2)　会計監査人を置く旨及び会計監査人が監査する事項その他厚生労働省令で定め
　　　　る事項

▶社福法規則40条7
　項👈

社福法施行令

（法第127条第5号ホの政令で定める基準）

第33条　法第127条第5号ホの政令で定める基準を超える一般社団法人は、次の各号のいずれかに該当する一般社団法人とする。

一　最終事業年度（各事業年度に係る計算書類につき一般社団法人及び一般財団法人に関する法律第126条第2項の承認（同法第127条前段に規定する場合にあつては、同法第124条第3項の承認）を受けた場合における当該各事業年度のうち最も遅いものをいう。以下この条において同じ。）に係る同法第126条第2項の承認を受けた損益計算書（同法第127条前段に規定する場合にあつては、同条の規定により定時社員総会に報告された損益計算書）に基づいて最終事業年度における経常的な収益の額として厚生労働省令で定めるところにより計算した額が30億円を超えること。

二　最終事業年度に係る一般社団法人及び一般財団法人に関する法律第126条第2項の承認を受けた貸借対照表（同法第127条前段に規定する場合にあつては、同条の規定により定時社員総会に報告された貸借対照表とし、一般社団法人の成立後最初の定時社員総会までの間においては、同法第123条第1項の貸借対照表とする。）の負債の部に計上した額の合計額が60億円を超えること。

社福法施行規則

（最終事業年度における事業活動に係る収益の額の算定方法）

第40条の2　令第33条第1号に規定する収益の額として厚生労働省令で定めるところにより計算した額は、社会福祉連携推進法人会計基準第19条の第2号第1様式中当年度決算(A)のサービス活動収益計(1)欄に計上した額とする。

ヘ　次に掲げる要件を満たす評議会（第136条において「社会福祉連携推進評議会」という。）を置く旨並びにその構成員の選任及び解任の方法

(1)　福祉サービスを受ける立場にある者、社会福祉に関する団体、学識経験を有する者その他の関係者をもつて構成していること。

(2)　当該一般社団法人がトの承認をするに当たり、必要があると認めるときは、社員総会及び理事会において意見を述べることができるものであること。

(3)　社会福祉連携推進方針に照らし、当該一般社団法人の業務の実施の状況について評価を行い、必要があると認めるときは、社員総会及び理事会において意見を述べることができるものであること。

ト　第125条第4号の支援を受ける社会福祉法人である社員が当該社会福祉法人の予算の決定又は変更その他厚生労働省令で定める事項を決定するに当たつては、あらかじめ、当該一般社団法人の承認を受けなければならないこととする旨

チ　資産に関する事項

リ　会計に関する事項

ヌ　解散に関する事項

ル　第145条第1項又は第2項の規定による社会福祉連携推進認定の取消しの処分を受けた場合において、第146条第2項に規定する社会福祉連携推進目的取得財産残額があるときは、これに相当する額の財産を当該社会福祉連携推進認定の取消しの処分の日から1月以内に国、地方公共団体又は次条第1号イに規定する社会福祉連携推進法人、社会福祉法人その他の厚生労働省令で定める者（ヲにおいて「国等」という。）に贈与する旨

＜編者注＞　連携推進法人は、上のルに係る定款の定めを変更することができない（社福法146条5項）。また、ルの「社会福祉法人」は、社員でない社会福祉法人である（一般法11条2項）。

▶収益額30億円基準
各事業年度に係る計算書類についての一般法126条2項の承認＝定時社員総会の承認（同法127条前段＝会計監査人設置法人の特則）

▶社福法規則40条の2 🖉

▶負債額60億円基準

▶社会福祉法人の場合は社福法施行令13条の3

▶社会福祉連携推進評議会

▶評価の結果は公表される（社福法136条1項）

▶貸付けを受ける社会福祉法人の重要事項決定に対する連携法人の承認社福法規則40条8項 🖉

▶社福法145条＝社会福祉連携推進認定の取消し
▶社福法146条＝社会福祉連携推進認定の取消しに伴う贈与
▶社福法規則40条9項 🖉
▶公益認定法人にあっては左のル及びヲは非適用（社福法規則40条の21 🖉）

ヲ　清算をする場合において残余財産を国等に帰属させる旨

> **社福法施行規則**
> **（公益認定を受けている場合の特例）**
> **第40条の21**　社会福祉連携推進法人が公益認定を受けた法人である場合は、法第127条第5号ル及びヲの規定は、適用しない。
> 2　社会福祉連携推進法人が公益認定を受けた法人である場合において、当該社会福祉連携推進法人が法第145条第1項又は第2項の規定により社会福祉連携推進認定を取り消された場合は、同条第4項及び第5項並びに法第146条の規定は、適用しない。

▶社福法145条＝連携推進認定の取消し
▶社福法146条＝連携推進認定取消しに伴う贈与

ワ　定款の変更に関する事項

▶社福法139条参照（定款変更手続）

六　前各号に掲げるもののほか、社会福祉連携推進業務を適切に行うために必要なものとして厚生労働省令で定める要件に該当するものであること。

▶規則未制定

> **社福法施行規則**
> **（社会福祉連携推進認定の基準）**
> **第40条**　法第127条第2号に規定する厚生労働省令で定める者は、次に掲げる者とする。
> 一　社会福祉事業等従事者の養成機関を経営する法人
> 二　社会福祉を目的とする事業（社会福祉事業を除く。）を経営する法人
> 2　法第127条第5号イに規定する厚生労働省令で定める社員の議決権に関する事項は、次に掲げる事項とする。
> 一　社員は、各1個の議決権を有するものであること。ただし、社員総会において行使できる議決権の数、議決権を行使することができる事項、議決権の行使の条件その他の社員の議決権に関する定款の定めが次のいずれにも該当する場合は、この限りでないこと。
> イ　社員の議決権に関して、社会福祉連携推進目的に照らし、不当に差別的な取扱いをしないものであること。
> ロ　社員の議決権に関して、社員が当該一般社団法人に対して提供した金銭その他の財産の価額に応じて異なる取扱いをしないものであること。
> ハ　社員の議決権に関して、1の社員が総社員の議決権の過半数を保有しないものであること。
> 二　総社員の議決権の過半数は、社員である社会福祉法人が保有しなければならないものであること。
> 3　法第127条第5号ロ(2)に規定する当該一般社団法人の各理事と厚生労働省令で定める特殊の関係がある者は、次に掲げる者とする。
> 一　当該理事と婚姻の届出をしていないが事実上婚姻関係と同様の事情にある者
> 二　当該理事の使用人
> 三　当該理事から受ける金銭その他の財産によつて生計を維持している者
> 四　前2号に掲げる者の配偶者
> 五　第1号から第3号までに掲げる者の三親等以内の親族であつて、これらの者と生計を一にするもの
> 4　法第127条第5号ロ(3)に規定する当該一般社団法人の各役員と厚生労働省令で定める特殊の関係がある者は、次に掲げる者とする。
> 一　当該役員と婚姻の届出をしていないが事実上婚姻関係と同様の事情にある者
> 二　当該役員の使用人
> 三　当該役員から受ける金銭その他の財産によつて生計を維持している者
> 四　前2号に掲げる者の配偶者
> 五　第1号から第3号までに掲げる者の三親等以内の親族であつて、これらの者と

▶1項1号：「社会福祉事業等従事者」は社福法89条に規定
▶1項2号：居宅介護支援事業や有料老人ホーム経営事業等（社福法施行令24条に定める事業よりも範囲が広いと思われる）
詳しくは「社会福祉連携推進法人の認定等について」（社援発1112第1号令和3年11月12日社会・援護局長通知）参照

生計を一にするもの

5　法第127条第5号ロ(4)に規定する厚生労働省令で定める者は、次に掲げる者とする。

一　理事について、当該一般社団法人が行う事業の区域における福祉に関する実情に通じている者

二　監事について、財務管理について識見を有する者

6　法第127条第5号ホ(1)に規定する厚生労働省令で定める体制の整備に関する事項は、次に掲げる事項とする。

一　理事の職務の執行に係る情報の保存及び管理に関する体制

二　損失の危険の管理に関する規程その他の体制

三　理事の職務の執行が効率的に行われることを確保するための体制

四　職員の職務の執行が法令及び定款に適合することを確保するための体制

五　監事がその職務を補助すべき職員を置くことを求めた場合における当該職員に関する事項

六　前号の職員の理事からの独立性に関する事項

七　監事の第5号の職員に対する指示の実効性の確保に関する事項

八　理事及び職員が監事に報告をするための体制その他の監事への報告に関する体制

九　前号の報告をした者が当該報告をしたことを理由として不利な取扱いを受けないことを確保するための体制

十　監事の職務の執行について生ずる費用の前払又は償還の手続その他の当該職務の執行について生ずる費用又は債務の処理に係る方針に関する事項

十一　その他監事の監査が実効的に行われることを確保するための体制

7　法第127条第5号ホ(2)に規定する厚生労働省令で定める事項は、次に掲げる事項とする。

一　当該一般社団法人の計算関係書類（計算書類（法第138条第2項において読み替えて適用する一般社団法人及び一般財団法人に関する法律第123条第2項に規定する計算書類をいう。）及びその附属明細書をいう。）を監査し、会計監査報告を作成しなければならないこと。

二　会計監査人は、その職務を適切に遂行するため、次に掲げる者との意思疎通を図り、情報の収集及び監査の環境の整備に努めなければならないこと。ただし、会計監査人が公正不偏の態度及び独立の立場を保持することができなくなるおそれのある関係の創設及び維持を認めるものと解してはならないこと。

(1)　当該一般社団法人の理事及び職員

(2)　その他会計監査人が適切に職務を遂行するに当たり意思疎通を図るべき者

三　前2号に掲げる事項のほか、財産目録（社会福祉連携推進法人会計基準（令和3年厚生労働省令第177号）第10条第1号に規定する貸借対照表に対応する項目に限る。）を監査し、会計監査報告に当該監査の結果を併せて記載し、又は記録しなければならないこと。

四　会計監査人は、次に掲げるものの閲覧若しくは謄写をし、又は当該一般社団法人の理事若しくは職員に対し、会計に関する報告を求めることができること。

(1)　会計帳簿又はこれに関する資料が書面をもつて作成されているときは、当該書面

(2)　会計帳簿又はこれに関する資料が電磁的記録をもつて作成されているときは、当該電磁的記録に記録された事項を紙面又は映像面に表示する方法により表示したもの

8　法第127条第5号トに規定する厚生労働省令で定める事項は、次に掲げる事項とする。

一　決算の決定に関する事項

　　二　借入金（当該会計年度内の収入をもって償還する一時の借入金を除く。）の借
　　　入れに関する事項

　　三　重要な資産の処分に関する事項

　　四　合併に関する事項

　　五　目的たる事業の成功の不能による解散に関する事項

　9　法第127条第5号ルに規定する厚生労働省令で定める者は、社会福祉連携推進法
　　人及び社会福祉法人とする。

（欠格事由）

社福法　第128条　次の各号のいずれかに該当する一般社団法人は、社会福祉連携推進認
　　定を受けることができない。

　一　その理事及び監事のうちに、次のいずれかに該当する者があるもの

　　イ　社会福祉連携推進認定を受けた一般社団法人（以下この章、第155条第1項及び
　　　第165条において「社会福祉連携推進法人」という。）が第145条第1項又は第2項
　　　の規定により社会福祉連携推進認定を取り消された場合において、その取消しの原
　　　因となつた事実があつた日以前1年内に当該社会福祉連携推進法人の業務を行う理
　　　事であつた者でその取消しの日から5年を経過しないもの

　　ロ　この法律その他社会福祉に関する法律で政令で定めるものの規定により罰金以上
　　　の刑に処せられ、その執行を終わり、又は執行を受けることがなくなつた日から5
　　　年を経過しない者（ハに該当する者を除く。）

　　ハ　禁錮以上の刑に処せられ、その刑の執行を終わり、又は刑の執行を受けることが
　　　なくなつた日から5年を経過しない者

　　ニ　暴力団員等

　二　第145条第1項又は第2項の規定により社会福祉連携推進認定を取り消され、その
　　取消しの日から5年を経過しないもの

　三　暴力団員等がその事業活動を支配するもの

社福法施行令

（社会福祉に関する法律）

第34条　法第128条第1号ロの政令で定める社会福祉に関する法律は、次のとおりと
　　する。

　一　児童福祉法

　二　身体障害者福祉法（昭和24年法律第283号）

　三　精神保健及び精神障害者福祉に関する法律（昭和25年法律第123号）

　四　生活保護法

　五　老人福祉法（昭和38年法律第133号）

　六　社会福祉士及び介護福祉士法

　七　介護保険法

　八　精神保健福祉士法

　九　児童買春、児童ポルノに係る行為等の規制及び処罰並びに児童の保護等に関す
　　る法律（平成11年法律第52号）

　十　児童虐待の防止等に関する法律（平成12年法律第82号）

　十一　障害者の日常生活及び社会生活を総合的に支援するための法律

　十二　高齢者虐待の防止、高齢者の養護者に対する支援等に関する法律（平成17年
　　法律第124号）

　十三　就学前の子どもに関する教育、保育等の総合的な提供の推進に関する法律
　　（平成18年法律第77号）

　十四　障害者虐待の防止、障害者の養護者に対する支援等に関する法律（平成23年
　　法律第79号）

　十五　子ども・子育て支援法（平成24年法律第65号）

▶社会福祉連携推進
　法人の定義
▶社 福 法145条＝社
　会福祉連携推進認
　定の取消し
▶社福法施行令34条
　☞
▶ハの「禁錮」は2025
　年に「拘禁刑」に
　改正予定
▶1号ニ及び3号に
　おける「暴力団員
　等」の定義　☞社
　福法40条1項6号
▶社 福 法145条1項
　又は2項＝連携推
　進認定の取消し

▶社福法40条1項3
　号に比較し対象法
　律の範囲が広い

　　十六　国家戦略特別区域法（平成25年法律第107号。第12条の5第15項及び第17項
　　　　から第19項までの規定に限る。）
　　十七　公認心理師法（平成27年法律第68号）
　　十八　民間あっせん機関による養子縁組のあっせんに係る児童の保護等に関する法
　　　　律（平成28年法律第110号）
　　十九　自殺対策の総合的かつ効果的な実施に資するための調査研究及びその成果の
　　　　活用等の推進に関する法律（令和元年法律第32号）

（認定の通知及び公示）

社福法　第129条　所轄庁は、社会福祉連携推進認定をしたときは、厚生労働省令で定め
るところにより、その旨をその申請をした者に通知するとともに、公示しなければなら
ない。

▶社福法規則40条の
　3 🖉

> **社福法施行規則**
> （公示の方法）
> **第40条の3**　法第129条及び法第145条第3項の規定による公示は、インターネットの
> 利用その他の適切な方法により行うものとする。

（名称）

社福法　第130条　社会福祉連携推進法人は、その名称中に社会福祉連携推進法人という
　文字を用いなければならない。
2　社会福祉連携推進認定を受けたことによる名称の変更の登記の申請書には、社会福祉
　連携推進認定を受けたことを証する書面を添付しなければならない。
3　社会福祉連携推進法人でない者は、その名称又は商号中に、社会福祉連携推進法人で
　あると誤認されるおそれのある文字を用いてはならない。
4　社会福祉連携推進法人は、不正の目的をもって、他の社会福祉連携推進法人であると
　誤認されるおそれのある名称又は商号を使用してはならない。

（準用）

社福法　第131条　第30条の規定は、社会福祉連携推進認定の所轄庁について準用する。
　この場合において、同条第1項第2号中「もの及び第109条第2項に規定する地区社会
　福祉協議会である社会福祉法人」とあるのは、「もの」と読み替えるものとする。

▶社福法30条
　＝所轄庁

> **＜編者注＞　法30条の準用・読替え**
> 　社福法30条は、次のように読み替えて準用される。
> 　（認定所轄庁）
> **社福法　第30条**　社会福祉法人連携法人の認定所轄庁は、その主たる事務所の所在地
> 　の都道府県知事とする。ただし、次の各号に掲げる社会福祉法人連携法人の認定所
> 　轄庁は、当該各号に定める者とする。
> 　一　主たる事務所が市の区域内にある社会福祉法人連携法人（次号に掲げる社会福
> 　　　祉法人連携法人を除く。）であつてその行う事業が当該市の区域を越えないもの
> 　　　市長（特別区の区長を含む。以下同じ。）
> 　二　主たる事務所が指定都市の区域内にある社会福祉法人連携法人であつてその行
> 　　　う事業が1の都道府県の区域内において2以上の市町村の区域にわたるもの及び
> 　　　第109条第2項に規定する地区社会福祉協議会である社会福祉法人 社福法131条
> 　　　読替 もの　指定都市の長
> 　2　社会福祉法人連携法人でその行う事業が2以上の地方厚生局の管轄区域にわたる
> 　　　ものであつて、厚生労働省令で定めるものにあつては、その認定所轄庁は、前項本
> 　　　文の規定にかかわらず、厚生労働大臣とする。

▶**認定所轄庁**：定義
　は社福法139条
▶認定所轄庁による
　連携法人に対する
　監督については社
　福法144条におい
　て準用される社福
　法56条に規定され
　ている

> **社福法施行規則**
> 　（法第131条において準用する法第30条第2項に規定する厚生労働省令で定めるも

▶社福法30条2項
　＝所轄庁を厚生労
　　働大臣とする規
　　定

> の）
>
> **第40条の4**　法第131条において準用する法第30条第2項に規定する厚生労働省令で定めるものは、社会福祉連携推進法人の社員の主たる事務所が全ての地方厚生局の管轄区域にわたり、かつ、法第125条に掲げる全ての業務を行うもの及びこれに類するものとする。

▶社員は、一般社団
　法人の構成員。財
　団タイプの法人で
　ある社会福祉法人
　には存在しない

<u>一般法　第2節　社員</u>
<u>一般法　第1款　総則</u>

> **＜編者注＞　一般社団法人と連携法人**
>
> 　社福法125条の認定を受けた一般社団法人を連携法人（正確には「社会福祉連携推進法人」）といいます。つまり、連携法人はあくまで一般社団法人なのです。したがって、以下の法文を読む場合に「一般社団法人」を「連携法人」と読み替える必要はありません。しかし、慣れていない間は「一般社団法人は…」と記載されていると連携法人以外のものを指すと感じる方もおられることから、以下では、あえて、一般法に記載されている「一般社団法人」を「連携法人」と読み替えるように記載しています。

　（経費の負担）
一般法　第27条　社員は、定款で定めるところにより、~~一般社団法人~~<u>連携法人</u>に対し、経費を支払う義務を負う。

> **＜編者注＞　社員の義務**
>
> 　社福法133条では、連携法人の社員に対して、福祉サービス業務を行うに際して連携法人の社員である旨を明示することを義務付けている。

　（任意退社）
一般法　第28条　社員は、いつでも退社することができる。ただし、定款で別段の定めをすることを妨げない。
2　前項ただし書の規定による定款の定めがある場合であっても、やむを得ない事由があるときは、社員は、いつでも退社することができる。
　（法定退社）
一般法　第29条　前条の場合のほか、社員は、次に掲げる事由によって退社する。
　一　定款で定めた事由の発生
　二　総社員の同意
　三　死亡又は解散
　四　除名
　（除名）
一般法　第30条　社員の除名は、正当な事由があるときに限り、社員総会の決議によってすることができる。この場合において、~~一般社団法人~~<u>連携法人</u>は、当該社員に対し、当該社員総会の日から1週間前までにその旨を通知し、かつ、社員総会において弁明する機会を与えなければならない。
2　除名は、除名した社員にその旨を通知しなければ、これをもって当該社員に対抗することができない。

<u>一般法　第2款　社員名簿等</u>
　（社員名簿）
一般法　第31条　~~一般社団法人~~<u>連携法人</u>は、社員の氏名又は名称及び住所を記載し、又は記録した名簿（以下「社員名簿」という。）を作成しなければならない。

（社員名簿の備置き及び閲覧等）

一般法　第32条　一般社団法人連携法人は、社員名簿をその主たる事務所に備え置かなければならない。

2　社員は、一般社団法人連携法人の業務時間内は、いつでも、次に掲げる請求をすることができる。この場合においては、当該請求の理由を明らかにしてしなければならない。

一　社員名簿が書面をもって作成されているときは、当該書面の閲覧又は謄写の請求

二　社員名簿が電磁的記録をもって作成されているときは、当該電磁的記録に記録された事項を法務省令で定める方法により表示したものの閲覧又は謄写の請求

3　一般社団法人連携法人は、前項の請求があったときは、次のいずれかに該当する場合を除き、これを拒むことができない。

一　当該請求を行う社員（以下この項において「請求者」という。）がその権利の確保又は行使に関する調査以外の目的で請求を行ったとき。

二　請求者が当該一般社団法人連携法人の業務の遂行を妨げ、又は社員の共同の利益を害する目的で請求を行ったとき。

三　請求者が社員名簿の閲覧又は謄写によって知り得た事実を利益を得て第三者に通報するため請求を行ったとき。

四　請求者が、過去2年以内において、社員名簿の閲覧又は謄写によって知り得た事実を利益を得て第三者に通報したことがあるものであるとき。

▶一般法規則91条2号　☞一般法14条

（社員に対する通知等）

一般法　第33条　一般社団法人連携法人が社員に対してする通知又は催告は、社員名簿に記載し、又は記録した当該社員の住所（当該社員が別に通知又は催告を受ける場所又は連絡先を当該一般社団法人連携法人に通知した場合にあっては、その場所又は連絡先）にあてて発すれば足りる。

2　前項の通知又は催告は、その通知又は催告が通常到達すべきであった時に、到達したものとみなす。

3　前2項の規定は、第39条第1項の通知に際して社員に書面を交付し、又は当該書面に記載すべき事項を電磁的方法により提供する場合について準用する。この場合において、前項中「到達したもの」とあるのは、「当該書面の交付又は当該事項の電磁的方法による提供があったもの」と読み替えるものとする。

（社員に対する通知の省略）

一般法　第34条　一般社団法人連携法人が社員に対してする通知又は催告が5年以上継続して到達しない場合には、一般社団法人連携法人は、当該社員に対する通知又は催告をすることを要しない。

2　前項の場合には、同項の社員に対する一般社団法人連携法人の義務の履行を行う場所は、一般社団法人連携法人の住所地とする。

一般法　第3節　機関

＜編者注＞　機関の構成（社会福祉法人との比較）

一般社団法人である連携法人（社会福祉法人ではない）の機関の構成を、社会福祉法人（連携法人と異なり、財団タイプの法人）と比較して示すと、次のようになっている。特徴的と思われる箇所は**太字（ゴシック体）**で記載した。

連携法人の機関	社会福祉法人の機関
―	**評議員**
社員総会	評議員会
理事	理事
理事会	理事会
監事	監事

▶社会福祉法人の評議員会は社団法人の社員総会に代わるもの
▶社会福祉連携推進

評議会について
は、第2款参照

	会計監査人
会計監査人	―
社会福祉連携推進評議会	

社員総会は機関であるが、「社員」は機関ではない。

社会福祉法人では、評議員会が法人の最高意思決定機関であるが、連携法人では社員総会が最高意思決定機関となっている。

社員総会について定められている多くのことが一般財団法人の評議員会についても定められており、その多くが社会福祉法人に準用されている。以下で、その異同を見ると、連携法人の社員総会についての理解が得られるとともに社会福祉法人の評議員会についての理解も深まるものと思われる。

以下の欄外注では
主に社会福祉法人
の評議員会との異
同に注目して記載
している

▶2項の規定により
1項は理事会設置
法人（社福法127
条5号ニ）である
連携法人には適用
されない＝社会福
祉法人の評議員会
と同じ決議事項の
制限（社福法45条
の8第2項）
▶3項：一般法11条
2項参照
▶4項：社会福祉法
人の評議員会と同
じ（社福法45条の
8第3項）
▶社会福祉法人の評
議員会と同じ（社
福法45条の9第1
項～3項）

▶社会福祉法人の評
議員は1人で評議
員会の招集請求可
能（社福法45条
の9第4項）
▶社会福祉法人は裁
判所でなく所轄庁
の許可（社福法45
条の9第5項）

▶社会福祉法人の評
議員会の招集につ
き右の1号・2号
・5号同様（一般
財団法人に係る一
般法181条を社福
法で準用）
▶社会福祉法人の評
議員会については
出席が必要（社福
法45条の9第6項）

▶一般法規則4条

一般法　第1款　社員総会

（社員総会の権限）

一般法　第35条　社員総会は、この法律に規定する事項及び~~一般社団法人~~連携法人の組織、運営、管理その他~~一般社団法人~~連携法人に関する一切の事項について決議をすることができる。

2　前項の規定にかかわらず、~~理事会設置一般社団法人~~連携法人においては、社員総会は、この法律に規定する事項及び定款で定めた事項に限り、決議をすることができる。

3　前2項の規定にかかわらず、社員総会は、社員に剰余金を分配する旨の決議をすることができない。

4　この法律の規定により社員総会の決議を必要とする事項について、理事、理事会その他の社員総会以外の機関が決定することができることを内容とする定款の定めは、その効力を有しない。

（社員総会の招集）

一般法　第36条　定時社員総会は、毎事業年度の終了後一定の時期に招集しなければならない。

2　社員総会は、必要がある場合には、いつでも、招集することができる。

3　社員総会は、次条第2項の規定により招集する場合を除き、理事が招集する。

（社員による招集の請求）

一般法　第37条　総社員の議決権の10分の1（5分の1以下の割合を定款で定めた場合にあっては、その割合）以上の議決権を有する社員は、理事に対し、社員総会の目的である事項及び招集の理由を示して、社員総会の招集を請求することができる。

2　次に掲げる場合には、前項の規定による請求をした社員は、裁判所の許可を得て、社員総会を招集することができる。

一　前項の規定による請求の後遅滞なく招集の手続が行われない場合

二　前項の規定による請求があった日から6週間（これを下回る期間を定款で定めた場合にあっては、その期間）以内の日を社員総会の日とする社員総会の招集の通知が発せられない場合

（社員総会の招集の決定）

一般法　第38条　理事（前条第2項の規定により社員が社員総会を招集する場合にあっては、当該社員。次条から第42条までにおいて同じ。）は、社員総会を招集する場合には、次に掲げる事項を定めなければならない。

一　社員総会の日時及び場所

二　社員総会の目的である事項があるときは、当該事項

三　社員総会に出席しない社員が書面によって議決権を行使することができることとするときは、その旨

四　社員総会に出席しない社員が電磁的方法によって議決権を行使することができることとするときは、その旨

五　前各号に掲げるもののほか、法務省令で定める事項

2　理事会設置一般社団法人<u>連携法人</u>においては、前条第2項の規定により社員が社員総会を招集するときを除き、前項各号に掲げる事項の決定は、理事会の決議によらなければならない。

▶連携法人は理事会設置法人（社福法127条5号ニ）

一般法施行規則

（招集の決定事項）

第4条　法第38条第1項第5号に規定する法務省令で定める事項は、次に掲げる事項とする。

　一　法第38条第1項第3号又は第4号に掲げる事項を定めたときは、次に掲げる事項（定款にロ及びハに掲げる事項についての定めがある場合又はこれらの事項の決定を理事に委任する旨を決定した場合における当該事項を除く。）

　　イ　第5条第1項の規定により社員総会参考書類（法第41条第1項に規定する社員総会参考書類をいう。以下この款において同じ。）に記載すべき事項

　　ロ　特定の時（社員総会の日時以前の時であって、法第39条第1項ただし書の規定により通知を発した日から2週間を経過した日以後の時に限る。）をもって書面による議決権の行使の期限とする旨を定めるときは、その特定の時

　　ハ　特定の時（社員総会の日時以前の時であって、法第39条第1項ただし書の規定により通知を発した日から2週間を経過した日以後の時に限る。）をもって電磁的方法（法第14条第2項第4号に規定する電磁的方法をいう。以下同じ。）による議決権の行使の期限とする旨を定めるときは、その特定の時

　二　法第50条第1項の規定による代理人による議決権の行使について、代理権（代理人の資格を含む。）を証明する方法、代理人の数その他代理人による議決権の行使に関する事項を定めるとき（定款に当該事項についての定めがある場合を除く。）は、その事項

　三　第1号に規定する場合以外の場合において、次に掲げる事項が社員総会の目的である事項であるときは、当該事項に係る議案の概要（議案が確定していない場合にあっては、その旨）

　　イ　役員等（法第111条第1項に規定する役員等をいう。以下この節及び第86条第2号において同じ。）の選任

　　ロ　役員等の報酬等（法第89条に規定する報酬等をいう。第58条第2号において同じ。）

　　ハ　事業の全部の譲渡

　　ニ　定款の変更

　　ホ　合併

▶一般法50条：社員総会における議決権の代理行使

▶役員等＝理事、監事又は会計監査人

▶報酬等＝報酬、賞与その他の職務執行の対価として受ける財産上の利益

一般法施行規則

第6条　法第38条第1項第3号及び第4号に掲げる事項を定めた一般社団法人<u>連携法人</u>が行った社員総会参考書類の交付（当該交付に代えて行う電磁的方法による提供を含む。）は、法第41条第1項及び第42条第1項の規定による社員総会参考書類の交付とする。

2　理事は、社員総会参考書類に記載すべき事項について、招集通知を発出した日から社員総会の前日までの間に修正をすべき事情が生じた場合における修正後の事項を社員に周知させる方法を当該招集通知と併せて通知することができる。

（社員総会の招集の通知）

一般法　第39条　社員総会を招集するには、理事は、社員総会の日の1週間〜~~（理事会設置一般社団法人以外の一般社団法人において、これを下回る期間を定款で定めた場合にあっては、その期間）~~前までに、社員に対してその通知を発しなければならない。ただし、前条第1項第3号又は第4号に掲げる事項を定めた場合には、社員総会の日の2週間前までにその通知を発しなければならない。

▶連携法人は理事会設置法人

2　次に掲げる場合には、前項の通知は、書面でしなければならない。

　一　前条第 1 項第 3 号又は第 4 号に掲げる事項を定めた場合

　二　一般社団法人が理事会設置一般社団法人連携法人である場合

▶一般法施行令 1 条
　 1 項 1 号
☞一般法14条

3　理事は、前項の書面による通知の発出に代えて、政令で定めるところにより、社員の承諾を得て、電磁的方法により通知を発することができる。この場合において、当該理事は、同項の書面による通知を発したものとみなす。

4　前 2 項の通知には、前条第 1 項各号に掲げる事項を記載し、又は記録しなければならない。

（招集手続の省略）

一般法　第40条　前条の規定にかかわらず、社員総会は、社員の全員の同意があるときは、招集の手続を経ることなく開催することができる。ただし、第38条第 1 項第 3 号又は第 4 号に掲げる事項を定めた場合は、この限りでない。

（社員総会参考書類及び議決権行使書面の交付等）

▶一般法規則 5 条✍
▶一般法規則 7 条✍

一般法　第41条　理事は、第38条第 1 項第 3 号に掲げる事項を定めた場合には、第39条第 1 項の通知に際して、法務省令で定めるところにより、社員に対し、議決権の行使について参考となるべき事項を記載した書類（以下この款において「社員総会参考書類」という。）及び社員が議決権を行使するための書面（以下この款において「議決権行使書面」という。）を交付しなければならない。

2　理事は、第39条第 3 項の承諾をした社員に対し同項の電磁的方法による通知を発するときは、前項の規定による社員総会参考書類及び議決権行使書面の交付に代えて、これらの書類に記載すべき事項を電磁的方法により提供することができる。ただし、社員の請求があったときは、これらの書類を当該社員に交付しなければならない。

一般法施行規則

（社員総会参考書類）

第 5 条　法第41条第 1 項又は第42条第 1 項の規定により交付すべき社員総会参考書類に記載すべき事項は、次に掲げる事項とする。

　一　議案

　二　理事が提出する議案にあっては、その提案の理由（法第251条第 2 項に規定する場合における説明すべき内容を含む。）

　三　社員が法第45条第 1 項の規定による請求に際して通知した提案の理由がある場合にあっては、当該提案の理由又はその概要

　四　議案につき法第102条の規定により社員総会に報告すべき調査の結果があるときは、その結果の概要

2　社員総会参考書類には、前項に定めるもののほか、社員の議決権の行使について参考となると認める事項を記載することができる。

3　同一の社員総会に関して社員に対して提供する社員総会参考書類に記載すべき事項のうち、他の書面に記載している事項又は電磁的方法により提供する事項がある場合には、これらの事項は、社員に対して提供する社員総会参考書類に記載することを要しない。この場合においては、他の書面に記載している事項又は電磁的方法により提供する事項があることを明らかにしなければならない。

4　同一の社員総会に関して社員に対して提供する招集通知（法第39条第 2 項又は第 3 項の規定による通知をいう。以下この章において同じ。）又は法第125条の規定により社員に対して提供する事業報告の内容とすべき事項のうち、社員総会参考書類に記載している事項がある場合には、当該事項は、社員に対して提供する招集通知又は同条の規定により社員に対して提供する事業報告の内容とすることを要しない。

一般法施行規則
（議決権行使書面）
第7条　法第41条第1項の規定により交付すべき議決権行使書面（同項に規定する議決権行使書面をいう。以下同じ。）に記載すべき事項又は法第42条第3項若しくは第4項の規定により電磁的方法により提供すべき議決権行使書面に記載すべき事項は、次に掲げる事項とする。
　一　各議案についての賛否（棄権の欄を設ける場合にあっては、棄権を含む。）を記載する欄
　二　議決権の行使の期限
　三　議決権を行使すべき社員の氏名又は名称（法第48条第1項ただし書に規定する場合にあっては、行使することができる議決権の数を含む。）

一般法　第42条　理事は、第38条第1項第4号に掲げる事項を定めた場合には、第39条第1項の通知に際して、法務省令で定めるところにより、社員に対し、社員総会参考書類を交付しなければならない。　　　　　　　　　　　　　　　　　　　　▶一般法規則5条
☞一般法41条

2　理事は、第39条第3項の承諾をした社員に対し同項の電磁的方法による通知を発するときは、前項の規定による社員総会参考書類の交付に代えて、当該社員総会参考書類に記載すべき事項を電磁的方法により提供することができる。ただし、社員の請求があったときは、社員総会参考書類を当該社員に交付しなければならない。

3　理事は、第1項に規定する場合には、第39条第3項の承諾をした社員に対する同項の電磁的方法による通知に際して、法務省令で定めるところにより、社員に対し、議決権行使書面に記載すべき事項を当該電磁的方法により提供しなければならない。　　　　　　▶一般法規則7条
☞一般法41条

4　理事は、第1項に規定する場合において、第39条第3項の承諾をしていない社員から社員総会の日の1週間前までに議決権行使書面に記載すべき事項の電磁的方法による提供の請求があったときは、法務省令で定めるところにより、直ちに、当該社員に対し、当該事項を電磁的方法により提供しなければならない。　　　　　　　　　　　　　　▶一般法規則7条
☞一般法41条

（社員提案権）
一般法　第43条　社員は、理事に対し、一定の事項を社員総会の目的とすることを請求することができる。

2　前項の規定にかかわらず、理事会設置一般社団法人連携法人においては、総社員の議決権の30分の1（これを下回る割合を定款で定めた場合にあっては、その割合）以上の議決権を有する社員に限り、理事に対し、一定の事項を社員総会の目的とすることを請求することができる。この場合において、その請求は、社員総会の日の6週間（これを下回る期間を定款で定めた場合にあっては、その期間）前までにしなければならない。

一般法　第44条　社員は、社員総会において、社員総会の目的である事項につき議案を提出することができる。ただし、当該議案が法令若しくは定款に違反する場合又は実質的に同一の議案につき社員総会において総社員の議決権の10分の1（これを下回る割合を定款で定めた場合にあっては、その割合）以上の賛成を得られなかった日から3年を経過していない場合は、この限りでない。

一般法　第45条　社員は、理事に対し、社員総会の日の6週間（これを下回る期間を定款で定めた場合にあっては、その期間）前までに、社員総会の目的である事項につき当該社員が提出しようとする議案の要領を社員に通知すること（第39条第2項又は第3項の通知をする場合にあっては、その通知に記載し、又は記録すること）を請求することができる。ただし、理事会設置一般社団法人連携法人においては、総社員の議決権の30分の1（これを下回る割合を定款で定めた場合にあっては、その割合）以上の議決権を有する社員に限り、当該請求をすることができる。

2　前項の規定は、同項の議案が法令若しくは定款に違反する場合又は実質的に同一の議案につき社員総会において総社員の議決権の10分の1（これを下回る割合を定款で定めた場合にあっては、その割合）以上の賛成を得られなかった日から3年を経過していな

い場合には、適用しない。

（社員総会の招集手続等に関する検査役の選任）

一般法　第46条　一般社団法人連携法人又は総社員の議決権の30分の 1 （これを下回る割合を定款で定めた場合にあっては、その割合）以上の議決権を有する社員は、社員総会に係る招集の手続及び決議の方法を調査させるため、当該社員総会に先立ち、裁判所に対し、検査役の選任の申立てをすることができる。

2　前項の規定による検査役の選任の申立てがあった場合には、裁判所は、これを不適法として却下する場合を除き、検査役を選任しなければならない。

3　裁判所は、前項の検査役を選任した場合には、一般社団法人連携法人が当該検査役に対して支払う報酬の額を定めることができる。

▶一般法規則94条📖

4　第 2 項の検査役は、必要な調査を行い、当該調査の結果を記載し、又は記録した書面又は電磁的記録（法務省令で定めるものに限る。）を裁判所に提供して報告をしなければならない。

5　裁判所は、前項の報告について、その内容を明瞭<ruby>瞭<rt>りょう</rt></ruby>にし、又はその根拠を確認するため必要があると認めるときは、第 2 項の検査役に対し、更に前項の報告を求めることができる。

6　第 2 項の検査役は、第 4 項の報告をしたときは、一般社団法人連携法人（検査役の選任の申立てをした者が当該一般社団法人連携法人でない場合にあっては、当該一般社団法人連携法人及びその者）に対し、同項の書面の写しを交付し、又は同項の電磁的記録に記録された事項を法務省令で定める方法により提供しなければならない。

▶一般法規則95条📖

> **一般法施行規則**
> **第94条**　次に掲げる規定に規定する法務省令で定めるものは、商業登記規則（昭和39年法務省令第23号）第36条第 1 項に規定する電磁的記録媒体（電磁的記録に限る。）及び次に掲げる規定により電磁的記録の提供を受ける者が定める電磁的記録とする。
> 　一　法第46条第 4 項
> 　二　法第86条第 5 項（法第197条において準用する場合を含む。）
> 　三　法第137条第 4 項
> 　四　法第187条第 4 項

> **一般法施行規則**
> **（検査役による電磁的記録に記録された事項の提供）**
> **第95条**　次に掲げる規定（以下この条において「検査役提供規定」という。）に規定する法務省令で定める方法は、電磁的方法のうち、検査役提供規定により当該検査役提供規定の電磁的記録に記録された事項の提供を受ける者が定めるものとする。
> 　一　法第46条第 6 項
> 　二　法第86条第 7 項（法第197条において準用する場合を含む。）
> 　三　法第137条第 6 項
> 　四　法第187条第 6 項

（裁判所による社員総会招集等の決定）

一般法　第47条　裁判所は、前条第 4 項の報告があった場合において、必要があると認めるときは、理事に対し、次に掲げる措置の全部又は一部を命じなければならない。

　一　一定の期間内に社員総会を招集すること。

　二　前条第 4 項の調査の結果を社員に通知すること。

2　裁判所が前項第 1 号に掲げる措置を命じた場合には、理事は、前条第 4 項の報告の内容を同号の社員総会において開示しなければならない。

▶連携法人は監事設置一般社団法人

3　前項に規定する場合には、理事（監事設置一般社団法人にあっては、理事及び監事）は、前条第 4 項の報告の内容を調査し、その結果を第 1 項第 1 号の社員総会に報告しな

ければならない。

（電子提供措置をとる旨の定め）

一般法　第47条の 2　一般社団法人連携法人は、理事が社員総会の招集の手続を行うときは、次に掲げる資料（第47条の 4 第 3 項において「社員総会参考書類等」という。）の内容である情報について、電子提供措置（電磁的方法により社員が情報の提供を受けることができる状態に置く措置であって、法務省令で定めるものをいう。以下この款、第301条第 2 項第 4 号の 2 及び第342条第10号の 2 において同じ。）をとる旨を定款で定めることができる。この場合において、その定款には、電子提供措置をとる旨を定めれば足りる。

一　社員総会参考書類

二　議決権行使書面

三　第125条の計算書類及び事業報告並びに監査報告

▶一般法規則 7 条の 2

> **一般法施行規則**
>
> （電子提供措置）
>
> **第 7 条の 2**　法第47条の 2 に規定する法務省令で定めるものは、第92条第 1 項第 1 号ロに掲げる方法のうち、インターネットに接続された自動公衆送信装置（公衆の用に供する電気通信回線に接続することにより、その記録媒体のうち自動公衆送信の用に供する部分に記録され、又は当該装置に入力される情報を自動公衆送信する機能を有する装置をいう。以下同じ。）を使用するものによる措置とする。

（電子提供措置）

一般法　第47条の 3　電子提供措置をとる旨の定款の定めがある一般社団法人連携法人の理事は、第39条第 2 項各号に掲げる場合には、社員総会の日の 3 週間前の日又は同条第 1 項の通知を発した日のいずれか早い日（第47条の 6 第 3 号において「電子提供措置開始日」という。）から社員総会の日後 3 箇月を経過する日までの間（第47条の 6 において「電子提供措置期間」という。）、次に掲げる事項に係る情報について継続して電子提供措置をとらなければならない。

一　第38条第 1 項各号に掲げる事項

二　第41条第 1 項に規定する場合には、社員総会参考書類及び議決権行使書面に記載すべき事項

三　第42条第 1 項に規定する場合には、社員総会参考書類に記載すべき事項

四　第45条第 1 項の規定による請求があった場合には、同項の議案の要領

五　~~一般社団法人が理事会設置一般社団法人である場合において、~~理事が定時社員総会を招集するときは、第125条の計算書類及び事業報告並びに監査報告に記載され、又は記録された事項

▶連携法人は理事会設置一般社団法人

六　前各号に掲げる事項を修正したときは、その旨及び修正前の事項

2　前項の規定にかかわらず、理事が第39条第 1 項の通知に際して社員に対し議決権行使書面を交付するときは、議決権行使書面に記載すべき事項に係る情報については、前項の規定により電子提供措置をとることを要しない。

（社員総会の招集の通知等の特則）

一般法　第47条の 4　前条第 1 項の規定により電子提供措置をとる場合における第39条第 1 項の規定の適用については、同項中「社員総会の日の 1 週間（~~理事会設置一般社団法人以外の一般社団法人において、これを下回る期間を定款で定めた場合にあっては、その期間）~~前までに、社員に対してその通知を発しなければならない。ただし、前条第 1 項第 3 号又は第 4 号に掲げる事項を定めた場合には、社員総会の日」とあるのは、「社員総会の日」とする。

2　第39条第 4 項の規定にかかわらず、前条第 1 項の規定により電子提供措置をとる場合には、第39条第 2 項又は第 3 項の通知には、第38条第 1 項第 5 号に掲げる事項を記載し、又は記録することを要しない。この場合において、当該通知には、同項第 1 号から

▶一般法規則７条の
３ ⁋

第４号までに掲げる事項のほか、電子提供措置をとっている旨その他法務省令で定める事項を記載し、又は記録しなければならない。

3　第41条第１項、第42条第１項及び第125条の規定にかかわらず、電子提供措置をとる旨の定款の定めがある<u>一般社団法人連携法人</u>においては、理事は、第39条第１項の通知に際して、社員に対し、社員総会参考書類等を交付し、又は提供することを要しない。

4　電子提供措置をとる旨の定款の定めがある<u>一般社団法人連携法人</u>における第45条第１項の規定の適用については、同項中「その通知に記載し、又は記録する」とあるのは、「当該議案の要領について第47条の２に規定する電子提供措置をとる」とする。

一般法施行規則

（電子提供措置をとる場合における招集通知の記載事項）

第７条の３　法第47条の４第２項に規定する法務省令で定める事項は、電子提供措置（法第47条の２に規定する電子提供措置をいう。）をとるために使用する自動公衆送信装置のうち当該措置をとるための用に供する部分をインターネットにおいて識別するための文字、記号その他の符号又はこれらの結合であって、情報の提供を受ける者がその使用に係る電子計算機に入力することによって当該情報の内容を閲覧し、当該電子計算機に備えられたファイルに当該情報を記録することができるものその他の当該者が当該情報の内容を閲覧し、当該電子計算機に備えられたファイルに当該情報を記録するために必要な事項とする。

（書面交付請求）

一般法　第47条の５　電子提供措置をとる旨の定款の定めがある<u>一般社団法人連携法人</u>の社員（第39条第３項の承諾をした社員を除く。）は、<u>一般社団法人連携法人</u>に対し、第47条の３第１項各号に掲げる事項（次項において「電子提供措置事項」という。）を記載した書面の交付を請求することができる。

2　理事は、第47条の３第１項の規定により電子提供措置をとる場合には、第39条第１項の通知に際して、前項の規定による請求（以下この条において「書面交付請求」という。）をした社員に対し、当該社員総会に係る電子提供措置事項を記載した書面を交付しなければならない。

3　書面交付請求をした社員がある場合において、その書面交付請求の日（当該社員が次項ただし書の規定により異議を述べた場合にあっては、当該異議を述べた日）から１年を経過したときは、<u>一般社団法人連携法人</u>は、当該社員に対し、前項の規定による書面の交付を終了する旨を通知し、かつ、これに異議のある場合には一定の期間（以下この条において「催告期間」という。）内に異議を述べるべき旨を催告することができる。ただし、催告期間は、１箇月を下ることができない。

4　前項の規定による通知及び催告を受けた社員がした書面交付請求は、催告期間を経過した時にその効力を失う。ただし、当該社員が催告期間内に異議を述べたときは、この限りでない。

（電子提供措置の中断）

一般法　第47条の６　第47条の３第１項の規定にかかわらず、電子提供措置期間中に電子提供措置の中断（社員が提供を受けることができる状態に置かれた情報がその状態に置かれないこととなったこと又は当該情報がその状態に置かれた後改変されたこと（同項第６号の規定により修正されたことを除く。）をいう。以下この条において同じ。）が生じた場合において、次の各号のいずれにも該当するときは、その電子提供措置の中断は、当該電子提供措置の効力に影響を及ぼさない。

一　電子提供措置の中断が生ずることにつき<u>一般社団法人連携法人</u>が善意でかつ重大な過失がないこと又は<u>一般社団法人連携法人</u>に正当な事由があること。

二　電子提供措置の中断が生じた時間の合計が電子提供措置期間の10分の１を超えないこと。

三　電子提供措置開始日から社員総会の日までの期間中に電子提供措置の中断が生じた

ときは、当該期間中に電子提供措置の中断が生じた時間の合計が当該期間の10分の1を超えないこと。

　　四　一般社団法人連携法人が電子提供措置の中断が生じたことを知った後速やかにその旨、電子提供措置の中断が生じた時間及び電子提供措置の中断の内容について当該電子提供措置に付して電子提供措置をとったこと。

（議決権の数）

一般法　第48条　社員は、各1個の議決権を有する。ただし、定款で別段の定めをすることを妨げない。

2　前項ただし書の規定にかかわらず、社員総会において決議をする事項の全部につき社員が議決権を行使することができない旨の定款の定めは、その効力を有しない。

<編者注>　社福法127条5号イによって、連携法人は定款において社員の議決権に関する事項を定めることとされており、その事項は次に掲げる事項とされている（社福法施行規則40条2項）。

　　一　社員は、各1個の議決権を有するものであること。ただし、社員総会において行使できる議決権の数、議決権を行使することができる事項、議決権の行使の条件その他の社員の議決権に関する定款の定めが次のいずれにも該当する場合は、この限りでないこと。

　　　イ　社員の議決権に関して、社会福祉連携推進目的に照らし、不当に差別的な取扱いをしないものであること。

　　　ロ　社員の議決権に関して、社員が当該一般社団法人に対して提供した金銭その他の財産の価額に応じて異なる取扱いをしないものであること。

　　　ハ　社員の議決権に関して、1の社員が総社員の議決権の過半数を保有しないものであること。

　　二　総社員の議決権の過半数は、社員である社会福祉法人が保有しなければならないものであること。

▶社福法規則40条2項　☞社福法127条

（社員総会の決議）

一般法　第49条　社員総会の決議は、定款に別段の定めがある場合を除き、総社員の議決権の過半数を有する社員が出席し、出席した当該社員の議決権の過半数をもって行う。

2　前項の規定にかかわらず、次に掲げる社員総会の決議は、総社員の半数以上であって、総社員の議決権の3分の2（これを上回る割合を定款で定めた場合にあっては、その割合）以上に当たる多数をもって行わなければならない。

　　一　第30条第1項の社員総会

　　二　第70条第1項の社員総会（監事を解任する場合に限る。）

　　三　第113条第1項の社員総会

　　四　第146条の社員総会

　　五　第147条の社員総会

　　六　第148条第3号及び第150条の社員総会

　　七　~~第247条、第251条第1項及び第257条の社員総会~~

3　理事会設置一般社団法人連携法人においては、社員総会は、第38条第1項第2号に掲げる事項以外の事項については、決議をすることができない。ただし、第55条第1項若しくは第2項に規定する者の選任又は第109条第2項の会計監査人の出席を求めることについては、この限りでない。

▶一般法247条、251条、257条は合併等に関する規定であるが連携法人は合併できない

（議決権の代理行使）

一般法　第50条　社員は、代理人によってその議決権を行使することができる。この場合においては、当該社員又は代理人は、代理権を証明する書面を一般社団法人連携法人に提出しなければならない。

2　前項の代理権の授与は、社員総会ごとにしなければならない。

▶一般法施行令２条
　📖

　　3　第１項の社員又は代理人は、代理権を証明する書面の提出に代えて、政令で定めるところにより、一般社団法人連携法人の承諾を得て、当該書面に記載すべき事項を電磁的方法により提供することができる。この場合において、当該社員又は代理人は、当該書面を提出したものとみなす。

　　4　社員が第39条第３項の承諾をした者である場合には、一般社団法人連携法人は、正当な理由がなければ、前項の承諾をすることを拒んではならない。

　　5　一般社団法人連携法人は、社員総会の日から３箇月間、代理権を証明する書面及び第３項の電磁的方法により提供された事項が記録された電磁的記録をその主たる事務所に備え置かなければならない。

　　6　社員は、一般社団法人連携法人の業務時間内は、いつでも、次に掲げる請求をすることができる。この場合においては、当該請求の理由を明らかにしてしなければならない。

　　　一　代理権を証明する書面の閲覧又は謄写の請求

▶一般法規則91条３
　号　☞一般法14条

　　　二　前項の電磁的記録に記録された事項を法務省令で定める方法により表示したものの閲覧又は謄写の請求

　　7　一般社団法人連携法人は、前項の請求があったときは、次のいずれかに該当する場合を除き、これを拒むことができない。

　　　一　当該請求を行う社員（以下この項において「請求者」という。）がその権利の確保又は行使に関する調査以外の目的で請求を行ったとき。

　　　二　請求者が当該一般社団法人連携法人の業務の遂行を妨げ、又は社員の共同の利益を害する目的で請求を行ったとき。

▶電磁的方法による
　提供の承諾につい
　ては一般法施行令
　２条📖

　　　三　請求者が代理権を証明する書面の閲覧若しくは謄写又は前項第２号の電磁的記録に記録された事項を法務省令で定める方法により表示したものの閲覧若しくは謄写によって知り得た事実を利益を得て第三者に通報するため請求を行ったとき。

　　　四　請求者が、過去２年以内において、代理権を証明する書面の閲覧若しくは謄写又は前項第２号の電磁的記録に記録された事項を法務省令で定める方法により表示したものの閲覧若しくは謄写によって知り得た事実を利益を得て第三者に通報したことがあるものであるとき。

▶電磁的方法の種類
　及び内容について
　は一般法規則97条
　☞一般法14条

一般法施行令

（書面に記載すべき事項等の電磁的方法による提供の承諾等）

第２条　次に掲げる規定に規定する事項を電磁的方法により提供しようとする者（次項において「提供者」という。）は、法務省令で定めるところにより、あらかじめ、当該事項の提供の相手方に対し、その用いる電磁的方法の種類及び内容を示し、書面又は電磁的方法による承諾を得なければならない。

　　一　法第50条第３項

　　二　法第52条第１項

　　三　法第133条第３項

　2　前項の規定による承諾を得た提供者は、同項の相手方から書面又は電磁的方法により電磁的方法による事項の提供を受けない旨の申出があったときは、当該相手方に対し、当該事項の提供を電磁的方法によってしてはならない。ただし、当該相手方が再び同項の規定による承諾をした場合は、この限りでない。

（書面による議決権の行使）

一般法　**第51条**　書面による議決権の行使は、議決権行使書面に必要な事項を記載し、法務省令で定める時までに当該記載をした議決権行使書面を一般社団法人連携法人に提出して行う。

　2　前項の規定により書面によって行使した議決権の数は、出席した社員の議決権の数に算入する。

　3　一般社団法人連携法人は、社員総会の日から３箇月間、第１項の規定により提出され

た議決権行使書面をその主たる事務所に備え置かなければならない。

4　社員は、一般社団法人連携法人の業務時間内は、いつでも、第1項の規定により提出された議決権行使書面の閲覧又は謄写の請求をすることができる。この場合においては、当該請求の理由を明らかにしてしなければならない。

5　一般社団法人連携法人は、前項の請求があったときは、次のいずれかに該当する場合を除き、これを拒むことができない。

一　当該請求を行う社員（以下この項において「請求者」という。）がその権利の確保又は行使に関する調査以外の目的で請求を行ったとき。

二　請求者が当該一般社団法人連携法人の業務の遂行を妨げ、又は社員の共同の利益を害する目的で請求を行ったとき。

三　請求者が第1項の規定により提出された議決権行使書面の閲覧又は謄写によって知り得た事実を利益を得て第三者に通報するため請求を行ったとき。

四　請求者が、過去2年以内において、第1項の規定により提出された議決権行使書面の閲覧又は謄写によって知り得た事実を利益を得て第三者に通報したことがあるものであるとき。

一般法施行規則

（書面による議決権行使の期限）

第8条　法第51条第1項に規定する法務省令で定める時は、社員総会の日時の直前の業務時間の終了時（第4条第1号ロに掲げる事項についての定めがある場合にあっては、同号ロの特定の時）とする。

（電磁的方法による議決権の行使）

一般法　第52条　電磁的方法による議決権の行使は、政令で定めるところにより、一般社団法人連携法人の承諾を得て、法務省令で定める時までに議決権行使書面に記載すべき事項を、電磁的方法により当該一般社団法人連携法人に提供して行う。

2　社員が第39条第3項の承諾をした者である場合には、一般社団法人連携法人は、正当な理由がなければ、前項の承諾をすることを拒んではならない。

3　第1項の規定により電磁的方法によって行使した議決権の数は、出席した社員の議決権の数に算入する。

4　一般社団法人連携法人は、社員総会の日から3箇月間、第1項の規定により提供された事項を記録した電磁的記録をその主たる事務所に備え置かなければならない。

5　社員は、一般社団法人連携法人の業務時間内は、いつでも、前項の電磁的記録に記録された事項を法務省令で定める方法により表示したものの閲覧又は謄写の請求をすることができる。この場合においては、当該請求の理由を明らかにしてしなければならない。

6　一般社団法人連携法人は、前項の請求があったときは、次のいずれかに該当する場合を除き、これを拒むことができない。

一　当該請求を行う社員（以下この項において「請求者」という。）がその権利の確保又は行使に関する調査以外の目的で請求を行ったとき。

二　請求者が当該一般社団法人連携法人の業務の遂行を妨げ、又は社員の共同の利益を害する目的で請求を行ったとき。

三　請求者が前項の電磁的記録に記録された事項を法務省令で定める方法により表示したものの閲覧又は謄写によって知り得た事実を利益を得て第三者に通報するため請求を行ったとき。

四　請求者が、過去2年以内において、前項の電磁的記録に記録された事項を法務省令で定める方法により表示したものの閲覧又は謄写によって知り得た事実を利益を得て第三者に通報したことがあるものであるとき。

▶一般法規則9条
▶電磁的方法による提供の承諾については一般法施行令2条1項2号
☞一般法50条

▶一般法規則91条4号　☞一般法14条

> **一般法施行規則**
> **（電磁的方法による議決権行使の期限）**
> 第 9 条　法第52条第 1 項に規定する法務省令で定める時は、社員総会の日時の直前の業務時間の終了時（第 4 条第 1 号ハに掲げる事項についての定めがある場合にあっては、同号ハの特定の時）とする。

（理事等の説明義務）

一般法　第53条　理事（~~監事設置一般社団法人にあっては、理事及び監事~~）は、社員総会において、社員から特定の事項について説明を求められた場合には、当該事項について必要な説明をしなければならない。ただし、当該事項が社員総会の目的である事項に関しないものである場合、その説明をすることにより社員の共同の利益を著しく害する場合その他正当な理由がある場合として法務省令で定める場合は、この限りでない。

▶一般法規則10条📖

> **一般法施行規則**
> **（理事等の説明義務）**
> 第10条　法第53条に規定する法務省令で定める場合は、次に掲げる場合とする。
> 　一　社員が説明を求めた事項について説明をするために調査をすることが必要である場合（次に掲げる場合を除く。）
> 　　イ　当該社員が社員総会の日より相当の期間前に当該事項を一般社団法人連携法人に対して通知した場合
> 　　ロ　当該事項について説明をするために必要な調査が著しく容易である場合
> 　二　社員が説明を求めた事項について説明をすることにより一般社団法人連携法人その他の者（当該社員を除く。）の権利を侵害することとなる場合
> 　三　社員が当該社員総会において実質的に同一の事項について繰り返して説明を求める場合
> 　四　前 3 号に掲げる場合のほか、社員が説明を求めた事項について説明をしないことにつき正当な理由がある場合

（議長の権限）

一般法　第54条　社員総会の議長は、当該社員総会の秩序を維持し、議事を整理する。
2　社員総会の議長は、その命令に従わない者その他当該社員総会の秩序を乱す者を退場させることができる。

（社員総会に提出された資料等の調査）

一般法　第55条　社員総会においては、その決議によって、理事、監事及び会計監査人が当該社員総会に提出し、又は提供した資料を調査する者を選任することができる。
2　第37条の規定により招集された社員総会においては、その決議によって、一般社団法人連携法人の業務及び財産の状況を調査する者を選任することができる。

（延期又は続行の決議）

一般法　第56条　社員総会においてその延期又は続行について決議があった場合には、第38条及び第39条の規定は、適用しない。

（議事録）

▶一般法規則11条📖

一般法　第57条　社員総会の議事については、法務省令で定めるところにより、議事録を作成しなければならない。
2　一般社団法人連携法人は、社員総会の日から10年間、前項の議事録をその主たる事務所に備え置かなければならない。
3　一般社団法人連携法人は、社員総会の日から 5 年間、第 1 項の議事録の写しをその従たる事務所に備え置かなければならない。ただし、当該議事録が電磁的記録をもって作成されている場合であって、従たる事務所における次項第 2 号に掲げる請求に応じることを可能とするための措置として法務省令で定めるものをとっているときは、この限りでない。

▶一般法規則93条 2
　号　☞一般法14条

4　社員及び債権者は、一般社団法人連携法人の業務時間内は、いつでも、次に掲げる請求をすることができる。

一　第1項の議事録が書面をもって作成されているときは、当該書面又は当該書面の写しの閲覧又は謄写の請求

二　第1項の議事録が電磁的記録をもって作成されているときは、当該電磁的記録に記録された事項を法務省令で定める方法により表示したものの閲覧又は謄写の請求

▶一般法規則91条5号　☞一般法14条

一般法施行規則

（社員総会の議事録）

第11条　法第57条第1項の規定による社員総会の議事録の作成については、この条の定めるところによる。

2　社員総会の議事録は、書面又は電磁的記録（法第10条第2項に規定する電磁的記録をいう。第6章第4節第2款を除き、以下同じ。）をもって作成しなければならない。

3　社員総会の議事録は、次に掲げる事項を内容とするものでなければならない。

一　社員総会が開催された日時及び場所（当該場所に存しない理事、監事、会計監査人又は社員が社員総会に出席した場合における当該出席の方法を含む。）

二　社員総会の議事の経過の要領及びその結果

三　次に掲げる規定により社員総会において述べられた意見又は発言があるときは、その意見又は発言の内容の概要

イ　法第74条第1項（同条第4項において準用する場合を含む。）

ロ　法第74条第2項（同条第4項において準用する場合を含む。）

ハ　法第102条

ニ　法第105条第3項

ホ　法第109条第1項

ヘ　法第109条第2項

四　社員総会に出席した理事、監事又は会計監査人の氏名又は名称

五　社員総会の議長が存するときは、議長の氏名

六　議事録の作成に係る職務を行った者の氏名

4　次の各号に掲げる場合には、社員総会の議事録は、当該各号に定める事項を内容とするものとする。

一　法第58条第1項の規定により社員総会の決議があったものとみなされた場合　次に掲げる事項

イ　社員総会の決議があったものとみなされた事項の内容

ロ　イの事項の提案をした者の氏名又は名称

ハ　社員総会の決議があったものとみなされた日

ニ　議事録の作成に係る職務を行った者の氏名

二　法第59条の規定により社員総会への報告があったものとみなされた場合　次に掲げる事項

イ　社員総会への報告があったものとみなされた事項の内容

ロ　社員総会への報告があったものとみなされた日

ハ　議事録の作成に係る職務を行った者の氏名

（社員総会の決議の省略）

一般法　第58条　理事又は社員が社員総会の目的である事項について提案をした場合において、当該提案につき社員の全員が書面又は電磁的記録により同意の意思表示をしたときは、当該提案を可決する旨の社員総会の決議があったものとみなす。

2　一般社団法人連携法人は、前項の規定により社員総会の決議があったものとみなされた日から10年間、同項の書面又は電磁的記録をその主たる事務所に備え置かなければならない。

　　3　社員及び債権者は、一般社団法人連携法人の業務時間内は、いつでも、次に掲げる請求をすることができる。

　　　一　前項の書面の閲覧又は謄写の請求

▶一般法規則91条 6号　☞一般法14条

　　　二　前項の電磁的記録に記録された事項を法務省令で定める方法により表示したものの閲覧又は謄写の請求

　　4　第 1 項の規定により定時社員総会の目的である事項のすべてについての提案を可決する旨の社員総会の決議があったものとみなされた場合には、その時に当該定時社員総会が終結したものとみなす。

　　（社員総会への報告の省略）

一般法　第59条　理事が社員の全員に対して社員総会に報告すべき事項を通知した場合において、当該事項を社員総会に報告することを要しないことにつき社員の全員が書面又は電磁的記録により同意の意思表示をしたときは、当該事項の社員総会への報告があったものとみなす。

一般法　第 2 款　社員総会以外の機関の設置

　　（社員総会以外の機関の設置）

一般法　第60条　一般社団法人連携法人には、 1 人又は 2 人以上の理事を置かなければならない。

　　2　一般社団法人連携法人は、定款の定めによって、理事会、監事又は会計監査人を置くことができる。

> ＜編者注＞　社員総会以外の機関の設置について、連携法人は定款において次に掲げることを記載することが要求されている（社福法127条）。
> ・理事 6 人以上及び監事 2 人以上を置くこと（社福法127条 5 号ロ(1)）
> ・理事会を置く旨（社福法127条 5 号ニ）
> ・社会福祉連携推進評議会を置く旨（社福法127条 5 号ヘ）

　　（監事の設置義務）

▶上記＜編者注＞を参照

一般法　第61条　理事会設置一般社団法人及び会計監査人設置一般社団法人連携法人は、監事を置かなければならない。

　　（会計監査人の設置義務）

一般法　第62条　大規模一般社団法人は、会計監査人を置かなければならない。

> ＜編者注＞　収益額30億円超あるいは負債額60億円超の連携法人は、会計監査人を置く等の旨を定款に記載することが要求されており（社福法127条 5 号ニ）、一般法62条の定めは実質的に意味がないものと思われる。

一般法　第 3 款　役員等の選任及び解任

　　（選任）

一般法　第63条　役員（理事及び監事をいう。以下この款において同じ。）及び会計監査人は、社員総会の決議によって選任する。

　　2　前項の決議をする場合には、法務省令で定めるところにより、役員が欠けた場合又はこの法律若しくは定款で定めた役員の員数を欠くこととなるときに備えて補欠の役員を選任することができる。

> **一般法施行規則**
> 　　（補欠の役員の選任）
> **第12条**　法第63条第 2 項の規定による補欠の役員（同条第 1 項に規定する役員をいう。以下この条において同じ。）の選任については、この条の定めるところによる。

2　法第63条第2項に規定する決議により補欠の役員を選任する場合には、次に掲げる事項も併せて決定しなければならない。

一　当該候補者が補欠の役員である旨

二　当該候補者を1人又は2人以上の特定の役員の補欠の役員として選任するときは、その旨及び当該特定の役員の氏名

三　同一の役員（2人以上の役員の補欠として選任した場合にあっては、当該2人以上の役員）につき2人以上の補欠の役員を選任するときは、当該補欠の役員相互間の優先順位

四　補欠の役員について、就任前にその選任の取消しを行う場合があるときは、その旨及び取消しを行うための手続

3　補欠の役員の選任に係る決議が効力を有する期間は、定款に別段の定めがある場合を除き、当該決議後最初に開催する定時社員総会の開始の時までとする。ただし、社員総会の決議によってその期間を短縮することを妨げない。

（一般社団法人連携法人と役員等との関係）

一般法　第64条　一般社団法人連携法人と役員及び会計監査人との関係は、委任に関する規定に従う。

（役員の資格等）

一般法　第65条　次に掲げる者は、役員となることができない。

一　法人

二　削除

三　この法律若しくは会社法（平成17年法律第86号）の規定に違反し、又は民事再生法（平成11年法律第225号）第255条、第256条、第258条から第260条まで若しくは第262条の罪、外国倒産処理手続の承認援助に関する法律（平成12年法律第129号）第65条、第66条、第68条若しくは第69条の罪、会社更生法（平成14年法律第154号）第266条、第267条、第269条から第271条まで若しくは第273条の罪若しくは破産法（平成16年法律第75号）第265条、第266条、第268条から第272条まで若しくは第274条の罪を犯し、刑に処せられ、その執行を終わり、又はその執行を受けることがなくなった日から2年を経過しない者

四　前号に規定する法律の規定以外の法令の規定に違反し、禁錮以上の刑に処せられ、その執行を終わるまで又はその執行を受けることがなくなるまでの者（刑の執行猶予中の者を除く。）

> ＜編者注＞　以上の他、社福法128条に欠格事由が定められている。

2　監事は、一般社団法人連携法人又はその子法人の理事又は使用人を兼ねることができない。

3　理事会設置一般社団法人連携法人においては、理事は、3人以上でなければならない。

> ＜編者注＞　連携法人の理事は、6人以上と定款に記載することが要求されている（社福法127条5号ロ(1)）。

一般法　第65条の2　成年被後見人が役員に就任するには、その成年後見人が、成年被後見人の同意（後見監督人がある場合にあっては、成年被後見人及び後見監督人の同意）を得た上で、成年被後見人に代わって就任の承諾をしなければならない。

2　被保佐人が役員に就任するには、その保佐人の同意を得なければならない。

3　第1項の規定は、保佐人が民法（明治29年法律第89号）第876条の4第1項の代理権を付与する旨の審判に基づき被保佐人に代わって就任の承諾をする場合について準用する。この場合において、第1項中「成年被後見人の同意（後見監督人がある場合にあっては、成年被後見人及び後見監督人の同意）」とあるのは、「被保佐人の同意」と読み替

えるものとする。

4　成年被後見人又は被保佐人がした役員の資格に基づく行為は、行為能力の制限によっては取り消すことができない。

（理事の任期）

一般法　第66条　理事の任期は、選任後 2 年以内に終了する事業年度のうち最終のものに関する定時社員総会の終結の時までとする。ただし、定款又は社員総会の決議によって、その任期を短縮することを妨げない。

（監事の任期）

▶社福法147条によって一般法67条 1 項及び 3 項は連携法人に適用しない

一般法　第67条　~~監事の任期は、選任後 4 年以内に終了する事業年度のうち最終のものに関する定時社員総会の終結の時までとする。ただし、定款によって、その任期を選任後 2 年以内に終了する事業年度のうち最終のものに関する定時社員総会の終結の時までとすることを限度として短縮することを妨げない。~~

2　前項の規定は、定款によって、任期の満了前に退任した監事の補欠として選任された監事の任期を退任した監事の任期の満了する時までとすることを妨げない。

3　~~前 2 項の規定にかかわらず、監事を置く旨の定款の定めを廃止する定款の変更をした場合には、監事の任期は、当該定款の変更の効力が生じた時に満了する。~~

> ＜編者注＞　社福法143条 2 項によって、役員の任期に関する社福法45条が次のように読み替えて準用される。
>
> （役員の任期）
>
> 社福法　第45条　役員の任期は、選任後 2 年以内に終了する会計年度のうち最終のものに関する ~~定時評議員会~~ 社福法143条読替 定時社員総会の終結の時までとする。ただし、定款によって、その任期を短縮することを妨げない。

▶役員＝理事＋監事（社福法31条 1 項 6 号）

（会計監査人の資格等）

一般法　第68条　会計監査人は、公認会計士（外国公認会計士（公認会計士法（昭和23年法律第103号）第16条の 2 第 5 項に規定する外国公認会計士をいう。）を含む。以下同じ。）又は監査法人でなければならない。

2　会計監査人に選任された監査法人は、その社員の中から会計監査人の職務を行うべき者を選定し、これを一般社団法人連携法人に通知しなければならない。この場合においては、次項第 2 号に掲げる者を選定することはできない。

3　次に掲げる者は、会計監査人となることができない。

一　公認会計士法の規定により、第123条第 2 項に規定する計算書類について監査をすることができない者

二　一般社団法人連携法人の子法人若しくはその理事若しくは監事から公認会計士若しくは監査法人の業務以外の業務により継続的な報酬を受けている者又はその配偶者

三　監査法人でその社員の半数以上が前号に掲げる者であるもの

（会計監査人の任期）

一般法　第69条　会計監査人の任期は、選任後 1 年以内に終了する事業年度のうち最終のものに関する定時社員総会の終結の時までとする。

2　会計監査人は、前項の定時社員総会において別段の決議がされなかったときは、当該定時社員総会において再任されたものとみなす。

3　前 2 項の規定にかかわらず、会計監査人設置一般社団法人連携法人が会計監査人を置く旨の定款の定めを廃止する定款の変更をした場合には、会計監査人の任期は、当該定款の変更の効力が生じた時に満了する。

（解任）

一般法　第70条　役員及び会計監査人は、いつでも、社員総会の決議によって解任することができる。

2　前項の規定により解任された者は、その解任について正当な理由がある場合を除き、一般社団法人連携法人に対し、解任によって生じた損害の賠償を請求することができ

る。

（監事による会計監査人の解任）

一般法　**第71条**　監事は、会計監査人が次のいずれかに該当するときは、その会計監査人を解任することができる。

一　職務上の義務に違反し、又は職務を怠ったとき。

二　会計監査人としてふさわしくない非行があったとき。

三　心身の故障のため、職務の執行に支障があり、又はこれに堪えないとき。

2　前項の規定による解任は、~~監事が2人以上ある場合には、~~監事の全員の同意によって行わなければならない。

3　第1項の規定により会計監査人を解任したときは、監事（~~監事が2人以上ある場合にあっては、監事の互選によって定めた監事~~）は、その旨及び解任の理由を解任後最初に招集される社員総会に報告しなければならない。

（監事の選任に関する監事の同意等）

一般法　**第72条**　理事は、監事がある場合において、監事の選任に関する議案を社員総会に提出するには、監事~~（監事が2人以上ある場合にあっては、その過半数）~~の同意を得なければならない。

2　監事は、理事に対し、監事の選任を社員総会の目的とすること又は監事の選任に関する議案を社員総会に提出することを請求することができる。

（会計監査人の選任等に関する議案の内容の決定）

一般法　**第73条**　監事設置~~一般社団法人~~連携法人においては、社員総会に提出する会計監査人の選任及び解任並びに会計監査人を再任しないことに関する議案の内容は、監事が〔次項による読替〕監事の過半数をもって決定する。

~~2　監事が2人以上ある場合における前項の規定の適用については、同項中「監事が」とあるのは、「監事の過半数をもって」とする。~~

（監事等の選任等についての意見の陳述）

一般法　**第74条**　監事は、社員総会において、監事の選任若しくは解任又は辞任について意見を述べることができる。

2　監事を辞任した者は、辞任後最初に招集される社員総会に出席して、辞任した旨及びその理由を述べることができる。

3　理事は、前項の者に対し、同項の社員総会を招集する旨及び第38条第1項第1号に掲げる事項を通知しなければならない。

4　第1項の規定は会計監査人について、前2項の規定は会計監査人を辞任した者及び第71条第1項の規定により会計監査人を解任された者について、それぞれ準用する。この場合において、第1項中「社員総会において、監事の選任若しくは解任又は辞任について」とあるのは「会計監査人の選任、解任若しくは不再任又は辞任について、社員総会に出席して」と、第2項中「辞任後」とあるのは「解任後又は辞任後」と、「辞任した旨及びその理由」とあるのは「辞任した旨及びその理由又は解任についての意見」と読み替えるものとする。

（役員等に欠員を生じた場合の措置）

一般法　**第75条**　役員が欠けた場合又はこの法律若しくは定款で定めた役員の員数が欠けた場合には、任期の満了又は辞任により退任した役員は、新たに選任された役員（次項の一時役員の職務を行うべき者を含む。）が就任するまで、なお役員としての権利義務を有する。

2　前項に規定する場合において、裁判所は、必要があると認めるときは、利害関係人の申立てにより、一時役員の職務を行うべき者を選任することができる。

3　裁判所は、前項の一時役員の職務を行うべき者を選任した場合には、一般社団法人がその者に対して支払う報酬の額を定めることができる。

4　会計監査人が欠けた場合又は定款で定めた会計監査人の員数が欠けた場合において、遅滞なく会計監査人が選任されないときは、監事は、一時会計監査人の職務を行うべき

▶社会福祉法人について準用されている（社福法43条3項）

▶社会福祉法人について準用されている（2項は準用対象外）（社福法43条3項）

▶社会福祉法人について準用されている（社福法43条3項）

者を選任しなければならない。

5　第68条及び第71条の規定は、前項の一時会計監査人の職務を行うべき者について準用する。

<編者注>　社福法143条1項によって、次の社福法45条の6第2項及び第3項並びに社福法45条の7が連携法人に準用される。

（役員等に欠員を生じた場合の措置）

社福法　第45条の6　【準用対象外】

2　前項に規定する 社福法143条読替 この法律若しくは定款で定めた社会福祉連携推進法人の役員の員数又は代表理事が欠けた場合において、事務が遅滞することにより損害を生ずるおそれがあるときは、所轄庁 社福法143条読替 認定所轄庁（第139条1項に規定する認定所轄庁をいう。）は、利害関係人の請求により又は職権で、一時役員 社福法143条読替 一時役員又は代表理事の職務を行うべき者を選任することができる。

3　会計監査人が欠けた場合又は定款で定めた会計監査人の員数が欠けた場合において、遅滞なく会計監査人が選任されないときは、監事は、一時会計監査人の職務を行うべき者を選任しなければならない。

4　【準用対象外】

（役員の欠員補充）

社福法　第45条の7　理事のうち、定款で定めた理事の員数の3分の1を超える者が欠けたときは、遅滞なくこれを補充しなければならない。

2　前項の規定は、監事について準用する。

一般法　第4款　理事

~~（業務の執行）~~

~~一般法　第76条　理事は、定款に別段の定めがある場合を除き、一般社団法人（理事会設置一般社団法人を除く。以下この条において同じ。）の業務を執行する。~~

2　【以下連携法人に関しない規定なので省略】

（~~一般社団法人~~ 連携法人 の代表）

一般法　第77条　理事は、~~一般社団法人~~ 連携法人 を代表する。ただし、他に代表理事その他~~一般社団法人~~ 連携法人 を代表する者を定めた場合は、この限りでない。

2　~~前項本文の理事が2人以上ある場合には、理事は、各自、一般社団法人を代表する。~~

3　~~一般社団法人（理事会設置一般社団法人を除く。）は、定款、定款の定めに基づく理事の互選又は社員総会の決議によって、理事の中から代表理事を定めることができる。~~

4　代表理事は、~~一般社団法人~~ 連携法人 の業務に関する一切の裁判上又は裁判外の行為をする権限を有する。

5　前項の権限に加えた制限は、善意の第三者に対抗することができない。

（代表者の行為についての 損害賠償責任）

第78条　~~一般社団法人~~ 連携法人 は、代表理事その他の代表者がその職務を行うについて第三者に加えた損害を賠償する責任を負う。

（代表理事に欠員を生じた場合の措置）

一般法　第79条　代表理事が欠けた場合又は定款で定めた代表理事の員数が欠けた場合には、任期の満了又は辞任により退任した代表理事は、新たに選定された代表理事（次項の一時代表理事の職務を行うべき者を含む。）が就任するまで、なお代表理事としての権利義務を有する。

2　前項に規定する場合において、裁判所は、必要があると認めるときは、利害関係人の申立てにより、一時代表理事の職務を行うべき者を選任することができる。

3　裁判所は、前項の一時代表理事の職務を行うべき者を選任した場合には、~~一般社団法人~~ 連携法人 がその者に対して支払う報酬の額を定めることができる。

▶一般法76条は理事会非設置法人についての規定（連携法人は理事会設置法人）

▶社福法127条5号ハによって連携法人は代表理事を1人置く

▶連携法人に関しない規定

▶社会福祉法人の理事長について準用されている（社福法45条の17）

▶社福法127条5号ハによって連携法人の代表理事は1名となる

<編者注>　代表理事が欠けた場合の代表理事の職務を行うべき者の選任については、連携法人に準用される社福法45条の6（☞一般法75条）を参照。

（理事の職務を代行する者の権限）

一般法　第80条　民事保全法（平成元年法律第91号）第56条に規定する仮処分命令により選任された理事又は代表理事の職務を代行する者は、仮処分命令に別段の定めがある場合を除き、一般社団法人連携法人の常務に属しない行為をするには、裁判所の許可を得なければならない。

2　前項の規定に違反して行った理事又は代表理事の職務を代行する者の行為は、無効とする。ただし、一般社団法人連携法人は、これをもって善意の第三者に対抗することができない。

▶社会福祉法人の理事職務代行者について準用（社福法45条の17）

（一般社団法人連携法人と理事との間の訴えにおける法人の代表）

一般法　第81条　第77条第4項の規定にかかわらず、一般社団法人連携法人が理事（理事であった者を含む。以下この条において同じ。）に対し、又は理事が一般社団法人連携法人に対して訴えを提起する場合には、社員総会は、当該訴えについて一般社団法人連携法人を代表する者を定めることができる。

（表見代表理事）

一般法　第82条　一般社団法人連携法人は、代表理事以外の理事に理事長その他一般社団法人連携法人を代表する権限を有するものと認められる名称を付した場合には、当該理事がした行為について、善意の第三者に対してその責任を負う。

▶社会福祉法人の理事について準用されている（社福法45条の17、46条の10）

（忠実義務）

一般法　第83条　理事は、法令及び定款並びに社員総会の決議を遵守し、一般社団法人連携法人のため忠実にその職務を行わなければならない。

（競業及び利益相反取引の制限）

一般法　第84条　理事は、次に掲げる場合には、社員総会において、当該取引につき重要な事実を開示し、その承認を受けなければならない。

一　理事が自己又は第三者のために一般社団法人連携法人の事業の部類に属する取引をしようとするとき。

二　理事が自己又は第三者のために一般社団法人連携法人と取引をしようとするとき。

三　一般社団法人連携法人が理事の債務を保証することその他理事以外の者との間において一般社団法人連携法人と当該理事との利益が相反する取引をしようとするとき。

2　民法第108条の規定は、前項の承認を受けた同項第2号又は第3号の取引については、適用しない。

▶社会福祉法人の理事について準用されている（社福法45条の16）

民法

（自己契約及び双方代理等）

第108条　同一の法律行為について、相手方の代理人として、又は当事者双方の代理人としてした行為は、代理権を有しない者がした行為とみなす。ただし、債務の履行及び本人があらかじめ許諾した行為については、この限りでない。

2　前項本文に規定するもののほか、代理人と本人との利益が相反する行為については、代理権を有しない者がした行為とみなす。ただし、本人があらかじめ許諾した行為については、この限りでない。

（理事の報告義務）

一般法　第85条　理事は、一般社団法人連携法人に著しい損害を及ぼすおそれのある事実があることを発見したときは、直ちに、当該事実を社員（監事設置一般社団法人にあっては、監事）に報告しなければならない。

（業務の執行に関する検査役の選任）

一般法　第86条　一般社団法人連携法人の業務の執行に関し、不正の行為又は法令若しくは定款に違反する重大な事実があることを疑うに足りる事由があるときは、総社員の議

▶社会福祉法人の理事及び清算人等について準用されている（社福法45条の16、46条の10）

決権の10分の１（これを下回る割合を定款で定めた場合にあっては、その割合）以上の議決権を有する社員は、当該一般社団法人連携法人の業務及び財産の状況を調査させるため、裁判所に対し、検査役の選任の申立てをすることができる。

2　前項の申立てがあった場合には、裁判所は、これを不適法として却下する場合を除き、検査役を選任しなければならない。

3　裁判所は、前項の検査役を選任した場合には、一般社団法人連携法人が当該検査役に対して支払う報酬の額を定めることができる。

4　第２項の検査役は、その職務を行うため必要があるときは、一般社団法人連携法人の子法人の業務及び財産の状況を調査することができる。

▶一般法規則94条２号

5　第２項の検査役は、必要な調査を行い、当該調査の結果を記載し、又は記録した書面又は電磁的記録（法務省令で定めるものに限る。）を裁判所に提供して報告をしなければならない。

6　裁判所は、前項の報告について、その内容を明瞭にし、又はその根拠を確認するため必要があると認めるときは、第２項の検査役に対し、更に前項の報告を求めることができる。

▶一般法規則95条２号　☞一般法46条６項参照

7　第２項の検査役は、第５項の報告をしたときは、一般社団法人連携法人及び検査役の選任の申立てをした社員に対し、同項の書面の写しを交付し、又は同項の電磁的記録に記録された事項を法務省令で定める方法により提供しなければならない。

（裁判所による社員総会招集等の決定）

一般法　第87条　裁判所は、前条第５項の報告があった場合において、必要があると認めるときは、理事に対し、次に掲げる措置の全部又は一部を命じなければならない。

一　一定の期間内に社員総会を招集すること。

二　前条第５項の調査の結果を社員に通知すること。

2　裁判所が前項第１号に掲げる措置を命じた場合には、理事は、前条第５項の報告の内容を同号の社員総会において開示しなければならない。

3　前項に規定する場合には、理事（監事設置一般社団法人にあっては、理事及び監事）は、前条第５項の報告の内容を調査し、その結果を第１項第１号の社員総会に報告しなければならない。

▶社会福祉法人の理事等について準用されている（２項は準用対象外、社福法45条の16）

（社員による理事の行為の差止め）

一般法　第88条　社員は、理事が一般社団法人連携法人の目的の範囲外の行為その他法令若しくは定款に違反する行為をし、又はこれらの行為をするおそれがある場合において、当該行為によって当該一般社団法人連携法人に著しい損害が生ずるおそれがあるときは、当該理事に対し、当該行為をやめることを請求することができる。

2　監事設置一般社団法人連携法人における前項の規定の適用については、同項中「著しい損害」とあるのは、「回復することができない損害」とする。

▶社会福祉法人の理事等について準用されている（社福法45条の16）

（理事の報酬等）

一般法　第89条　理事の報酬等（報酬、賞与その他の職務執行の対価として一般社団法人連携法人等から受ける財産上の利益をいう。以下同じ。）は、定款にその額を定めていないときは、社員総会の決議によって定める。

一般法　第５款　理事会

（理事会の権限等）

一般法　第90条　理事会は、すべての理事で組織する。

2　理事会は、次に掲げる職務を行う。

一　理事会設置一般社団法人連携法人の業務執行の決定

二　理事の職務の執行の監督

三　代表理事の選定及び解職

3　理事会は、理事の中から代表理事を選定しなければならない。

▶代表理事選定等の認定所轄庁の認可について、次の編

4　理事会は、次に掲げる事項その他の重要な業務執行の決定を理事に委任することがで

きない。

一　重要な財産の処分及び譲受け

二　多額の借財

三　重要な使用人の選任及び解任

四　従たる事務所その他の重要な組織の設置、変更及び廃止

五　理事の職務の執行が法令及び定款に適合することを確保するための体制その他~~一般社団法人~~連携法人の業務の適正を確保するために必要なものとして法務省令で定める体制の整備

六　第114条第１項の規定による定款の定めに基づく第111条第１項の責任の免除

~~5　大規模一般社団法人である理事会設置一般社団法人においては、理事会は、前項第５号に掲げる事項を決定しなければならない。~~

者注に掲げる社福法142条参照のこと

▶一般法規則14条☞

▶連携法人では、実質的に社福法127条５号ホで規定

一般法施行規則

（~~理事会設置一般社団法人~~連携法人の業務の適正を確保するための体制）

第14条　法第90条第４項第５号に規定する法務省令で定める体制は、次に掲げる体制とする。

【社福法施行規則40条６項に定める基準と実質同一なので**記載を省略する**】

▶社福法規則40条☞社福法127条６号

＜編者注＞　代表理事選定等に係る認定所轄庁の認可

社福法142条は、連携法人について次の特例を設けている。

（代表理事の選定及び解職）

社福法　第142条　代表理事の選定及び解職は、認定所轄庁の認可を受けなければ、その効力を生じない。

社福法施行規則

（代表理事の選定等の認可の申請）

第40条の14　社会福祉連携推進法人は、法第142条の規定により、代表理事の選定又は解職に係る認可を受けようとするときは、次の事項を記載した申請書に、当該代表理事となるべき者の履歴書を添えて認定所轄庁に提出しなければならない。

一　当該代表理事となるべき者の住所及び氏名

二　選定又は解職の理由

2　前項の認可申請書類には、副本１通を添付しなければならない。

▶代表理事の選定等の認定所轄庁の認可

（~~理事会設置一般社団法人~~連携法人の理事の権限）

一般法　第91条　次に掲げる理事は、~~理事会設置一般社団法人~~連携法人の業務を執行する。

一　代表理事

二　代表理事以外の理事であって、理事会の決議によって~~理事会設置一般社団法人~~連携法人の業務を執行する理事として選定されたもの

2　前項各号に掲げる理事は、３箇月に１回以上、自己の職務の執行の状況を理事会に報告しなければならない。ただし、定款で毎事業年度に４箇月を超える間隔で２回以上その報告をしなければならない旨を定めた場合は、この限りでない。

（競業及び~~理事会設置一般社団法人~~連携法人との取引等の制限）

一般法　第92条　~~理事会設置一般社団法人~~連携法人における第84条の規定の適用については、同条第１項中「社員総会」とあるのは、「理事会」とする。

2　~~理事会設置一般社団法人~~連携法人においては、第84条第１項各号の取引をした理事は、当該取引後、遅滞なく、当該取引についての重要な事実を理事会に報告しなければならない。

▶社会福祉法人の理事について準用されている（１項は対象外 社福法45条の16）

（招集権者）

一般法　第93条　理事会は、各理事が招集する。ただし、理事会を招集する理事を定款又は理事会で定めたときは、その理事が招集する。

2　前項ただし書に規定する場合には、同項ただし書の規定により定められた理事（以下この項及び第101条第2項において「招集権者」という。）以外の理事は、招集権者に対し、理事会の目的である事項を示して、理事会の招集を請求することができる。

3　前項の規定による請求があった日から5日以内に、その請求があった日から2週間以内の日を理事会の日とする理事会の招集の通知が発せられない場合には、その請求をした理事は、理事会を招集することができる。

（招集手続）

▶社会福祉法人の理事会の招集について準用されている（社福法45条の14）

一般法　第94条　理事会を招集する者は、理事会の日の1週間（これを下回る期間を定款で定めた場合にあっては、その期間）前までに、各理事及び各監事に対してその通知を発しなければならない。

2　前項の規定にかかわらず、理事会は、理事及び監事の全員の同意があるときは、招集の手続を経ることなく開催することができる。

（理事会の決議）

▶社会福祉法人の決議についても同様（社福法45条の14第4項）

▶一般法規則15条🖉

一般法　第95条　理事会の決議は、議決に加わることができる理事の過半数（これを上回る割合を定款で定めた場合にあっては、その割合以上）が出席し、その過半数（これを上回る割合を定款で定めた場合にあっては、その割合以上）をもって行う。

2　前項の決議について特別の利害関係を有する理事は、議決に加わることができない。

3　理事会の議事については、法務省令で定めるところにより、議事録を作成し、議事録が書面をもって作成されているときは、出席した理事（定款で議事録に署名し、又は記名押印しなければならない者を当該理事会に出席した代表理事とする旨の定めがある場合にあっては、当該代表理事）及び監事は、これに署名し、又は記名押印しなければならない。

▶一般法規則90条1項2号
　☞一般法10条

4　前項の議事録が電磁的記録をもって作成されている場合における当該電磁的記録に記録された事項については、法務省令で定める署名又は記名押印に代わる措置をとらなければならない。

5　理事会の決議に参加した理事であって第3項の議事録に異議をとどめないものは、その決議に賛成したものと推定する。

一般法施行規則

（理事会の議事録）

第15条　法第95条第3項の規定による理事会の議事録の作成については、この条の定めるところによる。

2　理事会の議事録は、書面又は電磁的記録をもって作成しなければならない。

3　理事会の議事録は、次に掲げる事項を内容とするものでなければならない。

一　理事会が開催された日時及び場所（当該場所に存しない理事、監事又は会計監査人が理事会に出席した場合における当該出席の方法を含む。）

二　理事会が次に掲げるいずれかのものに該当するときは、その旨

　イ　法第93条第2項の規定による理事の請求を受けて招集されたもの

　ロ　法第93条第3項の規定により理事が招集したもの

　ハ　法第101条第2項の規定による監事の請求を受けて招集されたもの

　ニ　法第101条第3項の規定により監事が招集したもの

三　理事会の議事の経過の要領及びその結果

四　決議を要する事項について特別の利害関係を有する理事があるときは、当該理事の氏名

五　次に掲げる規定により理事会において述べられた意見又は発言があるときは、その意見又は発言の内容の概要

　　　イ　法第92条第 2 項

　　　ロ　法第100条

　　　ハ　法第101条第 1 項

　　六　法第95条第 3 項の定款の定めがあるときは、代表理事（法第21条第 1 項に規定
　　　する代表理事をいう。第19条第 2 号ロにおいて同じ。）以外の理事であって、理
　　　事会に出席したものの氏名

　　七　理事会に出席した会計監査人の氏名又は名称

　　八　理事会の議長が存するときは、議長の氏名

　4　次の各号に掲げる場合には、理事会の議事録は、当該各号に定める事項を内容と
　　するものとする。

　　一　法第96条の規定により理事会の決議があったものとみなされた場合　次に掲げ
　　　る事項

　　　イ　理事会の決議があったものとみなされた事項の内容

　　　ロ　イの事項の提案をした理事の氏名

　　　ハ　理事会の決議があったものとみなされた日

　　　ニ　議事録の作成に係る職務を行った理事の氏名

　　二　法第98条第 1 項の規定により理事会への報告を要しないものとされた場合　次
　　　に掲げる事項

　　　イ　理事会への報告を要しないものとされた事項の内容

　　　ロ　理事会への報告を要しないものとされた日

　　　ハ　議事録の作成に係る職務を行った理事の氏名

（理事会の決議の省略）

一般法　第96条　理事会設置一般社団法人連携法人は、理事が理事会の決議の目的である
　事項について提案をした場合において、当該提案につき理事（当該事項について議決に
　加わることができるものに限る。）の全員が書面又は電磁的記録により同意の意思表示
　をしたとき（監事が当該提案について異議を述べたときを除く。）は、当該提案を可決
　する旨の理事会の決議があったものとみなす旨を定款で定めることができる。

► 社会福祉法人の理
　事会の決議省略に
　ついて準用されて
　いる（社福法45条
　の14）

（議事録等）

一般法　第97条　理事会設置一般社団法人連携法人は、理事会の日（前条の規定により理
　事会の決議があったものとみなされた日を含む。）から10年間、第95条第 3 項の議事録
　又は前条の意思表示を記載し、若しくは記録した書面若しくは電磁的記録（以下この条
　において「議事録等」という。）をその主たる事務所に備え置かなければならない。

　2　社員は、その権利を行使するため必要があるときは、裁判所の許可を得て、次に掲げ
　　る請求をすることができる。

　　一　前項の議事録等が書面をもって作成されているときは、当該書面の閲覧又は謄写の
　　　請求

　　二　前項の議事録等が電磁的記録をもって作成されているときは、当該電磁的記録に記
　　　録された事項を法務省令で定める方法により表示したものの閲覧又は謄写の請求

　3　債権者は、理事又は監事の責任を追及するため必要があるときは、裁判所の許可を得
　　て、第 1 項の議事録等について前項各号に掲げる請求をすることができる。

　4　裁判所は、前 2 項の請求に係る閲覧又は謄写をすることにより、当該理事会設置一般
　　社団法人連携法人に著しい損害を及ぼすおそれがあると認めるときは、前 2 項の許可を
　　することができない。

► 一般法規則91条 7
　号　☞一般法14条

（理事会への報告の省略）

一般法　第98条　理事、監事又は会計監査人が理事及び監事の全員に対して理事会に報告
　すべき事項を通知したときは、当該事項を理事会へ報告することを要しない。

　2　前項の規定は、第91条第 2 項の規定による報告については、適用しない。

► 社会福祉法人の理
　事会決議について
　準用されている
　（社福法45条の14）

一般法　第6款　監事

（監事の権限）

▶一般法規則16条⬚

一般法　第99条　監事は、理事の職務の執行を監査する。この場合において、監事は、法務省令で定めるところにより、監査報告を作成しなければならない。

2　監事は、いつでも、理事及び使用人に対して事業の報告を求め、又は監事設置<u>一般社団法人</u>連携法人の業務及び財産の状況の調査をすることができる。

3　監事は、その職務を行うため必要があるときは、監事設置<u>一般社団法人</u>連携法人の子法人に対して事業の報告を求め、又はその子法人の業務及び財産の状況の調査をすることができる。

4　前項の子法人は、正当な理由があるときは、同項の報告又は調査を拒むことができる。

一般法施行規則

（監査報告の作成）

第16条　法第99条第1項の規定により法務省令で定める事項については、この条の定めるところによる。

2　監事は、その職務を適切に遂行するため、次に掲げる者との意思疎通を図り、情報の収集及び監査の環境の整備に努めなければならない。この場合において、理事又は理事会は、監事の職務の執行のための必要な体制の整備に留意しなければならない。

一　当該<u>一般社団法人</u>連携法人の理事及び使用人

二　当該<u>一般社団法人</u>連携法人の子法人の理事、取締役、会計参与、執行役、業務を執行する社員、会社法第598条第1項の職務を行うべき者その他これらの者に相当する者及び使用人

三　その他監事が適切に職務を遂行するに当たり意思疎通を図るべき者

3　前項の規定は、監事が公正不偏の態度及び独立の立場を保持することができなくなるおそれのある関係の創設及び維持を認めるものと解してはならない。

4　監事は、その職務の遂行に当たり、必要に応じ、当該<u>一般社団法人</u>連携法人の他の監事、当該<u>一般社団法人</u>連携法人の子法人の監事、監査役その他これらの者に相当する者との意思疎通及び情報の交換を図るよう努めなければならない。

（理事への報告義務）

▶社会福祉法人の監事について準用されている（社福法45条の18第3項）
▶社福法143条
　☞一般法75条に続いて記載している

一般法　第100条　監事は、理事が不正の行為をし、若しくは当該行為をするおそれがあると認めるとき、又は法令若しくは定款に違反する事実若しくは著しく不当な事実があると認めるときは、遅滞なく、その旨を理事（理事会設置一般社団法人にあっては、理事会）[社福法143条2項読替]社会福祉法第139条第1項に規定する認定所轄庁、社員総会又は理事会に報告しなければならない。

（理事会への出席義務等）

▶社会福祉法人の監事について準用されている（社福法45条の18第3項）

一般法　第101条　監事は、理事会に出席し、必要があると認めるときは、意見を述べなければならない。

2　監事は、前条に規定する場合において、必要があると認めるときは、理事（第93条第1項ただし書に規定する場合にあっては、招集権者）に対し、理事会の招集を請求することができる。

3　前項の規定による請求があった日から5日以内に、その請求があった日から2週間以内の日を理事会の日とする理事会の招集の通知が発せられない場合は、その請求をした監事は、理事会を招集することができる。

（社員総会に対する報告義務）

▶社会福祉法人の監事について準用されている（社福法

一般法　第102条　監事は、理事が社員総会に提出しようとする議案、書類その他法務省令で定めるものを調査しなければならない。この場合において、法令若しくは定款に違反し、又は著しく不当な事項があると認めるときは、その調査の結果を社員総会に報告

しなければならない。

45条の18第 3 項）

一般法施行規則
　（監事の調査の対象）
　第17条　法第102条に規定する法務省令で定めるものは、電磁的記録その他の資料とする。

（監事による理事の行為の差止め）

一般法　第103条　監事は、理事が監事設置一般社団法人連携法人の目的の範囲外の行為その他法令若しくは定款に違反する行為をし、又はこれらの行為をするおそれがある場合において、当該行為によって当該監事設置一般社団法人連携法人に著しい損害が生ずるおそれがあるときは、当該理事に対し、当該行為をやめることを請求することができる。

2　前項の場合において、裁判所が仮処分をもって同項の理事に対し、その行為をやめることを命ずるときは、担保を立てさせないものとする。

▶社会福祉法人の監事について準用されている（社福法45条の18）

（監事設置一般社団法人連携法人と理事との間の訴えにおける法人の代表）

一般法　第104条　第77条第 4 項及び第81条の規定にかかわらず、監事設置一般社団法人連携法人が理事（理事であった者を含む。以下この条において同じ。）に対し、又は理事が監事設置一般社団法人連携法人に対して訴えを提起する場合には、当該訴えについては、監事が監事設置一般社団法人連携法人を代表する。

2　第77条第 4 項の規定にかかわらず、次に掲げる場合には、監事が監事設置一般社団法人連携法人を代表する。
　一　監事設置一般社団法人連携法人が第278条第 1 項の訴えの提起の請求（理事の責任を追及する訴えの提起の請求に限る。）を受ける場合
　二　監事設置一般社団法人連携法人が第280条第 3 項の訴訟告知（理事の責任を追及する訴えに係るものに限る。）並びに第281条第 2 項の規定による通知及び催告（理事の責任を追及する訴えに係る訴訟における和解に関するものに限る。）を受ける場合

▶社会福祉法人の監事について準用されている（ 2 項は準用対象外）（社福法45条の18第 3 項）

（監事の報酬等）

一般法　第105条　監事の報酬等は、定款にその額を定めていないときは、社員総会の決議によって定める。

2　監事が 2 人以上ある場合において、各監事の報酬等について定款の定め又は社員総会の決議がないときは、当該報酬等は、前項の報酬等の範囲内において、監事の協議によって定める。

3　監事は、社員総会において、監事の報酬等について意見を述べることができる。

▶社会福祉法人の監事について準用されている（社福法45条の18第 3 項）

（費用等の請求）

一般法　第106条　監事がその職務の執行について監事設置一般社団法人連携法人に対して次に掲げる請求をしたときは、当該監事設置一般社団法人連携法人は、当該請求に係る費用又は債務が当該監事の職務の執行に必要でないことを証明した場合を除き、これを拒むことができない。
　一　費用の前払の請求
　二　支出した費用及び支出の日以後におけるその利息の償還の請求
　三　負担した債務の債権者に対する弁済（当該債務が弁済期にない場合にあっては、相当の担保の提供）の請求

▶社会福祉法人の監事について準用されている（社福法45条の18第 3 項）

一般法　第 7 款　会計監査人
（会計監査人の権限等）

一般法　第107条　会計監査人は、次節の定めるところにより、一般社団法人連携法人の計算書類（第123条第 2 項に規定する計算書類をいう。第117条第 2 項第 1 号イにおいて同じ。）及びその附属明細書を監査する。この場合において、会計監査人は、法務省令で定めるところにより、会計監査報告を作成しなければならない。

▶一般法規則18条

2　会計監査人は、いつでも、次に掲げるものの閲覧及び謄写をし、又は理事及び使用人に対し、会計に関する報告を求めることができる。

一　会計帳簿又はこれに関する資料が書面をもって作成されているときは、当該書面

二　会計帳簿又はこれに関する資料が電磁的記録をもって作成されているときは、当該電磁的記録に記録された事項を法務省令で定める方法により表示したもの

▶一般法規則91条8号　☞一般法14条

3　会計監査人は、その職務を行うため必要があるときは、会計監査人設置一般社団法人連携法人の子法人に対して会計に関する報告を求め、又は会計監査人設置一般社団法人連携法人若しくはその子法人の業務及び財産の状況の調査をすることができる。

4　前項の子法人は、正当な理由があるときは、同項の報告又は調査を拒むことができる。

5　会計監査人は、その職務を行うに当たっては、次のいずれかに該当する者を使用してはならない。

一　第68条第3項第1号又は第2号に掲げる者

二　会計監査人設置一般社団法人連携法人又はその子法人の理事、監事又は使用人である者

三　会計監査人設置一般社団法人連携法人又はその子法人から公認会計士又は監査法人の業務以外の業務により継続的な報酬を受けている者

一般法施行規則

（会計監査報告の作成）

第18条　法第107条第1項の規定により法務省令で定める事項については、この条の定めるところによる。

2　会計監査人は、その職務を適切に遂行するため、次に掲げる者との意思疎通を図り、情報の収集及び監査の環境の整備に努めなければならない。ただし、会計監査人が公正不偏の態度及び独立の立場を保持することができなくなるおそれのある関係の創設及び維持を認めるものと解してはならない。

一　当該一般社団法人連携法人の理事及び使用人

二　当該一般社団法人連携法人の子法人の理事、取締役、会計参与、執行役、業務を執行する社員、会社法第598条第1項の職務を行うべき者その他これらの者に相当する者及び使用人

三　その他会計監査人が適切に職務を遂行するに当たり意思疎通を図るべき者

（監事に対する報告）

▶社会福祉法人の会計監査人について準用されている（社福法45条の19第6項）

一般法　第108条　会計監査人は、その職務を行うに際して理事の職務の執行に関し不正の行為又は法令若しくは定款に違反する重大な事実があることを発見したときは、遅滞なく、これを監事に報告しなければならない。

2　監事は、その職務を行うため必要があるときは、会計監査人に対し、その監査に関する報告を求めることができる。

（定時社員総会における会計監査人の意見の陳述）

▶社会福祉法人の会計監査人について準用されている（社福法45条の19第6項）

一般法　第109条　第107条第1項に規定する書類が法令又は定款に適合するかどうかについて会計監査人が監事と意見を異にするときは、会計監査人（会計監査人が監査法人である場合にあっては、その職務を行うべき社員。次項において同じ。）は、定時社員総会に出席して意見を述べることができる。

2　定時社員総会において会計監査人の出席を求める決議があったときは、会計監査人は、定時社員総会に出席して意見を述べなければならない。

（会計監査人の報酬等の決定に関する監事の関与）

▶社会福祉法人の会計監査人について準用されている（社福法45条の19第6項）

一般法　第110条　理事は、会計監査人又は一時会計監査人の職務を行うべき者の報酬等を定める場合には、監事（監事が2人以上ある場合にあっては、その過半数）の同意を得なければならない。

第 8 款　役員等の損害賠償責任

（役員等の一般社団法人連携法人に対する損害賠償責任）

一般法　第111条　理事、監事又は会計監査人（以下この節及び第301条第 2 項第11号において「役員等」という。）は、その任務を怠ったときは、一般社団法人連携法人に対し、これによって生じた損害を賠償する責任を負う。

2　理事が第84条第 1 項の規定に違反して同項第 1 号の取引をしたときは、当該取引によって理事又は第三者が得た利益の額は、前項の損害の額と推定する。

3　第84条第 1 項第 2 号又は第 3 号の取引によって一般社団法人連携法人に損害が生じたときは、次に掲げる理事は、その任務を怠ったものと推定する。

一　第84条第 1 項の理事

二　一般社団法人連携法人が当該取引をすることを決定した理事

三　当該取引に関する理事会の承認の決議に賛成した理事

（一般社団法人連携法人に対する損害賠償責任の免除）

一般法　第112条　前条第 1 項の責任は、総社員の同意がなければ、免除することができない。

（責任の一部免除）

一般法　第113条　前条の規定にかかわらず、役員等の第111条第 1 項の責任は、当該役員等が職務を行うにつき善意でかつ重大な過失がないときは、第 1 号に掲げる額から第 2 号に掲げる額（第115条第 1 項において「最低責任限度額」という。）を控除して得た額を限度として、社員総会の決議によって免除することができる。

一　賠償の責任を負う額

二　当該役員等がその在職中に一般社団法人連携法人から職務執行の対価として受け、又は受けるべき財産上の利益の 1 年間当たりの額に相当する額として法務省令で定める方法により算定される額に、次のイからハまでに掲げる役員等の区分に応じ、当該イからハまでに定める数を乗じて得た額

イ　代表理事　6

ロ　代表理事以外の理事であって、次に掲げるもの　4

(1)　理事会の決議によって一般社団法人連携法人の業務を執行する理事として選定されたもの

(2)　当該一般社団法人連携法人の業務を執行した理事（(1)に掲げる理事を除く。）

(3)　当該一般社団法人連携法人の使用人

ハ　理事（イ及びロに掲げるものを除く。）、監事又は会計監査人　2

2　前項の場合には、理事は、同項の社員総会において次に掲げる事項を開示しなければならない。

一　責任の原因となった事実及び賠償の責任を負う額

二　前項の規定により免除することができる額の限度及びその算定の根拠

三　責任を免除すべき理由及び免除額

3　監事設置一般社団法人連携法人においては、理事は、第111条第 1 項の責任の免除（理事の責任の免除に限る。）に関する議案を社員総会に提出するには、監事（監事が 2 人以上ある場合にあっては、各監事）の同意を得なければならない。

4　第 1 項の決議があった場合において、一般社団法人連携法人が当該決議後に同項の役員等に対し退職慰労金その他の法務省令で定める財産上の利益を与えるときは、社員総会の承認を受けなければならない。

▶社福法45条の22の2で社会福祉法人に準用されている

▶社福法45条の22の2で社会福祉法人に準用されている

▶一般法規則19条

▶一般法規則20条

> **一般法施行規則**
>
> **（報酬等の額の算定方法）**
>
> **第19条**　法第113条第 1 項第 2 号に規定する法務省令で定める方法により算定される額は、次に掲げる額の合計額とする。
>
> 一　役員等がその在職中に報酬、賞与その他の職務執行の対価（当該役員等が当該

一般社団法人連携法人の使用人を兼ねている場合における当該使用人の報酬、賞与その他の職務執行の対価を含む。）として一般社団法人連携法人から受け、又は受けるべき財産上の利益（次号に定めるものを除く。）の額の事業年度（次のイからハまでに掲げる場合の区分に応じ、当該イからハまでに定める日を含む事業年度及びその前の各事業年度に限る。）ごとの合計額（当該事業年度の期間が１年でない場合にあっては、当該合計額を１年当たりの額に換算した額）のうち最も高い額

　イ　法第113条第１項の社員総会の決議を行った場合　当該社員総会の決議の日

　ロ　法第114条第１項の規定による定款の定めに基づいて責任を免除する旨の同意（~~理事会設置一般社団法人（法第16条第１項に規定する理事会設置一般社団法人をいう。）~~連携法人にあっては、理事会の決議。ロにおいて同じ。）を行った場合　当該同意のあった日

　ハ　法第115条第１項の契約を締結した場合　責任の原因となる事実が生じた日（二以上の日がある場合にあっては、最も遅い日）

ニ　イに掲げる額をロに掲げる数で除して得た額

　イ　次に掲げる額の合計額

　　(1)　当該役員等が当該一般社団法人連携法人から受けた退職慰労金の額

　　(2)　当該役員等が当該一般社団法人連携法人の使用人を兼ねていた場合における当該使用人としての退職手当のうち当該役員等を兼ねていた期間の職務執行の対価である部分の額

　　(3)　(1)又は(2)に掲げるものの性質を有する財産上の利益の額

　ロ　当該役員等がその職に就いていた年数（当該役員等が次に掲げるものに該当する場合における次に定める数が当該年数を超えている場合にあっては、当該数）

　　(1)　代表理事　　6

　　(2)　代表理事以外の理事であって、次に掲げる者　　4

　　　(ⅰ)　理事会の決議によって一般社団法人連携法人の業務を執行する理事として選定されたもの

　　　(ⅱ)　当該一般社団法人連携法人の業務を執行した理事（(ⅰ)に掲げる理事を除く。）

　　　(ⅲ)　当該一般社団法人連携法人の使用人

　　(3)　理事（(1)及び(2)に掲げるものを除く。）、監事又は会計監査人　　2

一般法施行規則

（責任の免除の決議後に受ける退職慰労金等）

第20条　法第113条第４項（法第114条第５項及び第115条第５項において準用する場合を含む。）に規定する法務省令で定める財産上の利益とは、次に掲げるものとする。

一　退職慰労金

二　当該役員等が当該一般社団法人連携法人の使用人を兼ねていたときは、当該使用人としての退職手当のうち当該役員等を兼ねていた期間の職務執行の対価である部分

三　前２号に掲げるものの性質を有する財産上の利益

（理事等による免除に関する定款の定め）

▶社福法45条の22の２で社会福祉法人に準用されている

一般法　第114条　第112条の規定にかかわらず、監事設置~~一般社団法人（理事が２人以上ある場合に限る。）~~連携法人は、第111条第１項の責任について、役員等が職務を行うにつき善意でかつ重大な過失がない場合において、責任の原因となった事実の内容、当該役員等の職務の執行の状況その他の事情を勘案して特に必要と認めるときは、前条第１

　項の規定により免除することができる額を限度として理事（当該責任を負う理事を除く。）の過半数の同意（理事会設置一般社団法人にあっては、理事会の決議）によって免除することができる旨を定款で定めることができる。

2　前条第3項の規定は、定款を変更して前項の規定による定款の定め（理事の責任を免除することができる旨の定めに限る。）を設ける議案を社員総会に提出する場合、同項の規定による定款の定めに基づく責任の免除（理事の責任の免除に限る。）についての理事の同意を得る場合及び当該責任の免除に関する議案を理事会に提出する場合について準用する。

3　第1項の規定による定款の定めに基づいて役員等の責任を免除する旨の同意（理事会設置一般社団法人にあっては、理事会の決議）を行ったときは、理事は、遅滞なく、前条第2項各号に掲げる事項及び責任を免除することに異議がある場合には一定の期間内に当該異議を述べるべき旨を社員に通知しなければならない。ただし、当該期間は、1箇月を下ることができない。

4　総社員（前項の責任を負う役員等であるものを除く。）の議決権の10分の1（これを下回る割合を定款で定めた場合にあっては、その割合）以上の議決権を有する社員が同項の期間内に同項の異議を述べたときは、一般社団法人連携法人は、第1項の規定による定款の定めに基づく免除をしてはならない。

5　前条第4項の規定は、第1項の規定による定款の定めに基づき責任を免除した場合について準用する。

　　（責任限定契約）

一般法　**第115条**　第112条の規定にかかわらず、一般社団法人連携法人は、理事（業務執行理事（代表理事、代表理事以外の理事であって理事会の決議によって一般社団法人連携法人の業務を執行する理事として選定されたもの及び当該一般社団法人連携法人の業務を執行したその他の理事をいう。次項及び第141条第3項において同じ。）又は当該一般社団法人連携法人の使用人でないものに限る。）、監事又は会計監査人（以下この条及び第301条第2項第12号において「非業務執行理事等」という。）の第111条第1項の責任について、当該非業務執行理事等が職務を行うにつき善意でかつ重大な過失がないときは、定款で定めた額の範囲内であらかじめ一般社団法人連携法人が定めた額と最低責任限度額とのいずれか高い額を限度とする旨の契約を非業務執行理事等と締結することができる旨を定款で定めることができる。

2　前項の契約を締結した非業務執行理事等が当該一般社団法人連携法人の業務執行理事又は使用人に就任したときは、当該契約は、将来に向かってその効力を失う。

3　第113条第3項の規定は、定款を変更して第1項の規定による定款の定め（同項に規定する理事と契約を締結することができる旨の定めに限る。）を設ける議案を社員総会に提出する場合について準用する。

4　第1項の契約を締結した一般社団法人連携法人が、当該契約の相手方である非業務執行理事等が任務を怠ったことにより損害を受けたことを知ったときは、その後最初に招集される社員総会において次に掲げる事項を開示しなければならない。

　一　第113条第2項第1号及び第2号に掲げる事項

　二　当該契約の内容及び当該契約を締結した理由

　三　第111条第1項の損害のうち、当該非業務執行理事等が賠償する責任を負わないとされた額

5　第113条第4項の規定は、非業務執行理事等が第1項の契約によって同項に規定する限度を超える部分について損害を賠償する責任を負わないとされた場合について準用する。

　　（理事が自己のためにした取引に関する特則）

一般法　**第116条**　第84条第1項第2号の取引（自己のためにした取引に限る。）をした理事の第111条第1項の責任は、任務を怠ったことが当該理事の責めに帰することができない事由によるものであることをもって免れることができない。

▶連携法人は理事会設置法人（以下同じ）

▶社福法45条の22の2で社会福祉法人に準用されている

▶社福法45条の22の2で社会福祉法人に準用されている

　2　前3条の規定は、前項の責任については、適用しない。

（役員等の第三者に対する損害賠償責任）

一般法　**第117条**　役員等がその職務を行うについて悪意又は重大な過失があったときは、当該役員等は、これによって第三者に生じた損害を賠償する責任を負う。

　2　次の各号に掲げる者が、当該各号に定める行為をしたときも、前項と同様とする。ただし、その者が当該行為をすることについて注意を怠らなかったことを証明したときは、この限りでない。

　　一　理事　次に掲げる行為

▶計算書類の定義は一般法123条1項に規定

　　　イ　計算書類及び事業報告並びにこれらの附属明細書に記載し、又は記録すべき重要な事項についての虚偽の記載又は記録

　　　ロ　基金（第131条に規定する基金をいう。）を引き受ける者の募集をする際に通知しなければならない重要な事項についての虚偽の通知又は当該募集のための当該一般社団法人連携法人の事業その他の事項に関する説明に用いた資料についての虚偽の記載若しくは記録

　　　ハ　虚偽の登記

　　　ニ　虚偽の公告（第128条第3項に規定する措置を含む。）

　　二　監事　監査報告に記載し、又は記録すべき重要な事項についての虚偽の記載又は記録

　　三　会計監査人　会計監査報告に記載し、又は記録すべき重要な事項についての虚偽の記載又は記録

（役員等の連帯責任）

一般法　**第118条**　役員等が一般社団法人連携法人又は第三者に生じた損害を賠償する責任を負う場合において、他の役員等も当該損害を賠償する責任を負うときは、これらの者は、連帯債務者とする。

一般法　**第9款　補償契約及び役員等のために締結される保険契約**

（補償契約）

一般法　**第118条の2**　一般社団法人連携法人が、役員等に対して次に掲げる費用等の全部又は一部を当該一般社団法人連携法人が補償することを約する契約（以下この条において「補償契約」という。）の内容の決定をするには、社員総会（理事会設置一般社団法人にあっては、理事会）の決議によらなければならない。

▶社福法45条の22の2で社会福祉法人に準用されている

　　一　当該役員等が、その職務の執行に関し、法令の規定に違反したことが疑われ、又は責任の追及に係る請求を受けたことに対処するために支出する費用

　　二　当該役員等が、その職務の執行に関し、第三者に生じた損害を賠償する責任を負う場合における次に掲げる損失

　　　イ　当該損害を当該役員等が賠償することにより生ずる損失

　　　ロ　当該損害の賠償に関する紛争について当事者間に和解が成立したときは、当該役員等が当該和解に基づく金銭を支払うことにより生ずる損失

　2　一般社団法人連携法人は、補償契約を締結している場合であっても、当該補償契約に基づき、次に掲げる費用等を補償することができない。

　　一　前項第1号に掲げる費用のうち通常要する費用の額を超える部分

　　二　当該一般社団法人連携法人が前項第2号の損害を賠償するとすれば当該役員等が当該一般社団法人連携法人に対して第111条第1項の責任を負う場合には、同号に掲げる損失のうち当該責任に係る部分

　　三　役員等がその職務を行うにつき悪意又は重大な過失があったことにより前項第2号の責任を負う場合には、同号に掲げる損失の全部

　3　補償契約に基づき第1項第1号に掲げる費用を補償した一般社団法人連携法人が、当該役員等が自己若しくは第三者の不正な利益を図り、又は当該一般社団法人連携法人に損害を加える目的で同号の職務を執行したことを知ったときは、当該役員等に対し、補

償した金額に相当する金銭を返還することを請求することができる。

4　理事会設置一般社団法人連携法人においては、補償契約に基づく補償をした理事及び当該補償を受けた理事は、遅滞なく、当該補償についての重要な事実を理事会に報告しなければならない。

5　第84条第1項、第92条第2項、第111条第3項及び第116条第1項の規定は、一般社団法人連携法人と理事との間の補償契約については、適用しない。

6　民法第108条の規定は、第1項の決議によってその内容が定められた前項の補償契約の締結については、適用しない。

　（役員等のために締結される保険契約）

一般法　第118条の3　一般社団法人連携法人が、保険者との間で締結する保険契約のうち役員等がその職務の執行に関し責任を負うこと又は当該責任の追及に係る請求を受けることによって生ずることのある損害を保険者が塡補することを約するものであって、役員等を被保険者とするもの（当該保険契約を締結することにより被保険者である役員等の職務の執行の適正性が著しく損なわれるおそれがないものとして法務省令で定めるものを除く。第3項ただし書において「役員等賠償責任保険契約」という。）の内容の決定をするには、社員総会（理事会設置一般社団法人にあっては、理事会）の決議によらなければならない。

2　第84条第1項、第92条第2項及び第111条第3項の規定は、一般社団法人連携法人が保険者との間で締結する保険契約のうち役員等がその職務の執行に関し責任を負うこと又は当該責任の追及に係る請求を受けることによって生ずることのある損害を保険者が塡補することを約するものであって、理事を被保険者とするものの締結については、適用しない。

3　民法第108条の規定は、前項の保険契約の締結については、適用しない。ただし、当該契約が役員等賠償責任保険契約である場合には、第1項の決議によってその内容が定められたときに限る。

▶民法108条
　☞一般法84条

▶社福法45条の22の2で社会福祉法人に準用されている
▶一般法規則20条の2 🖉

一般法人法施行規則

　（役員等賠償責任保険契約から除外する保険契約）

第20条の2　法第118条の3第1項に規定する法務省令で定めるものは、次に掲げるものとする。

一　被保険者に保険者との間で保険契約を締結する一般社団法人連携法人を含む保険契約であって、当該一般社団法人連携法人がその業務に関連し第三者に生じた損害を賠償する責任を負うこと又は当該責任の追及に係る請求を受けることによって当該一般社団法人連携法人に生ずることのある損害を保険者が塡補することを主たる目的として締結されるもの

二　役員等が第三者に生じた損害を賠償する責任を負うこと又は当該責任の追及に係る請求を受けることによって当該役員等に生ずることのある損害（役員等がその職務上の義務に違反し若しくは職務を怠ったことによって第三者に生じた損害を賠償する責任を負うこと又は当該責任の追及に係る請求を受けることによって当該役員等に生ずることのある損害を除く。）を保険者が塡補することを目的として締結されるもの

社福法　第11章　社会福祉連携推進法人

社福法　第2節　業務運営等

　（社会福祉連携推進法人の業務運営）

社福法　第132条　社会福祉連携推進法人は、社員の社会福祉に係る業務の連携の推進及びその運営の透明性の確保を図り、地域における良質かつ適切な福祉サービスの提供及び社会福祉法人の経営基盤の強化に資する役割を積極的に果たすよう努めなければなら

ない。

2　社会福祉連携推進法人は、社会福祉連携推進業務を行うに当たり、当該一般社団法人の社員、理事、監事、職員その他の政令で定める関係者に対し特別の利益を与えてはならない。

3　社会福祉連携推進法人は、社会福祉連携推進業務以外の業務を行う場合には、社会福祉連携推進業務以外の業務を行うことによつて社会福祉連携推進業務の実施に支障を及ぼさないようにしなければならない。

▶社福法施行令35条🖉

▶**社会福祉事業の禁止**

4　社会福祉連携推進法人は、社会福祉事業を行うことができない。

社福法施行令

（特別の利益を与えてはならない一般社団法人の関係者）

第35条　法第132条第2項の政令で定める一般社団法人の関係者は、次に掲げる者とする。

一　当該一般社団法人の社員又は基金（一般社団法人及び一般財団法人に関する法律第131条に規定する基金をいう。）の拠出者

二　当該一般社団法人の理事、監事若しくは職員又は当該一般社団法人に置かれた法第127条第5号ヘに規定する社会福祉連携推進評議会の構成員

三　前2号に掲げる者の配偶者又は三親等内の親族

四　前3号に掲げる者と婚姻の届出をしていないが事実上婚姻関係と同様の事情にある者

五　前2号に掲げる者のほか、第1号又は第2号に掲げる者から受ける金銭その他の財産によつて生計を維持する者

六　第1号に掲げる者が法人である場合にあつては、その法人が事業活動を支配する法人又はその法人の事業活動を支配する者として厚生労働省令で定めるもの

▶社会福祉法人の関係者については、社福法施行令13条の2参照
☞社福法27条

▶社福法規則40条の5🖉

社福法施行規則

（事業活動を支配する法人又はその法人の事業活動を支配する者として厚生労働省令で定めるもの）

第40条の5　令第35条第6号に規定する厚生労働省令で定めるものは、次に掲げるものとする。

一　当該法人が他の法人の財務及び営業、又は事業の方針の決定を支配している場合における当該他の法人（次項において「子法人」という。）

二　1の者が当該法人の財務及び営業、又は事業の方針の決定を支配している場合における当該1の者

2　前項各号の「財務及び営業、又は事業の方針の決定を支配している場合」とは、1の者又はその1若しくは2以上の子法人が社員総会その他の団体の財務及び営業、又は事業の方針を決定する機関における議決権の過半数を有する場合をいう。

（社員の義務）

▶福祉サービス業務を行うに際しての**連携法人の社員である旨の明示**

社福法　第133条　社会福祉連携推進法人の社員（社会福祉事業を経営する者に限る。次条第1項において同じ。）は、その提供する福祉サービスに係る業務を行うに当たり、その所属する社会福祉連携推進法人の社員である旨を明示しておかなければならない。

（委託募集の特例等）

▶右の「社員」は社会福祉事業を経営する者に限定（前条かっこ書）

▶社福法規則40条の6、40条の9🖉

▶社福法規則40条の7、40条の8🖉

社福法　第134条　社会福祉連携推進法人の社員が、当該社会福祉連携推進法人をして社会福祉事業に従事する労働者の募集に従事させようとする場合において、当該社会福祉連携推進法人が社会福祉連携推進業務として当該募集に従事しようとするときは、職業安定法第36条第1項及び第3項の規定は、当該社員については、適用しない。

2　社会福祉連携推進法人は、前項に規定する募集に従事するときは、あらかじめ、厚生労働省令で定めるところにより、募集時期、募集人員、募集地域その他の労働者の募集に関する事項で厚生労働省令で定めるものを厚生労働大臣に届け出なければならない。

3　職業安定法第37条第2項の規定は前項の規定による届出があつた場合について、同法第5条の3第1項及び第4項、第5条の4の第1項及び第2項、第5条の5、第39条、第41条第2項、第42条、第48条の3第1項、第48条の4、第50条第1項及び第2項並びに第51条の規定は前項の規定による届出をして労働者の募集に従事する者について、同法第40条の規定は同項の規定による届出をして労働者の募集に従事する者に対する報酬の供与について、同法第50条第3項及び第4項の規定はこの項において準用する同条第2項に規定する職権を行う場合について、それぞれ準用する。この場合において、同法第37条第2項中「労働者の募集を行おうとする者」とあるのは「社会福祉法第134条第2項の規定による届出をして労働者の募集に従事しようとする者」と、同法第41条第2項中「当該労働者の募集の業務の廃止を命じ、又は期間」とあるのは「期間」と読み替えるものとする。

4　社会福祉連携推進法人が第1項に規定する募集に従事しようとする場合における職業安定法第36条第2項及び第42条の2の規定の適用については、同項中「前項の」とあるのは「被用者以外の者をして労働者の募集に従事させようとする者がその被用者以外の者に与えようとする」と、同条中「第39条に規定する募集受託者をいう。同項」とあるのは「社会福祉法第134条第2項の規定による届出をして労働者の募集に従事する者をいう。次項」とする。

＜編者注＞　社福法134条の趣旨

　職業安定法（昭和22年法律第141号、以下「職安法」という）は、労働者の勤労の権利を保障し、職業選択の自由の趣旨を尊重しつつ、職業紹介などについて定めている。その「第3章の2　労働者の募集」の36条1項及び3項では、下のように労働者の募集を他者に従事させる場合の厚生労働大臣への許可・届出義務を定めている。しかし、社福法134条は、連携法人の社員に対しては当該許可・届出義務を免除し（社福法134条1項）、委託を受ける連携法人による届出に代える旨（社福法134条2項）を定めている。

職安法
職安法　第3章の2　労働者の募集
　（委託募集）
職安法　第36条　労働者を雇用しようとする者が、その被用者以外の者をして報酬を与えて労働者の募集に従事させようとするときは、厚生労働大臣の許可を受けなければならない。
　2　前項の報酬の額については、あらかじめ、厚生労働大臣の認可を受けなければならない。
　3　労働者を雇用しようとする者が、その被用者以外の者をして報酬を与えることなく労働者の募集に従事させようとするときは、その旨を厚生労働大臣に届け出なければならない。

社福法施行規則
　（委託募集の特例）
第40条の6　社会福祉連携推進法人が法第134条第1項に規定する募集（以下この条において「委託募集」という。）に従事するときは、社会福祉連携推進法人及びその社員は、次に掲げる基準に適合しなければならない。
　一　職業安定法（昭和22年法律第141号）その他労働関係法令に係る重大な違反がないこと。
　二　社会福祉連携推進法人について、精神の機能の障害により労働者の募集を行うに当たつて必要な認知、判断及び意思疎通を適切に行うことができない者が当該募集に従事しないこと。

▶職業安定法36条2項及び42条の3の規定の適用についての特例

▶以下「職業安定法」は「職安法」と略記

▶連携法人が連携推進業務として当該募集に従事しようとするときは、職安法36条1項及び3項は適用しない（社福法134条1項）
▶また、職安法36条2項については、社福法134条4項に読替規定が置かれている。なお、左の職安法36条は社福法による読替え等前の原文である

　　三　社会福祉連携推進法人について、職業安定法その他労働関係法令、当該募集内容及び当該募集に係る業務の内容に関して十分な知識を有する者が当該募集に従事すること。

２　募集に係る労働条件は、次に掲げる基準に適合しなければならない。
　　一　労働関係法令に違反するものでないこと。
　　二　賃金が、同地域における同業種の賃金水準に比べて著しく低くないこと。
　　三　労働者の業務の内容及び労働条件が明示されていること。

３　募集の期間は、１年を超えてはならない。

４　募集の報酬は、特段の事情がある場合を除き、支払われた賃金額の100分の50（同一の者に引き続き１年を超えて雇用される場合にあつては、１年間の雇用にかかわる賃金額の100分の50）を超えてはならない。

５　社員は、委託募集の報酬として、厚生労働大臣の認可を受けた報酬以外を社会福祉連携推進法人に与えてはならない。

社福法施行規則

第40条の7　法第134条第２項に規定する厚生労働省令で定めるものは、次のとおりとする。
　　一　募集に係る事業所の名称及び所在地
　　二　募集時期
　　三　募集職種及び人員
　　四　募集地域
　　五　募集に係る労働者の業務の内容
　　六　賃金、労働時間その他の募集に係る労働条件

社福法施行規則

第40条の8　法第134条第２項の規定による届出（以下この条において「届出」という。）は、社会福祉連携推進法人の主たる事務所の所在する都道府県の区域を募集地域とする募集、当該区域以外の地域を募集地域とする募集（以下この項において「自県外募集」という。）であつて次項第２号に該当するもの及び自県外募集であつて同号に該当しないものの別に行わなければならない。

２　届出をしようとする社会福祉連携推進法人は、その主たる事務所の所在地を管轄する公共職業安定所（その公共職業安定所が二以上ある場合には、厚生労働省組織規則（平成13年厚生労働省令第１号）第793条の規定により当該事務を取り扱う公共職業安定所）の長を経て、次に掲げる募集にあつては当該主たる事務所の所在地を管轄する都道府県労働局長に、その他の募集にあつては厚生労働大臣に届け出なければならない。
　　一　社会福祉連携推進法人の主たる事務所の所在する都道府県の区域を募集地域とする募集
　　二　社会福祉連携推進法人の主たる事務所の所在する都道府県の区域以外の地域（当該地域における労働力の需給の状況等を勘案して厚生労働大臣が指定する地域を除く。）を募集地域とする募集（当該業種における労働力の需給の状況等を勘案して厚生労働大臣の指定する業種に属する事業に係るものを除く。）であつて、その地域において募集しようとする労働者の数が100人（１の都道府県の区域内において募集しようとする労働者の数が30人以上であるときは、30人）未満のもの

▶令和３年11月12日
　社援発1112第１号
　別紙２

３　前２項に定めるもののほか、届出の様式その他の手続は、厚生労働省社会・援護局長の定めるところによる。

社福法施行規則

第40条の9　法第134条第1項の募集に従事する社会福祉連携推進法人は、厚生労働省社会・援護局長の定める様式に従い、毎年度、募集報告を作成し、これを当該年度の翌年度の4月末日まで（当該年度の終了前に募集を終了する場合にあつては、当該終了の日の属する月の翌月末日まで）に前条第2項の届出に係る公共職業安定所の長に提出しなければならない。

＜編者注＞　職安法の準用

　既述の通り、社福法134条1項は、職安法36条1項及び3項の規定を連携推進業務として行う委託募集については適用しないとの特例を定めている。そのために社福法134条2項以下では、職安法37条以下の多くの定めを準用するとともに、準用に係る読替規定を置いている。社福法134条2項の定める準用規定については、以下、次のように整理して示す。

(ⅰ)　届出があった場合に準用する職安法
(ⅱ)　募集に従事する者に準用する職安法
(ⅲ)　同上の者への報酬に準用する職安法
(ⅳ)　行政庁の職員の職権行使に準用する職安法

(ⅰ)　社福法134条2項の規定による届出があった場合に準用する職安法

（募集の制限）

職安法　第37条　【準用対象外】

2　厚生労働大臣は、~~前条第1項の規定によつて労働者の募集を許可する場合~~ 社会福祉法第134条第2項の規定による届出があつた場合 においては、~~労働者の募集を行おうとする者~~ 社福法134条読替 社会福祉法第134条第2項の規定による届出をして労働者の募集に従事しようとする者 に対し、募集時期、募集人員、募集地域その他募集方法に関し必要な指示をすることができる。

(ⅱ)　社福法134条2項の規定による届出をして労働者の募集に従事する者について準用する職安法

（労働条件等の明示）

職安法　第5条の3　公共職業安定所、特定地方公共団体及び職業紹介事業者、労働者の募集を行う者及び募集受託者並びに労働者供給事業者は、それぞれ、職業紹介、労働者の募集又は労働者供給に当たり、求職者、募集に応じて労働者になろうとする者又は供給される労働者に対し、その者が従事すべき業務の内容及び賃金、労働時間その他の労働条件を明示しなければならない。

2～3　【準用対象外】

4　前3項の規定による明示は、賃金及び労働時間に関する事項その他の厚生労働省令で定める事項については、厚生労働省令で定める方法により行わなければならない。

職安法施行規則（昭和22年労働省令第12号）

（法第5条の3に関する事項）

第4条の2　【準用対象外】

2　【準用対象外】

3　法第5条の3第4項の厚生労働省令で定める事項は、次のとおりとする。ただし、第8号に掲げる事項にあつては、労働者を派遣労働者（労働者派遣法第2条第2号に規定する派遣労働者をいう。以下同じ。）として雇用しようとする者に限るものとする。

一　労働者が従事すべき業務の内容に関する事項
二　労働契約の期間に関する事項
二の二　試みの使用期間に関する事項

▶左の 語句A 語句B は、準用によって、 読替前語句Aを語句B に読み替えることを示しているまた、 社福法134条読替 は、社福法134条による読替えであることを示している

▶職安法規則4条の2☞

　　三　就業の場所に関する事項

　　四　始業及び終業の時刻、所定労働時間を超える労働の有無、休憩時間及び休
　　　　日に関する事項

　　五　賃金（臨時に支払われる賃金、賞与及び労働基準法施行規則（昭和22年厚
　　　　生省令第23号）第8条各号に掲げる賃金を除く。）の額に関する事項

　　六　健康保険法（大正11年法律第70号）による健康保険、厚生年金保険法（昭
　　　　和29年法律第115号）による厚生年金、労働者災害補償保険法（昭和22年法
　　　　律第50号）による労働者災害補償保険及び雇用保険法（昭和49年法律第116
　　　　号）による雇用保険の適用に関する事項

　　七　労働者を雇用しようとする者の氏名又は名称に関する事項

　　八　労働者を派遣労働者として雇用しようとする旨

　　九　就業の場所における受動喫煙を防止するための措置に関する事項

4　法第5条の3第4項の厚生労働省令で定める方法は、前項各号に掲げる事項
　（以下この項及び次項において「明示事項」という。）が明らかとなる次のいず
　れかの方法とする。ただし、職業紹介の実施について緊急の必要があるためあ
　らかじめこれらの方法によることができない場合において、明示事項をあらか
　じめこれらの方法以外の方法により明示したときは、この限りでない。

　　一　書面の交付の方法

　　二　次のいずれかの方法によることを書面被交付者（明示事項を前号の方法に
　　　　より明示する場合において、書面の交付を受けるべき者をいう。以下この号
　　　　及び次項において同じ。）が希望した場合における当該方法

　　　イ　ファクシミリを利用してする送信の方法

　　　ロ　電子メールその他のその受信をする者を特定して情報を伝達するために
　　　　　用いられる電気通信（電気通信事業法（昭和59年法律第86号）第2条第1
　　　　　号に規定する電気通信をいう。以下「電子メール等」という。）の送信の
　　　　　方法（当該書面被交付者が当該電子メール等の記録を出力することにより
　　　　　書面を作成することができるものに限る。）

5　前項第2号イの方法により行われた明示事項の明示は、当該書面被交付者の
　使用に係るファクシミリ装置により受信した時に、同号ロの方法により行われ
　た明示事項の明示は、当該書面被交付者の使用に係る通信端末機器に備えられ
　たファイルに記録された時に、それぞれ当該書面被交付者に到達したものとみ
　なす。

6　法第5条の3第1項から第3項までの規定による明示は、試みの使用期間中
　の従事すべき業務の内容等と当該期間が終了した後の従事すべき業務の内容等
　とが異なる場合には、それぞれの従事すべき業務の内容等を示すことにより行
　わなければならない。

7　求人者、労働者の募集を行う者及び労働者供給を受けようとする者は、求職
　者、募集に応じて労働者となろうとする者又は供給される労働者に対して法第
　5条の3第1項の規定により明示された従事すべき業務の内容等に関する記録
　を、当該明示に係る職業紹介、労働者の募集又は労働者供給が終了する日（当
　該明示に係る職業紹介、労働者の募集又は労働者供給が終了する日以降に当該
　明示に係る労働契約を締結しようとする者にあつては、当該明示に係る労働契
　約を締結する日）までの間保存しなければならない。

8　求人者は、公共職業安定所から求職者の紹介を受けたときは、当該公共職業
　安定所に、その者を採用したかどうかを及び採用しないときはその理由を、速
　やかに、通知するものとする。

（求人等に関する情報の的確な表示）

職安法　第5条の4　公共職業安定所、特定地方公共団体及び職業紹介事業者、労働

者の募集を行う者及び募集受託者、募集情報等提供事業者を行う者並びに労働者供給事業者は、この法律に基づく業務に関して新聞、雑誌その他の刊行物に掲載する広告、文書の掲出又は頒布その他厚生労働省令で定める方法（以下この条において「広告等」という。）により求人若しくは労働者の募集に関する情報又は求職者若しくは労働者になろうとする者に関する情報その他厚生労働省令で定める情報（第3項において「求人等に関する情報」という。）を提供するときは、当該情報について虚偽の表示又は誤解を生じさせる表示をしてはならない。

2　労働者の募集を行う者及び募集受託者は、この法律に基づく業務に関して広告等により労働者の募集に関する情報その他厚生労働省令で定める情報を提供するときは、正確かつ最新の内容に保たなければならない。

3　【準用対象外】

（求職者等の個人情報の取扱い）

職安法　第5条の5　公共職業安定所、特定地方公共団体、職業紹介事業者及び求人者、労働者の募集を行う者及び募集受託者、特定募集情報等提供事業者並びに労働者供給事業者及び労働者供給を受けようとする者（次項において「公共職業安定所等」という。）は、それぞれ、その業務に関し、求職者、労働者になろうとする者又は供給される労働者の個人情報（以下この条において「求職者等の個人情報」という。）を収集し、保管し、又は使用するに当つては、その業務の目的の達成に必要な範囲内で、厚生労働省令で定めるところにより、当該目的を明らかにして求職者等の個人情報を収集し、並びに当該収集の目的の範囲内でこれを保管し、及び使用しなければならない。ただし、本人の同意がある場合その他正当な事由がある場合は、この限りでない。

2　公共職業安定所等は、求職者等の個人情報を適正に管理するために必要な措置を講じなければならない。

（報酬受領の禁止）

職安法　第39条　労働者の募集を行う者及び第36条第1項又は第3項の規定により社会福祉法第134条第2項の規定による届出をして労働者の募集に従事する者（以下「募集受託者」という。）は、募集に応じた労働者から、その募集に関し、いかなる名義でも、報酬を受けてはならない。

（許可の取消し等）

職安法　第41条　【準用対象外】

2　厚生労働大臣は、第36条第3項の社会福祉法第134条第2項の規定による届出をして労働者の募集を行う者又は同項の規定により労働者の募集に従事する者がこの法律若しくは労働者派遣法の規定又はこれらの規定に基づく命令若しくは処分に違反したときは、当該労働者の募集の業務の廃止を命じ、又は期間 ［社福法134条読替］ 期間を定めて当該労働者の募集の業務の停止を命ずることができる。

（労働者の募集を行う者等の責務）

職安法　第42条　労働者の募集を行う者及び募集受託者は、労働者の適切な職業の選択に資するため、それぞれ、その業務の運営に当つては、その改善向上を図るために必要な措置を講ずるように努めなければならない。

（改善命令等）

職安法　第48条の3　厚生労働大臣は、職業紹介事業者、労働者の募集を行う者、募集受託者、募集情報等提供事業を行う者又は労働者供給事業者が、その業務に関しこの法律の規定又はこれに基づく命令の規定に違反した場合において、当該業務の適正な運営を確保するために必要があると認めるときは、これらの者に対し、当該業務の運営を改善するために必要な措置を講ずべきことを命ずることができる。

2～3　【準用対象外】

（厚生労働大臣に対する申告）

職安法　第48条の4　特定地方公共団体、職業紹介事業者、求人者、労働者の募集を

行う者、募集受託者、募集情報等提供事業を行う者、労働者供給事業者又は労働者供給を受けようとする者がこの法律の規定又はこれに基づく命令の規定に違反する事実がある場合においては、当該特定地方公共団体若しくは職業紹介事業者に求職の申込みをした求職者、当該募集に応じた労働者、当該募集情報等提供事業を行う者から募集情報等提供を受け当該募集情報等提供に係る労働者の募集に応じた労働者若しくは当該募集情報等提供事業を行う者により自らに関する情報を提供された労働者又は当該労働者供給事業者から供給される労働者は、厚生労働大臣に対し、その事実を申告し、適当な措置を執るべきことを求めることができる。

2　厚生労働大臣は、前項の規定による申告があつたときは、必要な調査を行い、その申告の内容が事実であると認めるときは、この法律に基づく措置その他適当な措置を執らなければならない。

（報告及び検査）

▶職安法規則33条 🖉

職安法　第50条　行政庁は、この法律を施行するために必要な限度において、厚生労働省令で定めるところにより、職業紹介事業を行う者（第29条第1項の規定により無料の職業紹介事業を行う場合における特定地方公共団体を除く。）、求人者、労働者の募集を行う者、募集受託者、募集情報等提供事業を行う者（募集情報等提供事業を行う場合における地方公共団体を除く。）、労働者供給事業を行う者又は労働者供給を受けようとする者に対し、必要な事項を報告させることができる。

2　行政庁は、この法律を施行するために必要な限度において、所属の職員に、職業紹介事業を行う者（第29条第1項の規定により無料の職業紹介事業を行う場合における特定地方公共団体を除く。）、求人者、労働者の募集を行う者、募集受託者、募集情報等提供事業を行う者（募集情報等提供事業を行う場合における地方公共団体を除く。）、労働者供給事業を行う者又は労働者供給を受けようとする者の事業所その他の施設に立ち入り、関係者に質問させ、又は帳簿、書類その他の物件を検査させることができる。

3～4　【適用除外】＜後記(iv)で準用されている＞

> **職安法施行規則**
>
> （法第50条に関する事項）
>
> **第33条**　厚生労働大臣は、法第50条第1項の規定により、職業紹介事業を行う者（法第29条第1項の規定により無料の職業紹介事業を行う場合における特定地方公共団体を除く。）、求人者、労働者の募集を行う者、募集受託者、募集情報等提供事業を行う者（募集情報等提供事業を行う場合における地方公共団体を除く。）、労働者供給事業を行う者又は労働者供給を受けようとする者に対し必要な事項を報告させるときは、当該報告すべき事項及び当該報告をさせる理由を書面により通知するものとする。
>
> 2　法第50条第3項の証明書は、職業紹介事業等立入検査証（様式第9号）による。

（秘密を守る義務等）

職安法　第51条　職業紹介事業者、求人者、労働者の募集を行う者、募集受託者、特定募集情報等提供事業者、労働者供給事業者及び労働者供給を受けようとする者（以下この条において「職業紹介事業者等」という。）並びにこれらの代理人、使用人その他の従業者は、正当な理由なく、その業務上取り扱つたことについて知り得た人の秘密を漏らしてはならない。職業紹介事業者等及びこれらの代理人、使用人その他の従業者でなくなつた後においても、同様とする。

2　職業紹介事業者等及びこれらの代理人、使用人その他の従業者は、前項の秘密のほか、その業務に関して知り得た個人情報その他厚生労働省令で定める者に関する情報を、みだりに他人に知らせてはならない。職業紹介事業者等及びこれらの代理人、使用人その他の従業者でなくなつた後においても、同様とする。

▶職安法規則34条 🖉

職安法施行規則
　　（法第51条及び法第51条の２に関する事項）
　第34条　法第51条第２項及び法第51条の２の厚生労働省令で定める者は、法人である雇用主とする。

(iii)　法134条２項の規定による届出をして労働者の募集に従事する者に対する報酬の供与について準用する職安法
　　（報酬の供与の禁止）
職安法　第40条　労働者の募集を行う者は、その被用者で当該労働者の募集に従事するもの又は募集受託者に対し、賃金、給料その他これらに準ずるものを支払う場合又は第36条第２項の認可に係る報酬を与える場合を除き、報酬を与えてはならない。

(iv)　法134条３項の規定において準用する職安法50条２項に規定する職権を行う場合について準用する職安法
　　（報告及び検査）
職安法　第50条　【準用対象外】

▶職安法50条１項及び２項は、前記(ii)で準用されている

2　【準用対象外】
3　前項の規定により立入検査をする職員は、その身分を示す証明書を携帯し、関係者に提示しなければならない。
4　第２項の規定による立入検査の権限は、犯罪捜査のために認められたものと解釈してはならない。

連携法人が法134条１項の募集に従事しようとする場合の職安法36条２項及び同法42条の３の規定の適用についての特例が定められている職安法（社福法134条４項関係）
　　（委託募集）
職安法　第36条　【適用対象外】

▶職安法36条１項及び３項は、法134条１項で連携業務としての募集には適用除外とされている

2　前項の 社福法134条読替 被用者以外の者をして労働者の募集に従事させようとする者がその被用者以外の者に与えようとする報酬の額については、あらかじめ、厚生労働大臣の認可を受けなければならない。
3　【適用対象外】
　　（準用）
職安法　第42条の２　第20条の規定は、労働者の募集について準用する。この場合において、同条第１項中「公共職業安定所」とあるのは「労働者の募集を行う者（厚生労働省令で定める者を除く。次項において同じ。）及び募集受託者（第39条に規定する募集受託者をいう。同項 社福法134条読替 社会福祉法第134条第２項の規定による届出をして労働者の募集に従事する者をいう。次項において同じ。）」と、「事業所に、求職者を紹介してはならない」とあるのは「事業所における就業を内容とする労働者の募集をしてはならない」と、同条第２項中「求職者を無制限に紹介する」とあるのは「労働者を無制限に募集する」と、「公共職業安定所は当該事業所に対し、求職者を紹介してはならない」とあるのは「公共職業安定所は、その旨を労働者の募集を行う者及び募集受託者に通報するものとし、当該通報を受けた労働者の募集を行う者又は募集受託者は、当該事業所における就業を内容とする労働者の募集をしてはならない」と、同項ただし書中「紹介する」とあるのは「募集する」と読み替えるものとする。

▶職安法規則30条の４
▶左の 語句Ａ 社福法134読替 語句Ｂ は、適用についての特例によって、 読替前語句Ａを社福法134条の規定によって語句Ｂに読み替える ことを示している
▶下の＜編者注＞の中の読替えも同様の表記としている

＜編者注＞　労働者の募集について準用される職安法
　職安法20条は、次のように読み替えて準用される。
職安法
　　（労働争議に対する不介入）
職安法　第20条　公共職業安定所 職安法42条の３読替 労働者の募集を行う者

▶職安法規則30条の
4 ℗

（厚生労働省令で定める者を除く。次項において同じ。）及び募集受託者（社会
福祉法第134条第 2 項の規定による届出をして労働者の募集に従事する者をい
う。次項において同じ。）は、労働争議に対する中立の立場を維持するため、
同盟罷業又は作業所閉鎖の行われている事業所に、求職者を紹介してはならな
い 職安法42条の 3 読替 事業所における就業を内容とする労働者の募集をして
はならない。

> **職安法施行規則**
>
> 　（法第42条の 2 に関する事項）
>
> **第30条の 4**　法第42条の 2 において準用する法第20条第 1 項の厚生労働省令
> で定める者は、次のとおりとする。
>
> 　一　自ら労働者の募集を行う者
>
> 　二　その被用者をして労働者の募集に従事させる者であつて、当該被用者
> 　　が労働組合法第 2 条第 1 号の役員、監督的地位にある労働者又は使用者
> 　　の利益を代表する者に該当するもの

　2　前項に規定する場合の外、労働委員会が公共職業安定所に対し、事業所にお
いて、同盟罷業又は作業所閉鎖に至る虞の多い争議が発生していること及び求
職者を無制限に紹介する 職安法42条の 3 読替 労働者を無制限に募集すること
によつて、当該争議の解決が妨げられることを通報した場合においては、公共
職業安定所は当該事業所に対し、求職者を紹介してはならない 職安法42条の
3 読替 公共職業安定所は、その旨を労働者の募集を行う者及び募集受託者に
通報するものとし、当該通報を受けた労働者の募集を行う者又は募集受託者
は、当該事業所における就業を内容とする労働者の募集をしてはならない。但
し、当該争議の発生前、通常使用されていた労働者の員数を維持するため必要
な限度まで労働者を紹介する 職安法42条の 3 読替 募集する場合は、この限り
でない。

社福法　第135条　公共職業安定所は、前条第 2 項の規定による届出をして労働者の募集
に従事する社会福祉連携推進法人に対して、当該募集が効果的かつ適切に実施されるよ
う、雇用情報及び職業に関する調査研究の成果を提供し、かつ、これらに基づき当該募
集の内容又は方法について指導を行うものとする。

　（評価の結果の公表等）

社福法　第136条　社会福祉連携推進法人は、第127条第 5 号ヘ(3)の社会福祉連携推進評議
会による評価の結果を公表しなければならない。

　2　社会福祉連携推進法人は、第127条第 5 号ヘ(3)の社会福祉連携推進評議会による意見
を尊重するものとする。

　（社会福祉連携推進目的事業財産）

▶社会福祉連携推進
目的事業財産
→法146条の末尾
に記載する＜編
者注＞を参照
▶「正当な理由」は
社福法規則40条の
10第 1 項 ℗

社福法　第137条　社会福祉連携推進法人は、次に掲げる財産を社会福祉連携推進業務を
行うために使用し、又は処分しなければならない。ただし、厚生労働省令で定める正当
な理由がある場合は、この限りでない。

　一　社会福祉連携推進認定を受けた日以後に寄附を受けた財産（寄附をした者が社会福
祉連携推進業務以外のために使用すべき旨を定めたものを除く。）

　二　社会福祉連携推進認定を受けた日以後に交付を受けた補助金その他の財産（財産を
交付した者が社会福祉連携推進業務以外のために使用すべき旨を定めたものを除く。）

　三　社会福祉連携推進認定を受けた日以後に行つた社会福祉連携推進業務に係る活動の
対価として得た財産

▶社福法規則40条の
10第 2 項 ℗

　四　社会福祉連携推進認定を受けた日以後に行つた社会福祉連携推進業務以外の業務か
ら生じた収益に厚生労働省令で定める割合を乗じて得た額に相当する財産

　五　前各号に掲げる財産を支出することにより取得した財産

六　社会福祉連携推進認定を受けた日の前に取得した財産であつて同日以後に厚生労働省令で定める方法により社会福祉連携推進業務の用に供するものである旨を表示した財産

▶社福法規則40条の10第3項⑩

七　前各号に掲げるもののほか、当該社会福祉連携推進法人が社会福祉連携推進業務を行うことにより取得し、又は社会福祉連携推進業務を行うために保有していると認められるものとして厚生労働省令で定める財産

▶社福法規則40条の10第4項⑩

社福法施行規則

（社会福祉連携推進目的事業財産）

第40条の10　法第137条に規定する厚生労働省令で定める正当な理由がある場合は、次に掲げる場合とする。

一　善良な管理者の注意を払つたにもかかわらず、財産が滅失又は毀損した場合

二　財産が陳腐化、不適応化その他の理由によりその価値を減じ、当該財産を破棄することが相当な場合

三　当該社会福祉連携推進法人が公益社団法人及び公益財団法人の認定等に関する法律（平成18年法律第49号）第4条の規定による認定（第40条の21において「公益認定」という。）を受けた法人である場合

▶税制の優遇を受けて形成された公益目的事業財産を、社会福祉連携推進目的事業財産に優先させる意

2　法第137条第4号に規定する厚生労働省令で定める割合は、100分の50とする。

3　法第137条第6号に規定する厚生労働省令で定める方法は、財産目録、貸借対照表又はその附属明細書において、財産の勘定科目をその他の財産の勘定科目と区分して表示する方法とする。ただし、継続して社会福祉連携推進業務の用に供するために保有している財産以外の財産については、この方法による表示をすることができない。

4　法第137条第7号に規定する厚生労働省令で定める財産は、次に掲げる財産とする。

一　社会福祉連携推進認定を受けた日以後に徴収した経費（一般社団法人及び一般財団法人に関する法律第27条に規定する経費をいい、実質的に対価その他の事業に係る収入等と認められるものを除く。）のうち、その徴収に当たり使途が定められていないものの額に100分の50を乗じて得た額又はその徴収に当たり社会福祉連携推進業務に使用すべき旨が定められているものの額に相当する財産

▶一般法27条
＝社員の一般社団法人に対する経費支払義務

二　社会福祉連携推進認定を受けた日以後に社会福祉連携推進目的保有財産（第5号及び第6号並びに法第137条第5号及び第6号に掲げる財産をいう。以下同じ。）から生じた収益の額に相当する財産

三　社会福祉連携推進目的保有財産を処分することにより得た額に相当する財産

四　社会福祉連携推進目的保有財産以外の財産とした社会福祉連携推進目的保有財産の額に相当する財産

五　前各号に掲げる財産を支出することにより取得した財産

六　社会福祉連携推進認定を受けた日以後に第1号から第4号まで及び法第137条第1号から第4号までに掲げる財産以外の財産を支出することにより取得した財産であつて、同日以後に前項の規定により表示したもの

七　法第137条各号及び前各号に掲げるもののほか、当該社会福祉連携推進法人の定款又は社員総会において、社会福祉連携推進業務のために使用し、又は処分する旨を定めた額に相当する財産

＜編者注＞　社福法が定める連携法人の計算の特例（社福法138条）

連携法人は一般社団法人であるので、その計算は一般法に準拠すべきものであるが、社福法138条はその特例を定めている。

社福法138条1項は、社福法の一定の規定を法文を連携法人の計算について準用するものであり、その2項は、連携法人の計算書類等に関する一般法の規定の適用につ

いて読替えを規定したものである。

　　以下に社福法138条と当該条文に関する社福法施行規則を掲げるが、これだけでは連携法人の計算書類に関する法令を理解することは困難であり、後掲の一般法の「第４節　計算」の条文の中に、これら社福法138条によって、連携法人に準用される社福法及び連携法人に適用するに際して読み替えられる一般法を記載する。

（計算書類等）

社福法　第138条　第45条の23、第45条の32第４項、第45条の34及び第45条の35の規定は、社会福祉連携推進法人の計算について準用する。この場合において、次の表の上欄に掲げる規定中同表の中欄に掲げる字句は、それぞれ同表の下欄に掲げる字句に読み替えるものとする。

第45条の32第４項及び第45条の34第４項	評議員	社員
第45条の32第４項第１号	計算書類等	計算書類等（各事業年度に係る計算書類及び事業報告並びにこれらの附属明細書並びに監査報告（会計監査人を設置する場合にあつては、会計監査報告を含む。）をいう。次号において同じ。）
第45条の34第１項	社会福祉法人が成立した日	社会福祉連携推進法人が第126条第１項に規定する社会福祉連携推進認定を受けた日
	当該成立した日	当該日
第45条の34第１項第２号並びに第45条の35第１項及び第３項	理事、監事及び評議員	理事及び監事
第45条の34第１項第３号	第59条の２第１項第２号	第144条において準用する第59条の２第１項第２号
第45条の35第２項	評議員会	社員総会

２　社会福祉連携推進法人の計算書類等（各事業年度に係る計算書類及び事業報告並びにこれらの附属明細書並びに監査報告（会計監査人を設置する場合にあつては、会計監査報告を含む。）をいう。）に関する一般社団法人及び一般財団法人に関する法律第120条第１項、第123条第１項及び第２項並びに第124条第１項及び第２項の規定の適用については、同法第120条第１項、第123条第１項及び第２項並びに第124条第１項及び第２項中「法務省令」とあるのは「厚生労働省令」と、同法第123条第１項中「その成立の日」とあるのは「社会福祉法第126条第１項に規定する社会福祉連携推進認定を受けた日」とする。

社福法施行規則

（計算書類等の規定の準用）

第40条の11　第２条の40及び第２条の42の規定は、法第138条第１項において準用する法第45条の34第１項及び法第45条の35第１項に規定する社会福祉連携推進法人の計算書類等について準用する。この場合において、第２条の40第１項中「定時評議員会（法第45条の31」とあるのは「定時社員総会（一般社団法人及び一般財団法人に関する法律第127条」と、第２条の40第２項中「法第45条の28から第45条の31まで及び第２条の26から第２条の39」とあるのは「一般社団法人及び一般財団法人に

▶社福法45条の23以下については後に記載する＜編者注＞参照
▶社福法45条の23
　＝会計の原則等
▶社福法45条の32第４項＝計算書類等閲覧請求
▶社福法45条の34第４項＝財産目録等閲覧請求
▶社福法45条の32第４項１号＝計算書類等の閲覧等
▶社福法45条の34第１項
　＝財産目録等の備置
▶社福法45条の34第１項２号
　＝役員等名簿
▶社福法45条の35第１項及び３項
　＝役員等に対する報酬等支給基準
▶社福法45条の34第１項３号
　＝役員等に対する報酬等支給基準を記載した書類
▶社福法45条の35第２項
　＝報酬等支給基準の評議員会承認
▶一般法120条１項
　＝会計帳簿の作成
▶一般法123条１項２項＝計算書類等の作成
▶一般法124条１項２項＝計算書類等の監事監査・会計監査
▶社福法規則40条の11✑
▶一般法127条
　＝会計監査人設置

関する法律第124条及び第2条の26から第2条の34」と、第2条の42中「理事、監事及び評議員」とあるのは「理事及び監事」と、「理事等」とあるのは「役員」と読み替えるものとする。

> **＜編者注＞　社福法施行規則40条の11第1項**
>
> 　社福法施行規則40条の11第1項の規定によって、下の社福法施行規則の規定を連携法人の計算書類等について準用する場合には、次の表の左欄に掲げる規定中同表の中欄に掲げる字句は、それぞれ同表の右欄に掲げる字句に読み替える。ただし、「第○条」等の場合の「第」を省略し、「一般社団法人及び一般財団法人に関する法律」を「一般法」と記載する等、略記している。
>
> | 施行規則2条の40第1項 | 定時評議員会（法45条の31 | 定時社員総会（一般法127条 |
> |---|---|---|
> | 施行規則2条の40第2項 | 法45条の28から第45条の31まで及び2条の26から2条の39 | 一般法124条及び2条の26から2条の34 |
> | 施行規則2条の42 | 理事、監事及び評議員 | 理事及び監事 |
> | | 理事等 | 役員 |

2　第2条の25から第2条の37までの規定は、社会福祉連携推進法人の監事の監査等について準用する。この場合において、第2条の25中「法第45条の27第2項」とあるのは「法第138条第2項の規定において読み替えて適用する一般社団法人及び一般財団法人に関する法律第123条第2項」と、「法第45条の13第4項第5号」とあるのは「法第127条第5号ホ」と、第2条の26第1項中「法第45条の28第1項及び第2項」とあるのは「法第138条第2項において読み替えて適用する一般社団法人及び一般財団法人に関する法律第124条第1項及び第2項」と、「計算関係書類（」とあるのは「計算関係書類（第40条第7項第1号に規定する計算関係書類をいい、」と、第2条の27第1項中「法第31条第4項に規定する会計監査人設置社会福祉法人」とあるのは「会計監査人を設置する社会福祉連携推進法人」と、第2条の30第1項第2号中「計算関係書類（社会福祉法人会計基準第7条の2第1項第1号イに規定する法人単位貸借対照表、同項第2号イ(1)に規定する法人単位資金収支計算書及び同号ロ(1)に規定する法人単位事業活動計算書並びにそれらに対応する附属明細書（同省令第30条第1項第1号から第3号まで及び第6号並びに第7号に規定する書類に限る。）の項目に限る。以下この条（第5号を除く。）及び第2条の32において同じ。）」とあるのは「計算関係書類」と、同項第5号中「第2条の22の財産目録」とあるのは「第40条第7項第3号の財産目録」と、第2条の32第1項第1号中「計算関係書類のうち計算書類」とあるのは「計算関係書類（附属明細書を除く。）」と、第2条の35中「法第45条の28第1項及び第2項」とあるのは「法第138条第2項において読み替えて適用する一般社団法人及び一般財団法人に関する法律第124条第1項及び第2項」と読み替えるものとする。

> **＜編者注＞　社福法施行規則40条の11第2項**
>
> 　社福法施行規則40条の11第2項の規定によって連携法人の監事の監査について準用される社福法施行規則は、下の表の通りである。なお準用する場合には、下の表の左欄に掲げる規定中同表の中欄に掲げる字句は、それぞれ同表の右欄に掲げる字句に読み替える。なお、「第○条」等の場合の「第」を省略し、「一般社団法人及び一般財団法人に関する法律」を「一般法」と記載する等、略記していることは前項と同様である。
>
> | 施行規則2条の25 | 法45条の27第2項 | 法138条2項の規定において読み替えて適用する一般法123条2項 |
> |---|---|---|

右欄側注

▶一般社団法人の特則
▶一般法124条
　＝計算書類等の監査等

▶社福法規則2条の40
　＝財産目録に係る規定

▶社福法規則2条の42
　＝報酬などの支給の基準に定める事項

▶一般法123条2項
　＝計算書類及び事業報告並びにこれらの附属明細書
▶一般法124条1項・2項
　＝計算書類等の監査

▶下表で読み替えた社福法規則は一般法123条及び124条に付記している

▶事業報告

		法45条の13第 4 項 5 号	法127条 5 号ホ
▶計算関係書類の監査	施行規則 2 条の26第 1 項	法45条の28第 1 項及び 2 項	法138条 2 項において読み替えて適用する一般法124条 1 項及び 2 項
		計算関係書類（	計算関係書類（第40条 7 項 1 号に規定する計算関係書類をいい、
▶監査報告の内容	施行規則 2 条の27第 1 項	法31条 4 項に規定する会計監査人設置社会福祉法人	会計監査人を設置する社会福祉連携推進法人
▶監査報告の通知期限	施行規則 2 条の28	【読替えなし】	―
▶計算関係書類の提供	施行規則 2 条の29	【読替えなし】	―
▶会計監査報告の内容	施行規則 2 条の30第 1 項 2 号	計算関係書類（社会福祉法人会計基準 7 条の 2 第 1 項 1 号イに規定する法人単位貸借対照表、同項 2 号イ(1)に規定する法人単位資金収支計算書及び同号ロ(1)に規定する法人単位事業活動計算書並びにそれらに対応する附属明細書（同省令30条 1 項 1 号から 3 号まで及び 6 号並びに 7 号に規定する書類に限る。）の項目に限る。以下この条及び 2 条の32において同じ。）	計算関係書類
▶会計監査人設置法人の監事の監査報告の内容	施行規則 2 条の31	【読替えなし】	―
▶会計監査報告の通知期限等	施行規則 2 条の32第 1 項 1 号	計算関係書類のうち計算書類	計算関係書類（附属明細書を除く。）
▶会計監査人の職務の遂行に関する事項	施行規則 2 条の33	【読替えなし】	―
▶会計監査人設置法人の監事の監査報告の通知期限	施行規則 2 条の34	【読替えなし】	―
▶事業報告等の監査	施行規則 2 条の35	法45条の28第 1 項及び 2 項	法138条 2 項において読み替えて適用する一般法124条 1 項及び 2 項
▶事業報告等の監査	施行規則 2 条の36	【読替えなし】	―
▶事業報告等の監査	施行規則 2 条の37	【読替えなし】	―

▶例
「法務省令」を法138条に従って「厚生労働省令」と読み替えるときには次のように表記する

<編者注>　連携法人の計算書類等
　　連携法人は一般社団法人であるので、その計算は一般法の定めに従うこととなる。しかし、連携法人に対して一般法を適用するに当たっては、その一部には社福法138条 2 項の規定による読替えが必要となる場合がある。また、社福法138条 1 項によって一部の社福法の規定が連携法人に対して読み替えて準用される。結果として連携法人に関する計算規定がどのようになるのかを以下に示す。

社福法138条による読替えについては、次のように示している。

$$\boxed{読み替えられる語句}\boxed{社福法138条読替}\boxed{読替後語句}$$

　なお、以下の一般法が連携法人に適用される場合には「一般社団法人」を「連携法人」と理解し、また、以下の社福法が連携法人に準用される場合には「社会福祉法人」は当然に「連携法人」と読み替えることとなる。これらの場合、例えば「社会福祉法人」を「連携法人」と読み替える場合、次のように記載している。

$$\boxed{社会福祉法人連携法人}$$

$\boxed{法務省令}\boxed{社福 \\ 法138条読替}$ 厚
生労働省令

一般法及び社福法　第4節　計算
一般法　第1款　会計の原則
一般法　第119条　一般社団法人連携法人の会計は、その行う事業に応じて、一般に公正妥当と認められる会計の慣行に従うものとする。

社福法　第1款　会計の原則等
社福法　第45条の23　社会福祉法人連携法人は、厚生労働省令で定める基準に従い、会計処理を行わなければならない。

2　社会福祉法人連携法人の会計年度は、4月1日に始まり、翌年3月31日に終わるものとする。

▶「**社会福祉連携推進法人会計基準**」（厚生労働省令第177号）」が適用される（以下「連携推進会計基準」という）

一般法　第2款　会計帳簿
　（会計帳簿の作成及び保存）
一般法　第120条　一般社団法人連携法人は、法務省令 $\boxed{社福法138条読替}$ 厚生労働省令で定めるところにより、適時に、正確な会計帳簿を作成しなければならない。

2　一般社団法人連携法人は、会計帳簿の閉鎖の時から10年間、その会計帳簿及びその事業に関する重要な資料を保存しなければならない。

　（会計帳簿の閲覧等の請求）
一般法　第121条　総社員の議決権の10分の1（これを下回る割合を定款で定めた場合にあっては、その割合）以上の議決権を有する社員は、一般社団法人連携法人の業務時間内は、いつでも、次に掲げる請求をすることができる。この場合においては、当該請求の理由を明らかにしてしなければならない。
一　会計帳簿又はこれに関する資料が書面をもって作成されているときは、当該書面の閲覧又は謄写の請求
二　会計帳簿又はこれに関する資料が電磁的記録をもって作成されているときは、当該電磁的記録に記録された事項を法務省令で定める方法により表示したものの閲覧又は謄写の請求

2　一般社団法人連携法人は、前項の請求があったときは、次のいずれかに該当する場合を除き、これを拒むことができない。
一　当該請求を行う社員（以下この項において「請求者」という。）がその権利の確保又は行使に関する調査以外の目的で請求を行ったとき。
二　請求者が当該一般社団法人連携法人の業務の遂行を妨げ、又は社員の共同の利益を害する目的で請求を行ったとき。
三　請求者が当該一般社団法人連携法人の業務と実質的に競争関係にある事業を営み、又はこれに従事するものであるとき。
四　請求者が会計帳簿又はこれに関する資料の閲覧又は謄写によって知り得た事実を利益を得て第三者に通報するため請求を行ったとき。
五　請求者が、過去2年以内において、会計帳簿又はこれに関する資料の閲覧又は謄写によって知り得た事実を利益を得て第三者に通報したことがあるものであるとき。

▶連携推進会計基準

▶一般法規則91条9号

▶10号は一般法129条3項3号に係る一般法規則（連携法人に適用）

> **一般法施行規則**
>
> **（電磁的記録に記録された事項を表示する方法）**
>
> **第91条**　次に掲げる規定に規定する法務省令で定める方法は、次に掲げる規定の電磁的記録に記録された事項を紙面又は映像面に表示する方法とする。
>
> 　一～八　【省略】
>
> 　九　法第121条第1項第2号（法第199条において準用する場合を含む。）
>
> 　十　法第129条第3項第3号（法第199条において準用する場合を含む。）
>
> 　十一～二十　【省略】

> **＜編者注＞　法人成立の日の貸借対照表**
>
> 　連携法人は一般社団法人として成立する。その後、社会福祉連携推進認定を受けることによって連携法人となる。
>
> 　連携法人について一般法123条を適用するに当たっては「その成立の日」を「社会福祉連携推進認定を受けた日」と読み替えるものとされているが、認定を受ける前にあっては連携法人ではないので、読み替える前の一般法123条に定める通り、「その成立の日」における貸借対照表を作成すべきものと思われる。

（計算書類等の備置き及び閲覧等）

社福法　第45条の32　【社福法138条1項の準用外】

2　【社福法138条1項の準用外】

3　【社福法138条1項の準用外】

4　何人（評議員 社福法138条読替 社員及び債権者を除く。）も、社会福祉法人 連携法人 の業務時間内は、いつでも、次に掲げる請求をすることができる。この場合においては、当該社会福祉法人 連携法人 は、正当な理由がないのにこれを拒んではならない。

　一　計算書類等 社福法138条読替 計算書類等（各事業年度に係る計算書類及び事業報告並びにこれらの附属明細書並びに監査報告（会計監査人を設置する場合にあっては、会計監査報告を含む。）をいう。次号において同じ。）が書面をもって作成されているときは、当該書面又は当該書面の写しの閲覧の請求

▶社福法規則2条の3

　二　計算書類等が電磁的記録をもって作成されているときは、当該電磁的記録に記録された事項を厚生労働省令で定める方法により表示したものの閲覧の請求

（会計帳簿の提出命令）

一般法　第122条　裁判所は、申立てにより又は職権で、訴訟の当事者に対し、会計帳簿の全部又は一部の提出を命ずることができる。

一般法　第3款　計算書類等

（計算書類等の作成及び保存）

▶連携推進会計基準

一般法　第123条　一般社団法人 連携法人 は、法務省令 社福法138条読替 厚生労働省令で定めるところにより、その成立の日 社福法138条読替 社会福祉法第126条第1項に規定する社会福祉連携推進認定を受けた日 における貸借対照表を作成しなければならない。

▶社福法規則2条の25

2　一般社団法人 連携法人 は、法務省令 社福法138条読替 厚生労働省令で定めるところにより、各事業年度に係る計算書類（貸借対照表及び損益計算書をいう。以下この款において同じ。）及び事業報告並びにこれらの附属明細書を作成しなければならない。

3　計算書類及び事業報告並びにこれらの附属明細書は、電磁的記録をもって作成することができる。

4　一般社団法人 連携法人 は、計算書類を作成した時から10年間、当該計算書類及びその附属明細書を保存しなければならない。

社福法施行規則40条の11第2項によって連携法人の監事監査に準用される社福法施行規則

（事業報告）

第2条の25　法第45条の27第2項 社福規則40条の11読替 法第138条第2項の規定において読み替えて適用する一般社団法人及び一般財団法人に関する法律第123条第2項の規定による事業報告及びその附属明細書の作成については、この条の定めるところによる。ただし、他の法令に別段の定めがある場合は、この限りでない。

2　事業報告は、次に掲げる事項をその内容としなければならない。

一　当該社会福祉法人の状況に関する重要な事項（計算関係書類（計算書類（法第45条の27第2項 社福規則40条の11読替 法第138条第2項の規定において読み替えて適用する一般社団法人及び一般財団法人に関する法律第123条第2項に規定する計算書類をいう。第40条第7項第1号及び第40条の17第1号を除き、以下同じ。）及びその附属明細書をいう。以下同じ。）の内容となる事項を除く。）

二　法第45条の13第4項第5号 社福規則40条の11読替 法第127条第5号ホに規定する体制の整備についての決定又は決議があるときは、その決定又は決議の内容の概要及び当該体制の運用状況の概要

3　事業報告の附属明細書は、事業報告の内容を補足する重要な事項をその内容としなければならない。

（計算書類等の監査等）

一般法　第124条　監事設置一般社団法人連携法人においては、前条第2項の計算書類及び事業報告並びにこれらの附属明細書は、法務省令 社福法138条読替 厚生労働省令で定めるところにより、監事の監査を受けなければならない。

2　前項の規定にかかわらず、会計監査人設置一般社団法人連携法人においては、次の各号に掲げるものは、法務省令 社福法138条読替 厚生労働省令で定めるところにより、当該各号に定める者の監査を受けなければならない。

一　前条第2項の計算書類及びその附属明細書　監事及び会計監査人

二　前条第2項の事業報告及びその附属明細書　監事

3　理事会設置一般社団法人連携法人においては、第1項又は前項の監査を受けた計算書類及び事業報告並びにこれらの附属明細書は、理事会の承認を受けなければならない。

社福法施行規則40条の11第2項によって連携法人の監事監査に準用される同施行規則2条の26から2条の37

社福法施行規則

（計算関係書類の監査）

第2条の26　法第45条の28第1項及び第2項法第45条の28第1項及び第2項 社福規則40条の11読替 法第138条第2項において読み替えて適用する一般社団法人及び一般財団法人に関する法律第124条第1項及び第2項の規定による監査（計算関係書類（ 社福規則40条の11読替 計算関係書類（第40条第7項第1号に規定する計算関係書類をいい、各会計年度に係るものに限る。以下この条から第2条の34までにおいて同じ。）に係るものに限る。以下同じ。）については、この条から第2条の34までに定めるところによる。

2　前項に規定する監査には、公認会計士法（昭和23年法律第103号）第2条第1項に規定する監査のほか、計算関係書類に表示された情報と計算関係書類に表示すべき情報との合致の程度を確かめ、かつ、その結果を利害関係者に伝達するための手続を含むものとする。

社福法施行規則

（監査報告の内容）

第2条の27　監事（会計監査人設置社会福祉法人（法第31条第4項に規定する会計監

▶連携法人は監事設置法人（法127条1項5号ロ(1)）
▶社福法規則2条の26から2条の36 ☞
▶社福法規則2条の26から2条の34 ☞

▶連携法人は理事会設置法人（社福法127条5号ニ）

▶計算関係書類の監査（社福法規則2条の26から2条の34 ☞）

▶以下、社福法規則2条の39までは財産目録の承認手続に準用
→社福法規則2条の40
☞社福法45条の34

▶会計監査人非設置

法人の監査報告内容
→会計監査人設置法人の場合は社福法規則2条の31
→事業報告等の監査に係るものは社福法規則2条の36

査人設置社会福祉法人 社福規則40条の11読替 会計監査人を設置する社会福祉連携推進法人をいう。以下同じ。）の監事を除く。以下この条及び次条において同じ。）は、計算関係書類を受領したときは、次に掲げる事項を内容とする監査報告を作成しなければならない。

一　監事の監査の方法及びその内容
二　計算関係書類が当該社会福祉法人の財産、収支及び純資産の増減の状況を全ての重要な点において適正に表示しているかどうかについての意見
三　監査のため必要な調査ができなかつたときは、その旨及びその理由
四　追記情報
五　監査報告を作成した日

2　前項第4号に規定する「追記情報」とは、次に掲げる事項その他の事項のうち、監事の判断に関して説明を付す必要がある事項又は計算関係書類の内容のうち強調する必要がある事項とする。

一　会計方針の変更
二　重要な偶発事象
三　重要な後発事象

社福法施行規則
（監査報告の通知期限等）

▶会計監査人非設置法人の通知期限
→会計監査人設置法人の場合は社福法規則2条の34
→事業報告等の監査に係るものは社福法規則2条の37

第2条の28　特定監事は、次に掲げる日のいずれか遅い日までに、特定理事に対し、計算関係書類についての監査報告の内容を通知しなければならない。

一　当該計算関係書類のうち計算書類の全部を受領した日から4週間を経過した日
二　当該計算関係書類のうち計算書類の附属明細書を受領した日から1週間を経過した日
三　特定理事及び特定監事が合意により定めた日があるときは、その日

2　計算関係書類については、特定理事が前項の規定による監査報告の内容の通知を受けた日に、監事の監査を受けたものとする。

3　前項の規定にかかわらず、特定監事が第1項の規定により通知をすべき日までに同項の規定による監査報告の内容の通知をしない場合には、当該通知をすべき日に、計算関係書類については、監事の監査を受けたものとみなす。

▶計算関係書類の監事監査に係る**特定理事の定義**
▶社福法規則2条の32、2条の37参照

4　第1項及び第2項に規定する「特定理事」とは、次の各号に掲げる場合の区分に応じ、当該各号に定める者をいう。

一　第1項の規定による通知を受ける理事を定めた場合　当該通知を受ける理事として定められた理事
二　前号に掲げる場合以外の場合　監査を受けるべき計算関係書類の作成に関する職務を行つた理事

▶計算関係書類の監事監査に係る**特定監事の定義**
▶社福法規則2条の32、2条の37参照

5　第1項及び第3項に規定する「特定監事」とは、次の各号に掲げる場合の区分に応じ、当該各号に定める者をいう。

一　第1項の規定による監査報告の内容の通知をすべき監事を定めたとき　当該通知をすべき監事として定められた監事
二　前号に掲げる場合以外の場合　全ての監事

社福法施行規則
（計算関係書類の提供）

▶計算関係書類の提供
▶右は会計監査人設置法人の場合

第2条の29　計算関係書類を作成した理事は、会計監査人に対して計算関係書類を提供しようとするときは、監事に対しても計算関係書類を提供しなければならない。

社福法施行規則
（会計監査報告の内容）

▶会計監査人の監査
▶「会計監査報告」は会計監査人の監査報告を指している

第2条の30　会計監査人は、計算関係書類を受領したときは、次に掲げる事項を内容とする会計監査報告を作成しなければならない。

一　会計監査人の監査の方法及びその内容

二　計算関係書類（社会福祉法人会計基準第 7 条の 2 第 1 項第 1 号イに規定する法人単位貸借対照表、同項第 2 号イ(1)に規定する法人単位資金収支計算書及び同号ロ(1)に規定する法人単位事業活動計算書並びにそれらに対応する附属明細書（同省令第30条第 1 項第 1 号から第 3 号まで及び第 6 号並びに第 7 号に規定する書類に限る。）の項目に限る。以下この条（第 5 号を除く。）及び第 2 条の32において同じ。）［社福規則40条の11読替］計算関係書類が当該社会福祉法人の財産、収支及び純資産の増減の状況を全ての重要な点において適正に表示しているかどうかについての意見があるときは、次のイからハまでに掲げる意見の区分に応じ、当該イからハまでに定める事項

イ　無限定適正意見　監査の対象となつた計算関係書類が一般に公正妥当と認められる社会福祉法人会計の慣行に準拠して、当該計算関係書類に係る期間の財産、収支及び純資産の増減の状況を全ての重要な点において適正に表示していると認められる旨

ロ　除外事項を付した限定付適正意見　監査の対象となつた計算関係書類が除外事項を除き一般に公正妥当と認められる社会福祉法人会計の慣行に準拠して、当該計算関係書類に係る期間の財産、収支及び純資産の増減の状況を全ての重要な点において適正に表示していると認められる旨、除外事項並びに除外事項を付した限定付適正意見とした理由

ハ　不適正意見　監査の対象となつた計算関係書類が不適正である旨及びその理由

三　前号の意見がないときは、その旨及びその理由

四　継続事業の前提に関する事項の注記に係る事項

五　第 2 号の意見があるときは、事業報告及びその附属明細書、計算関係書類（監査の範囲に属さないものに限る。）並びに財産目録（第 2 条の22の財産目録を除く。）の内容と計算関係書類（監査の範囲に属するものに限る。）の内容又は会計監査人が監査の過程で得た知識との間の重要な相違等について、報告すべき事項の有無及び報告すべき事項があるときはその内容

六　追記情報

七　会計監査報告を作成した日

2　前項第 6 号に規定する「追記情報」とは、次に掲げる事項その他の事項のうち、会計監査人の判断に関して説明を付す必要がある事項又は計算関係書類の内容のうち強調する必要がある事項とする。

一　会計方針の変更

二　重要な偶発事象

三　重要な後発事象

社福法施行規則

（会計監査人設置社会福祉法人の監事の監査報告の内容）

第 2 条の31　会計監査人設置社会福祉法人の監事は、計算関係書類及び会計監査報告（次条第 3 項に規定する場合にあつては、計算関係書類）を受領したときは、次に掲げる事項を内容とする監査報告を作成しなければならない。

一　監事の監査の方法及びその内容

二　会計監査人の監査の方法又は結果を相当でないと認めたときは、その旨及びその理由（次条第 3 項に規定する場合にあつては、会計監査報告を受領していない旨）

三　重要な後発事象（会計監査報告の内容となつているものを除く。）

四　会計監査人の職務の遂行が適正に実施されることを確保するための体制に関する事項

五　監査のため必要な調査ができなかつたときは、その旨及びその理由

六　監査報告を作成した日

▶計算関係書類の監査
▶会計監査人設置法人の監査報告内容
　→会計監査人非設置法人の場合は社福法規則 2 条の27☞

▶社福法規則 2 条の33第 3 号参照☞

▶**会計監査人の監査**
▶「**会 計 監 査 報 告**」は会計監査人の監査報告を指している

▶会計監査報告に係る**特定理事の定義**
▶社福法規則 2 条の28、2 条の37参照

▶会計監査報告に係る**特定監事の定義**
▶社福法規則 2 条の28、2 条の37参照
▶2 号の場合「**全て**」の監事に通知する必要がある

▶**会計監査人の監査**

▶会計監査人設置法人の監査報告通知期限
　→会計監査人非設置法人の場合は社福法規則 2 条の28

社福法施行規則

　（会計監査報告の通知期限等）

第 2 条の32　会計監査人は、次に掲げる日のいずれか遅い日までに、特定監事及び特定理事に対し、計算関係書類についての会計監査報告の内容を通知しなければならない。
　一　当該計算関係書類のうち計算書類 社福規則40条の11読替 計算関係書類（附属明細書を除く。）の全部を受領した日から 4 週間を経過した日
　二　当該計算関係書類のうち計算書類の附属明細書を受領した日から 1 週間を経過した日
　三　特定理事、特定監事及び会計監査人の間で合意により定めた日があるときは、その日
2　計算関係書類については、特定監事及び特定理事が前項の規定による会計監査報告の内容の通知を受けた日に、会計監査人の監査を受けたものとする。
3　前項の規定にかかわらず、会計監査人が第 1 項の規定により通知をすべき日までに同項の規定による会計監査報告の内容の通知をしない場合には、当該通知をすべき日に、計算関係書類については、会計監査人の監査を受けたものとみなす。
4　第 1 項及び第 2 項に規定する「特定理事」とは、次の各号に掲げる場合の区分に応じ、当該各号に定める者をいう（第 2 条の34において同じ。）。
　一　第 1 項の規定による通知を受ける理事を定めた場合　当該通知を受ける理事として定められた理事
　二　前号に掲げる場合以外の場合　監査を受けるべき計算関係書類の作成に関する職務を行つた理事
5　第 1 項及び第 2 項に規定する「特定監事」とは、次の各号に掲げる場合の区分に応じ、当該各号に定める者をいう（次条及び第 2 条の34において同じ。）。
　一　第 1 項の規定による会計監査報告の内容の通知を受ける監事を定めたとき　当該通知を受ける監事として定められた監事
　二　前号に掲げる場合以外の場合　全ての監事

社福法施行規則

　（会計監査人の職務の遂行に関する事項）

第 2 条の33　会計監査人は、前条第 1 項の規定による特定監事に対する会計監査報告の内容の通知に際して、当該会計監査人についての次に掲げる事項（当該事項に係る定めがない場合にあつては、当該事項を定めていない旨）を通知しなければならない。ただし、全ての監事が既に当該事項を知つている場合は、この限りでない。
　一　独立性に関する事項その他監査に関する法令及び規程の遵守に関する事項
　二　監査、監査に準ずる業務及びこれらに関する業務の契約の受任及び継続の方針に関する事項
　三　会計監査人の職務の遂行が適正に行われることを確保するための体制に関するその他の事項

社福法施行規則

　（会計監査人設置社会福祉法人の監事の監査報告の通知期限）

第 2 条の34　会計監査人設置社会福祉法人の特定監事は、次に掲げる日のいずれか遅い日までに、特定理事及び会計監査人に対し、計算関係書類に係る監査報告の内容を通知しなければならない。
　一　会計監査報告を受領した日（第 2 条の32第 3 項に規定する場合にあつては、同項の規定により監査を受けたものとみなされた日）から 1 週間を経過した日
　二　特定理事及び特定監事の間で合意により定めた日があるときは、その日
2　計算関係書類については、特定理事及び会計監査人が前項の規定による監査報告の内容の通知を受けた日に、監事の監査を受けたものとする。
3　前項の規定にかかわらず、特定監事が第 1 項の規定により通知をすべき日までに

同項の規定による監査報告の内容の通知をしない場合には、当該通知をすべき日に、計算関係書類については、監事の監査を受けたものとみなす。

社福法施行規則

（事業報告等の監査）

第2条の35　~~法第45条の28第1項及び第2項~~　社福規則40条の11読替　法第138条第2項において読み替えて適用する一般社団法人及び一般財団法人に関する法律第124条第1項及び第2項の規定による監査（事業報告及びその附属明細書に係るものに限る。次条及び第2条の37において同じ。）については、次条及び第2条の37に定めるところによる。

▶事業報告等の監査

社福法施行規則

（監査報告の内容）

第2条の36　監事は、事業報告及びその附属明細書を受領したときは、次に掲げる事項を内容とする監査報告を作成しなければならない。

一　監事の監査の方法及びその内容

二　事業報告及びその附属明細書が法令又は定款に従い当該社会福祉法人の状況を正しく示しているかどうかについての意見

三　当該社会福祉法人の理事の職務の遂行に関し、不正の行為又は法令若しくは定款に違反する重大な事実があつたときは、その事実

四　監査のため必要な調査ができなかつたときは、その旨及びその理由

五　第2条の25第2項第2号に掲げる事項（監査の範囲に属さないものを除く。）がある場合において、当該事項の内容が相当でないと認めるときは、その旨及びその理由

六　監査報告を作成した日

▶事業報告等の監査報告内容
→計算関係書類の監査報告内容は
・会計監査人非設置法人の場合
⇒社福法規則2条の27 ☞
・会計監査人設置法人の場合
⇒社福法規則2条の31 ☞

社福法施行規則

（監査報告の通知期限等）

第2条の37　特定監事は、次に掲げる日のいずれか遅い日までに、特定理事に対し、事業報告及びその附属明細書についての監査報告の内容を通知しなければならない。

一　当該事業報告を受領した日から4週間を経過した日

二　当該事業報告の附属明細書を受領した日から1週間を経過した日

三　特定理事及び特定監事の間で合意により定めた日があるときは、その日

2　事業報告及びその附属明細書については、特定理事が前項の規定による監査報告の内容の通知を受けた日に、監事の監査を受けたものとする。

3　前項の規定にかかわらず、特定監事が第1項の規定により通知をすべき日までに同項の規定による監査報告の内容の通知をしない場合には、当該通知をすべき日に、事業報告及びその附属明細書については、監事の監査を受けたものとみなす。

4　第1項及び第2項に規定する「特定理事」とは、次の各号に掲げる場合の区分に応じ、当該各号に定める者をいう。

一　第1項の規定による通知を受ける理事を定めた場合　当該通知を受ける理事として定められた理事

二　前号に掲げる場合以外の場合　事業報告及びその附属明細書の作成に関する職務を行つた理事

5　第1項及び第3項に規定する「特定監事」とは、次の各号に掲げる場合の区分に応じ、当該各号に定める者をいう。

一　第1項の規定による監査報告の内容の通知をすべき監事を定めたとき　当該通知をすべき監事として定められた監事

二　前号に掲げる場合以外の場合　全ての監事

▶事業報告等の監査報告通知期限
→計算関係書類の監査報告期限は
・会計監査人非設置法人の場合
⇒社福法規則2条の28 ☞
・会計監査人設置法人の場合
⇒社福法規則2条の34 ☞

▶事業報告等監査の特定理事の定義
▶社福法規則2条の28、2条の32 ☞参照

▶事業報告等監査の特定監事の定義
▶社福法規則2条の28、2条の32 ☞参照

（計算書類等の社員への提供）

▶連携法人は理事会設置法人（社福法127条 5 号ニ）

▶一般法規則47条☞

一般法　第125条　理事会設置一般社団法人連携法人においては、理事は、定時社員総会の招集の通知に際して、法務省令で定めるところにより、社員に対し、前条第 3 項の承認を受けた計算書類及び事業報告並びに監査報告（同条第 2 項の規定の適用がある場合にあっては、会計監査報告を含む。）を提供しなければならない。

一般法施行規則

第 1 目　計算書類等の社員への提供

第47条　法第125条の規定による計算書類及び事業報告並びに監査報告（会計監査人設置一般社団法人連携法人にあっては、会計監査報告を含む。以下この条において「提供計算書類等」という。）の提供に関しては、この条の定めるところによる。

2　定時社員総会の招集通知を次の各号に掲げる方法により行う場合にあっては、提供計算書類等は、当該各号に定める方法により提供しなければならない。

一　書面の提供　次のイ又はロに掲げる場合の区分に応じ、当該イ又はロに定める方法

　イ　提供計算書類等が書面をもって作成されている場合　当該書面に記載された事項を記載した書面の提供

　ロ　提供計算書類等が電磁的記録をもって作成されている場合　当該電磁的記録に記録された事項を記載した書面の提供

二　電磁的方法による提供　次のイ又はロに掲げる場合の区分に応じ、当該イ又はロに定める方法

　イ　提供計算書類等が書面をもって作成されている場合　当該書面に記載された事項の電磁的方法による提供

　ロ　提供計算書類等が電磁的記録をもって作成されている場合　当該電磁的記録に記録された事項の電磁的方法による提供

3　理事は、計算書類又は事業報告の内容とすべき事項について、定時社員総会の招集通知を発出した日から定時社員総会の前日までの間に修正をすべき事情が生じた場合における修正後の事項を社員に周知させる方法を当該招集通知と併せて通知することができる。

（計算書類等の定時社員総会への提出等）

▶連携法人は 3 号に該当

▶連携法人は理事会設置法人なので 1 号・2 号・4 号に該当せず 3 号に該当

一般法　第126条　次の各号に掲げる一般社団法人連携法人においては、理事は、当該各号に定める計算書類及び事業報告を定時社員総会に提出し、又は提供しなければならない。

　一　監事設置一般社団法人（理事会設置一般社団法人及び会計監査人設置一般社団法人を除く。）第124条第 1 項の監査を受けた計算書類及び事業報告

　二　会計監査人設置一般社団法人（理事会設置一般社団法人を除く。）第124条第 2 項の監査を受けた計算書類及び事業報告

　三　理事会設置一般社団法人連携法人　第124条第 3 項の承認を受けた計算書類及び事業報告

　四　前 3 号に掲げるもの以外の一般社団法人　第123条第 2 項の計算書類及び事業報告

2　前項の規定により提出され、又は提供された計算書類は、定時社員総会の承認を受けなければならない。

3　理事は、第 1 項の規定により提出され、又は提供された事業報告の内容を定時社員総会に報告しなければならない。

（会計監査人設置一般社団法人連携法人の特則）

▶一般法規則48条☞

一般法　第127条　会計監査人設置一般社団法人連携法人については、第124条第 3 項の承認を受けた計算書類が法令及び定款に従い一般社団法人連携法人の財産及び損益の状況を正しく表示しているものとして法務省令で定める要件に該当する場合には、前条第 2 項の規定は、適用しない。この場合においては、理事は、当該計算書類の内容を定時社

員総会に報告しなければならない。

一般法施行規則

第 2 目　計算書類の承認の特則に関する要件

第48条　法第127条に規定する法務省令で定める要件は、次のいずれにも該当することとする。

　一　法第127条に規定する計算書類についての会計監査報告の内容に第39条第 1 項第 2 号イに定める事項が含まれていること。

　二　前号の会計監査報告に係る監査報告の内容として会計監査人の監査の方法又は結果を相当でないと認める意見がないこと。

　三　法第127条に規定する計算書類が第43条第 3 項の規定により監査を受けたものとみなされたものでないこと。

（貸借対照表等の公告）

一般法　第128条　【社福法147条で適用除外】

（計算書類等の備置き及び閲覧等）

一般法　第129条　一般社団法人連携法人は、計算書類等（各事業年度に係る計算書類及び事業報告並びにこれらの附属明細書（第124条第 1 項又は第 2 項の規定の適用がある場合にあっては、監査報告又は会計監査報告を含む。）をいう。以下この条において同じ。）を、定時社員総会の日の~~1 週間~~（~~理事会設置一般社団法人にあっては、2 週間~~）前の日（第58条第 1 項の場合にあっては、同項の提案があった日）から 5 年間、その主たる事務所に備え置かなければならない。

▶連携法人は理事会設置法人なので 2 週間前

2　一般社団法人連携法人は、計算書類等の写しを、定時社員総会の日の~~1 週間~~（~~理事会設置一般社団法人にあっては、2 週間~~）前の日（第58条第 1 項の場合にあっては、同項の提案があった日）から 3 年間、その従たる事務所に備え置かなければならない。ただし、計算書類等が電磁的記録で作成されている場合であって、従たる事務所における次項第 3 号及び第 4 号に掲げる請求に応じることを可能とするための措置として法務省令で定めるものをとっているときは、この限りでない。

▶連携法人は理事会設置法人なので 2 週間前

3　社員及び債権者は、一般社団法人連携法人の業務時間内は、いつでも、次に掲げる請求をすることができる。ただし、第 2 号又は第 4 号に掲げる請求をするには、当該一般社団法人連携法人の定めた費用を支払わなければならない。

▶一般法規則93条 3 号　☞一般法121条

　一　計算書類等が書面をもって作成されているときは、当該書面又は当該書面の写しの閲覧の請求

　二　前号の書面の謄本又は抄本の交付の請求

　三　計算書類等が電磁的記録をもって作成されているときは、当該電磁的記録に記録された事項を法務省令で定める方法により表示したものの閲覧の請求

▶一般法規則91条10号　☞一般法121条

　四　前号の電磁的記録に記録された事項を電磁的方法であって一般社団法人の定めたものにより提供することの請求又はその事項を記載した書面の交付の請求

（計算書類等の提出命令）

一般法　第130条　裁判所は、申立てにより又は職権で、訴訟の当事者に対し、計算書類及びその附属明細書の全部又は一部の提出を命ずることができる。

（財産目録の備置き及び閲覧等）

社福法　第45条の34　社会福祉法人連携法人は、毎会計年度終了後 3 月以内に（~~社会福祉法人が成立した日~~ 社福法138条読替 社会福祉連携推進法人が第126条第 1 項に規定する社会福祉連携推進認定を受けた日の属する会計年度にあっては、当該成立した日 社福法138条読替 当該日以後遅滞なく）、厚生労働省令で定めるところにより、次に掲げる書類を作成し、当該書類を 5 年間その主たる事務所に、その写しを 3 年間その従たる事務所に備え置かなければならない。

▶社福法を準用して一般社団法人にはない財産目録作成義務を課している

▶社福法規則 2 条の40 準用

　一　財産目録

　二　役員等名簿（~~理事、監事及び評議員~~ 社福法138条読替 理事及び監事の氏名及び住

所を記載した名簿をいう。第 4 項において同じ。）

▶報酬等支給基準
　＝社福法45条の35
▶社福法59条の 2
　＝情報の公開等

▶社福法規則40条の
　12
▶所轄庁へ届出必要
　（社福法59条 2 号）

三　報酬等（報酬、賞与その他の職務遂行の対価として受ける財産上の利益及び退職手当をいう。次条及び第59条の 2 第 1 項第 2 号 社福法138条読替 第144条において準用する第59条の 2 第 1 項第 2 号において同じ。）の支給の基準を記載した書類

四　事業の概要その他の厚生労働省令で定める事項を記載した書類

2　前項各号に掲げる書類（以下この条において「財産目録等」という。）は、電磁的記録をもつて作成することができる。

3　何人も、社会福祉法大連携法人の業務時間内は、いつでも、財産目録等について、次に掲げる請求をすることができる。この場合においては、当該社会福祉法大連携法人は、正当な理由がないのにこれを拒んではならない。

一　財産目録等が書面をもつて作成されているときは、当該書面又は当該書面の写しの閲覧の請求

二　財産目録等が電磁的記録をもつて作成されているときは、当該電磁的記録に記録された事項を厚生労働省令で定める方法により表示したものの閲覧の請求

▶社福法規則 2 条の
　3

4　前項の規定にかかわらず、社会福祉法人大連携法人は、役員等名簿について当該社会福祉法人の評議員 社福法138条読替 社員以外の者から同項各号に掲げる請求があつた場合には、役員等名簿に記載され、又は記録された事項中、個人の住所に係る記載又は記録の部分を除外して、同項各号の閲覧をさせることができる。

▶社福法規則 2 条の
　5

5　財産目録等が電磁的記録をもつて作成されている場合であつて、その従たる事務所における第 3 項第 2 号に掲げる請求に応じることを可能とするための措置として厚生労働省令で定めるものをとつている社会福祉法人連携法人についての第 1 項の規定の適用については、同項中「主たる事務所に、その写しを 3 年間その従たる事務所」とあるのは、「主たる事務所」とする。

社福法施行規則40条の11第 1 項によって連携法人の計算書類等に準用される同施行規則 2 条の40

社福法施行規則

（財産目録）

第 2 条の40　法第45条の34第 1 項第 1 号に掲げる財産目録は、定時評議員会（法第45条の31 社福規則40条の11読替 定時社員総会（一般社団法人及び一般財団法人に関する法律第127条の規定の適用がある場合にあつては、理事会）の承認を受けなければならない。

2　法第45条の28から第45条の31まで及び第 2 条の26から第 2 条の39 社福規則40条の11読替 一般社団法人及び一般財団法人に関する法律第124条及び第 2 条の26から第 2 条の34までの規定は、社会福祉法人が前項の財産目録に係る同項の承認を受けるための手続について準用する。

社福法施行規則

（事業の概要等）

第40条の12　法第138条第 1 項において読み替えて準用する法第45条の34第 1 項第 4 号に規定する厚生労働省令で定める事項は、次のとおりとする。

一　当該社会福祉連携推進法人の主たる事務所の所在地及び電話番号その他当該社会福祉連携推進法人に関する基本情報

二　当該終了した会計年度の翌会計年度（以下この条において「当会計年度」という。）の初日における社員の状況

三　当会計年度の初日における理事の状況

四　当会計年度の初日における監事の状況

五　当該終了した会計年度（以下この条において「前会計年度」という。）及び当会計年度における会計監査人の状況

▶一 般 法127条＝会
　計監査人設置法人
　の特則（定時社員
　総会承認不要）

▶一般法124条及び
　社福法規則 2 条の
　26から 2 条の34
　＝計算書類に係る
　　監査等に係る規
　　定

▶「社会福祉連携推
　進法人の認定等に
　ついて」（社援発
　1112第 1 号厚生労
　働省社会・援護局
　長）通知の「社会
　福祉連携推進法人
　認定・運営基準」
　第 4 の10⑴③に
　よって、右の事業
　の概要等を記載し
　た書類は「法人現

六　当会計年度の初日における社会福祉連携推進評議会の構成員の状況

七　当会計年度の初日における職員の状況

八　前会計年度における社員総会の状況

九　前会計年度における理事会の状況

十　前会計年度における監事の監査の状況

十一　前会計年度における会計監査の状況

十二　前会計年度における社会福祉連携推進評議会の状況

十三　前会計年度における事業等の概要

十四　当該社会福祉法人に関する情報の公表等の状況

十五　事業計画を作成する旨を定款で定めている場合にあつては、事業計画

十六　その他必要な事項

（報酬等）

社福法　第45条の35　社会福祉法人連携法人は、理事、監事及び評議員 [社福法138条読替] 理事及び監事に対する報酬等について、厚生労働省令で定めるところにより、民間事業者の役員の報酬等及び従業員の給与、当該社会福祉法人の経理の状況その他の事情を考慮して、不当に高額なものとならないような支給の基準を定めなければならない。

2　前項の報酬等の支給の基準は、評議員会 [社福法138条読替] 社員総会の承認を受けなければならない。これを変更しようとするときも、同様とする。

3　社会福祉法人は、前項の承認を受けた報酬等の支給の基準に従つて、その理事、監事及び評議員 [社福法138条読替] 理事及び監事に対する報酬等を支給しなければならない。

社福法施行規則40条の11第１項によって連携推進法人の計算書類等に準用される同施行規則２条の42

　（報酬等の支給の基準に定める事項）

第２条の42　法第45条の35第１項に規定する理事、監事及び評議員 [社福規則40条の11読替] 理事及び監事（以下この条において「理事等 [社福規則40条の11読替] 役員」という。）に対する報酬等（法第45条の34第１項第３号に規定する報酬等をいう。以下この条において同じ。）の支給の基準においては、理事等 [社福規則40条の11読替] 役員の勤務形態に応じた報酬等の区分及びその額の算定方法並びに支給の方法及び形態に関する事項を定めるものとする。

＜編者注＞　所轄庁への届出・情報の公開

　計算書類等及び財産目録等の認定所轄庁への届出を義務付けている社福法59条、情報の公開等を定めている社福法59条の２が、社福法144条で連携法人に準用されている。

一般法　第５節　基金

一般法　第１款　基金を引き受ける者の募集

　（基金を引き受ける者の募集等に関する定款の定め）

一般法　第131条　一般社団法人連携法人（一般社団法人の成立前にあっては、設立時社員。次条から第134条まで（第133条第１項第１号を除く。）及び第136条第１号において同じ。）は、基金（この款の規定により一般社団法人連携法人に拠出された金銭その他の財産であって、当該一般社団法人連携法人が拠出者に対してこの法律及び当該一般社団法人連携法人と当該拠出者との間の合意の定めるところに従い返還義務（金銭以外の財産については、拠出時の当該財産の価額に相当する金銭の返還義務）を負うものをいう。以下同じ。）を引き受ける者の募集をすることができる旨を定款で定めることがで

況報告書」とされ、様式は令和４年10月18日に社援発1018第４号の局長通知として発出されている

▶社福法規則２条の42❸準用

▶報酬等の意義
＝社福法45条の34第１項３号

▶定款（法令により公表が義務付けられている）によって無報酬と定めた場合、支給基準を定める必要はない

▶基金の定義
「一般社団法人に拠出された金銭その他の財産であって、当該一般社団法人が拠出者に対してこの法律及び

当該一般社団法人
と当該拠出者との
間の合意の定める
ところに従い返還
義務を負うもの」

▶なお、一般社団法
人として成立する
以前には、社会福
祉連携推進認定を
受けることはでき
ないので、「一般
社団法人の成立
前」の文言の「一
般社団法人」を連
携法人と読み替え
る余地はない

きる。この場合においては、次に掲げる事項を定款で定めなければならない。

　一　基金の拠出者の権利に関する規定
　二　基金の返還の手続

（募集事項の決定）

一般法　第132条　一般社団法人連携法人は、前条の募集をしようとするときは、その都
度、次に掲げる事項（以下この款において「募集事項」という。）を定めなければなら
ない。

　一　募集に係る基金の総額
　二　金銭以外の財産を拠出の目的とするときは、その旨並びに当該財産の内容及びその
　　価額
　三　基金の拠出に係る金銭の払込み又は前号の財産の給付の期日又はその期間

2　設立時社員は、募集事項を定めようとするときは、その全員の同意を得なければなら
ない。

（基金の申込み）

一般法　第133条　一般社団法人連携法人は、第131条の募集に応じて基金の引受けの申込
みをしようとする者に対し、次に掲げる事項を通知しなければならない。

　一　一般社団法人連携法人の名称
　二　募集事項
　三　金銭の払込みをすべきときは、払込みの取扱いの場所
　四　前3号に掲げるもののほか、法務省令で定める事項

一般法施行規則

（申込みをしようとする者に対して通知すべき事項）

第52条　法第133条第1項第4号に規定する法務省令で定める事項は、次に掲げる事
項とする。

　一　基金の拠出者の権利に関する規定
　二　基金の返還の手続
　三　定款に定められた事項（法第133条第1項第1号から第3号まで及び前2号に
　　掲げる事項を除く。）であって、当該一般社団法人連携法人に対して基金の引受
　　けの申込みをしようとする者が当該者に対して通知することを請求した事項

2　前項の規定にかかわらず、設立時社員（法第10条第1項に規定する設立時社員を
　いう。以下同じ。）が法第133条第1項の規定による通知をする場合には、同項第4
　号に規定する法務省令で定める事項は、次に掲げる事項とする。

　一　定款の認証の年月日及びその認証をした公証人の氏名
　二　法第11条第1項第1号及び第3号から第7号までに掲げる事項
　三　前項第1号及び第2号に掲げる事項
　四　定款に定められた事項（法第133条第1項第1号から第3号まで及び前3号に
　　掲げる事項を除く。）であって、当該設立時社員に対して基金の引受けの申込み
　　をしようとする者が当該者に対して通知することを請求した事項

2　第131条の募集に応じて基金の引受けの申込みをする者は、次に掲げる事項を記載し
た書面を一般社団法人連携法人に交付しなければならない。

　一　申込みをする者の氏名又は名称及び住所
　二　引き受けようとする基金の額

▶一般法施行令2条
　☞一般法50条

3　前項の申込みをする者は、同項の書面の交付に代えて、政令で定めるところにより、
一般社団法人連携法人の承諾を得て、同項の書面に記載すべき事項を電磁的方法により
提供することができる。この場合において、当該申込みをした者は、同項の書面を交付
したものとみなす。

4　一般社団法人連携法人は、第1項各号に掲げる事項について変更があったときは、直
ちに、その旨及び当該変更があった事項を第2項の申込みをした者（以下この款におい

て「申込者」という。）に通知しなければならない。

5　一般社団法人連携法人が申込者に対してする通知又は催告は、第 2 項第 1 号の住所（当該申込者が別に通知又は催告を受ける場所又は連絡先を当該一般社団法人連携法人に通知した場合にあっては、その場所又は連絡先）にあてて発すれば足りる。

6　前項の通知又は催告は、その通知又は催告が通常到達すべきであった時に、到達したものとみなす。

（基金の割当て）

一般法　第134条　一般社団法人連携法人は、申込者の中から基金の割当てを受ける者を定め、かつ、その者に割り当てる基金の額を定めなければならない。この場合において、一般社団法人連携法人は、当該申込者に割り当てる基金の額を、前条第 2 項第 2 号の額よりも減額することができる。

2　一般社団法人連携法人は、第132条第 1 項第 3 号の期日（同号の期間を定めた場合にあっては、その期間の初日）の前日までに、申込者に対し、当該申込者に割り当てる基金の額を通知しなければならない。

（基金の申込み及び割当てに関する特則）

一般法　第135条　前 2 条の規定は、基金を引き受けようとする者がその総額の引受けを行う契約を締結する場合には、適用しない。

（基金の引受け）

一般法　第136条　次の各号に掲げる者は、当該各号に定める基金の額について基金の引受人となる。

一　申込者　一般社団法人連携法人の割り当てた基金の額

二　前条の契約により基金の総額を引き受けた者　その者が引き受けた基金の額

（金銭以外の財産の拠出）

一般法　第137条　一般社団法人連携法人（一般社団法人の成立前にあっては、設立時社員。第 6 項において同じ。）は、第132条第 1 項第 2 号に掲げる事項を定めたときは、募集事項の決定の後遅滞なく、同号の財産（以下「現物拠出財産」という。）の価額を調査させるため、裁判所に対し、検査役の選任の申立てをしなければならない。

2　前項の申立てがあった場合には、裁判所は、これを不適法として却下する場合を除き、検査役を選任しなければならない。

3　裁判所は、前項の検査役を選任した場合には、一般社団法人連携法人が当該検査役に対して支払う報酬の額を定めることができる。

4　第 2 項の検査役は、必要な調査を行い、当該調査の結果を記載し、又は記録した書面又は電磁的記録（法務省令で定めるものに限る。）を裁判所に提供して報告をしなければならない。

5　裁判所は、前項の報告について、その内容を明瞭にし、又はその根拠を確認するため必要があると認めるときは、第 2 項の検査役に対し、更に前項の報告を求めることができる。

6　第 2 項の検査役は、第 4 項の報告をしたときは、一般社団法人連携法人に対し、同項の書面の写しを交付し、又は同項の電磁的記録に記録された事項を法務省令で定める方法により提供しなければならない。

7　裁判所は、第 4 項の報告を受けた場合において、現物拠出財産について定められた第132条第 1 項第 2 号の価額（第 2 項の検査役の調査を経ていないものを除く。）を不当と認めたときは、これを変更する決定をしなければならない。

8　基金の引受人（現物拠出財産を給付する者に限る。第10項第 2 号において同じ。）は、前項の決定により現物拠出財産の価額の全部又は一部が変更された場合には、当該決定の確定後 1 週間以内に限り、その基金の引受けの申込み又は第135条の契約に係る意思表示を取り消すことができる。

9　前各項の規定は、次の各号に掲げる場合には、当該各号に定める事項については、適用しない。

　　一　現物拠出財産について定められた第132条第 1 項第 2 号の価額の総額が500万円を超えない場合　当該現物拠出財産の価額

　　二　現物拠出財産のうち、市場価格のある有価証券（金融商品取引法（昭和23年法律第25号）第 2 条第 1 項に規定する有価証券をいい、同条第 2 項の規定により有価証券とみなされる権利を含む。以下同じ。）について定められた第132条第 1 項第 2 号の価額が当該有価証券の市場価格として法務省令で定める方法により算定されるものを超えない場合　当該有価証券についての現物拠出財産の価額

一般法施行規則

（検査役の調査を要しない市場価格のある有価証券）

第53条　法第137条第 9 項第 2 号に規定する法務省令で定める方法は、次に掲げる額のうちいずれか高い額をもって同号に規定する有価証券の価格とする方法とする。

　　一　法第132条第 1 項第 2 号の価額を定めた日（以下この条において「価額決定日」という。）における当該有価証券を取引する市場における最終の価格（当該価額決定日に売買取引がない場合又は当該価額決定日が当該市場の休業日に当たる場合にあっては、その後最初にされた売買取引の成立価格）

　　二　価額決定日において当該有価証券が公開買付け等（金融商品取引法（昭和23年法律第25号）第27条の 2 第 6 項（同法第27条の22の 2 第 2 項において準用する場合を含む。）に規定する公開買付け及びこれに相当する外国の法令に基づく制度をいう。以下この号において同じ。）の対象であるときは、当該価額決定日における当該公開買付け等に係る契約における当該有価証券の価格

　　三　現物拠出財産について定められた第132条第 1 項第 2 号の価額が相当であることについて弁護士、弁護士法人、弁護士・外国法事務弁護士共同法人、公認会計士、監査法人、税理士又は税理士法人の証明（現物拠出財産が不動産である場合にあっては、当該証明及び不動産鑑定士の鑑定評価。以下この号において同じ。）を受けた場合　当該証明を受けた現物拠出財産の価額

　　四　現物拠出財産が一般社団法人<u>連携法人</u>に対する金銭債権（弁済期が到来しているものに限る。）であって、当該金銭債権について定められた第132条第 1 項第 2 号の価額が当該金銭債権に係る負債の帳簿価額を超えない場合　当該金銭債権についての現物拠出財産の価額

10　次に掲げる者は、前項第 3 号に規定する証明をすることができない。

　　一　理事、監事又は使用人（一般社団法人の成立前にあっては、設立時社員、設立時理事又は設立時監事）

　　二　基金の引受人

　　三　業務の停止の処分を受け、その停止の期間を経過しない者

　　四　弁護士法人、弁護士・外国法事務弁護士共同法人、監査法人又は税理士法人であって、その社員の半数以上が第 1 号又は第 2 号に掲げる者のいずれかに該当するもの

（基金の拠出の履行）

一般法　第138条　基金の引受人（現物拠出財産を給付する者を除く。）は、第132条第 1 項第 3 号の期日又は同号の期間内に、一般社団法人<u>連携法人</u>（一般社団法人の成立前にあっては、設立時社員）が定めた銀行等（銀行（銀行法（昭和56年法律第59号）第 2 条第 1 項に規定する銀行をいう。）、信託会社（信託業法（平成16年法律第154号）第 2 条第 2 項に規定する信託会社をいう。第248条第 5 項において同じ。）その他これに準ずるものとして法務省令で定めるものをいう。第157条第 2 項において同じ。）の払込みの取扱いの場所において、それぞれの基金の払込金額の全額を払い込まなければならない。

▶一般法規則54条 🖉

一般法施行規則

（銀行等）

第54条　法第138条第 1 項に規定する法務省令で定めるものは、次に掲げるものとす

る。

　　一　農業協同組合法（昭和22年法律第132号）第10条第1項第3号の事業を行う農
　　　業協同組合又は農業協同組合連合会
　　二　水産業協同組合法（昭和23年法律第242号）第11条第1項第4号、第87条第1
　　　項第4号、第93条第1項第2号又は第97条第1項第2号の事業を行う漁業協同組
　　　合、漁業協同組合連合会、水産加工業協同組合又は水産加工業協同組合連合会
　　三　信用協同組合又は中小企業等協同組合法（昭和24年法律第181号）第9条の9
　　　第1項第1号の事業を行う協同組合連合会
　　四　信用金庫又は信用金庫連合会
　　五　労働金庫又は労働金庫連合会
　　六　農林中央金庫

2　基金の引受人（現物拠出財産を給付する者に限る。）は、第132条第1項第3号の期日
　又は同号の期間内に、それぞれの基金の払込金額に相当する現物拠出財産を給付しなけ
　ればならない。ただし、一般社団法人の成立前に給付すべき場合において、設立時社員
　全員の同意があるときは、登記、登録その他の権利の設定又は移転を第三者に対抗する
　ために必要な行為は、一般社団法人の成立後にすることを妨げない。

3　基金の引受人は、第1項の規定による払込み又は前項の規定による給付（以下この款
　において「拠出の履行」という。）をする債務と一般社団法人連携法人に対する債権と
　を相殺することができない。

4　基金の引受人が拠出の履行をしないときは、基金の引受けは、その効力を失う。

　（基金の拠出者となる時期）

一般法　第139条　基金の引受人は、次の各号に掲げる場合には、当該各号に定める日
　に、拠出の履行をした基金の拠出者となる。

　　一　第132条第1項第3号の期日を定めた場合　当該期日
　　二　第132条第1項第3号の期間を定めた場合　拠出の履行をした日

2　前項の規定にかかわらず、一般社団法人の成立前に基金を引き受ける者の募集をした
　場合には、一般社団法人の成立の時に、拠出の履行をした基金の拠出者となる。

　（引受けの無効又は取消しの制限）

一般法　第140条　民法第93条第1項ただし書及び第94条第1項の規定は、基金の引受け
　の申込み及び割当て並びに第135条の契約に係る意思表示については、適用しない。

2　基金の引受人は、前条の規定により基金の拠出者となった日から1年を経過した後
　は、錯誤、詐欺又は強迫を理由として基金の引受けの取消しをすることができない。

▶民法93条1項、94
条1項🖉

民法
　（心裡留保）
第93条　意思表示は、表意者がその真意ではないことを知ってしたときであっても、
　そのためにその効力を妨げられない。ただし、相手方がその意思表示が表意者の真
　意ではないことを知り、又は知ることができたときは、その意思表示は、無効とす
　る。
2　【省略】
　（虚偽表示）
第94条　相手方と通じてした虚偽の意思表示は、無効とする。
2　【省略】

一般法　第2款　基金の返還

　（基金の返還）

一般法　第141条　基金の返還は、定時社員総会の決議によって行わなければならない。

2　一般社団法人連携法人は、ある事業年度に係る貸借対照表上の純資産額が次に掲げる

金額の合計額を超える場合においては、当該事業年度の次の事業年度に関する定時社員総会の日の前日までの間に限り、当該超過額を返還の総額の限度として基金の返還をすることができる。

一　基金（第144条第1項の代替基金を含む。）の総額

二　法務省令で定めるところにより資産につき時価を基準として評価を行っている場合において、その時価の総額がその取得価額の総額を超えるときは、時価を基準として評価を行ったことにより増加した貸借対照表上の純資産額

3　前項の規定に違反して一般社団法人連携法人が基金の返還をした場合には、当該返還を受けた者及び当該返還に関する職務を行った業務執行者（業務執行理事その他当該業務執行理事の行う業務の執行に職務上関与した者をいう。次項及び第5項において同じ。）は、当該一般社団法人連携法人に対し、連帯して、違法に返還された額を弁済する責任を負う。

4　前項の規定にかかわらず、業務執行者は、その職務を行うについて注意を怠らなかったことを証明したときは、同項の責任を負わない。

5　第3項の業務執行者の責任は、免除することができない。ただし、第2項の超過額を限度として当該責任を免除することについて総社員の同意がある場合は、この限りでない。

6　第2項の規定に違反して基金の返還がされた場合においては、一般社団法人連携法人の債権者は、当該返還を受けた者に対し、当該返還の額を当該一般社団法人連携法人に対して返還することを請求することができる。

（基金の返還に係る債権の取得の禁止）

一般法　第142条　一般社団法人連携法人は、次に掲げる場合に限り、自己を債務者とする基金の返還に係る債権を取得することができる。

一　合併又は他の法人の事業の全部の譲受けによる場合

二　一般社団法人連携法人の権利の実行に当たり、その目的を達成するために必要な場合

三　無償で取得する場合

2　一般社団法人連携法人が前項第1号又は第2号に掲げる場合に同項の債権を取得したときは、民法第520条本文の規定にかかわらず、当該債権は消滅しない。この場合においては、一般社団法人連携法人は、当該債権を相当の時期に他に譲渡しなければならない。

（基金利息の禁止）

一般法　第143条　基金の返還に係る債権には、利息を付することができない。

（代替基金）

一般法　第144条　基金の返還をする場合には、返還をする基金に相当する金額を代替基金として計上しなければならない。

2　前項の代替基金は、取り崩すことができない。

3　~~合併により消滅する一般社団法人が代替基金を計上している場合において、合併後存続する一般社団法人又は合併により設立する一般社団法人が当該合併に際して代替基金として計上すべき額については、法務省令で定める。~~

（破産法の適用の特例）

一般法　第145条　一般社団法人連携法人が破産手続開始の決定を受けた場合においては、基金の返還に係る債権は、破産法第99条第1項に規定する劣後的破産債権及び同条第2項に規定する約定劣後破産債権に後れる。

一般法　第6節　定款の変更

一般法　第146条　一般社団法人連携法人は、その成立後、社員総会の決議によって、定款を変更することができる。

▶連携法人は合併できない（社福法147条）

▶連携法人は合併できない（社福法147条）

（定款の変更等）

社福法　第139条　定款の変更（厚生労働省令で定める事項に係るものを除く。）は、社会福祉連携推進認定をした所轄庁（以下この章において「認定所轄庁」という。）の認可を受けなければ、その効力を生じない。

2　認定所轄庁は、前項の規定による認可の申請があつたときは、その定款の内容が法令の規定に違反していないかどうか等を審査した上で、当該定款の認可を決定しなければならない。

3　社会福祉連携推進法人は、第1項の厚生労働省令で定める事項に係る定款の変更をしたときは、遅滞なくその旨を認定所轄庁に届け出なければならない。

4　第34条の2第3項の規定は、社会福祉連携推進法人の定款の閲覧について準用する。この場合において、同項中「評議員」とあるのは、「社員」と読み替えるものとする。

▶認定所轄庁の定義
▶社福法規則40条の13第3項

▶社福法34条の2第3項
＝定款閲覧請求

（定款の備置き及び閲覧等）

社福法　第34条の2　1〜2【準用なし】

3　何人（評議員 社福法139条読替 社員及び債権者を除く。）も、社会福祉法人連携法人の業務時間内は、いつでも、次に掲げる請求をすることができる。この場合においては、当該社会福祉法人連携法人は、正当な理由がないのにこれを拒んではならない。

一　定款が書面をもって作成されているときは、当該書面の閲覧の請求

二　定款が電磁的記録をもって作成されているときは、当該電磁的記録に記録された事項を厚生労働省令で定める方法により表示したものの閲覧の請求

4　【準用なし】

社福法施行規則

（定款の変更の認可の申請）

第40条の13　社会福祉連携推進法人は、法第139条第1項の規定により定款の変更の認可を受けようとするときは、当該変更の条項及びその理由を記載した申請書に次に掲げる書類を添付して認定所轄庁に提出しなければならない。

一　定款に定める手続を経たことを証明する書類

二　変更後の定款

2　前項の認可申請書類には、副本1通を添付しなければならない。

3　法第139条第1項に規定する厚生労働省令で定める事項は、次のとおりとする。

一　事務所の所在地

二　社会福祉連携推進認定による法人の名称の変更

三　公告の方法

（社会福祉連携推進方針の変更）

社福法　第140条　社会福祉連携推進法人は、社会福祉連携推進方針を変更しようとするときは、認定所轄庁の認定を受けなければならない。

▶社会福祉連携推進方針：社福法126条2項

一般法　第7節　事業の譲渡

一般法　第147条　一般社団法人連携法人が事業の全部の譲渡をするには、社員総会の決議によらなければならない。

一般法　第8節　解散　【以下省略】

社福法　第11章　社会福祉連携推進法人

社福法　第 3 節　解散及び清算
社福法　第141条　【省略】

社福法　第 4 節　監督等
（代表理事の選定及び解職）
社福法　第142条　代表理事の選定及び解職は、認定所轄庁の認可を受けなければ、その効力を生じない。
（役員等に欠員を生じた場合の措置等）
社福法　第143条　第45条、第45条の 6 第 2 項及び第 3 項並びに第45条の 7 の規定は、社会福祉連携推進法人の役員及び会計監査人について準用する。この場合において、第45条中「定時評議員会」とあるのは「定時社員総会」と、第45条の 6 第 2 項中「前項に規定する」とあるのは「この法律若しくは定款で定めた社会福祉連携推進法人の役員の員数又は代表理事が欠けた」と、「所轄庁」とあるのは「認定所轄庁（第139条第 1 項に規定する認定所轄庁をいう。）」と、「一時役員」とあるのは「一時役員又は代表理事」と読み替えるものとする。

2　社会福祉連携推進法人の監事に関する一般社団法人及び一般財団法人に関する法律第100条の規定の適用については、同条中「理事（理事会設置一般社団法人にあっては、理事会）」とあるのは、「社会福祉法第139条第 1 項に規定する認定所轄庁、社員総会又は理事会」とする。

> ＜編者注＞　社福法143条 1 項によって、連携法人に準用される社福法45条は一般法67条に続いて記載し、社福法45条の 6 第 2 項及び第 3 項並びに社福法45条の 7 は一般法75条に続いて、各記載している。

（監督等）
社福法　第144条　第56条（第 8 項を除く。）、第57条の 2 、第59条、第59条の 2 （第 2 項を除く。）及び第59条の 3 の規定は、社会福祉連携推進法人について準用する。この場合において、次の表の上欄に掲げる規定中同表の中欄に掲げる字句は、それぞれ同表の下欄に掲げる字句に読み替えるものとする。

第56条第 1 項	所轄庁	認定所轄庁（第139条第 1 項に規定する認定所轄庁をいう。以下同じ。）
第56条第 4 項から第 7 項まで、第 9 項及び第11項、第57条の 2 、第59条並びに第59条の 2 第 4 項	所轄庁	認定所轄庁
第57条の 2 第 2 項	及び第 4 項から第 9 項まで並びに前条	、第 4 項から第 7 項まで及び第 9 項
第59条第 1 号	第45条の32第 1 項	一般社団法人及び一般財団法人に関する法律第129条第 1 項
第59条第 2 号	第45条の34第 2 項	第138条第 1 項において準用する第45条の34第 2 項
第59条の 2 第 1 項第 1 号	第31条第 1 項若しくは第45条の36第 2 項	第139条第 1 項
	同条第 4 項	同条第 3 項
第59条の 2 第 1 項第 2 号	第45条の35第 2 項	第138条第 1 項において準用する第45条の35第 2 項

（左側注記）

▶認可申請については社福法規則40条の14を参照
　☞一般法90条＜編者注＞
▶社福法45条＝役員の任期
▶社福法45条の 6 第 2 項及び 3 項＝所轄庁による一時役員の選任及び監事による一時会計監査人の選任
▶社福法45条の 7 ＝役員の欠員補充
▶一般法100条＝理事への報告義務
　☞社福法45条の18

▶社福法56条＝所轄庁による監督（ 8 項＝解散命令を除く）

▶社福法57条の 2 ＝関係都道府県知事等の協力
▶社福法59条＝計算書類等・財産目録等の所轄庁への届出
▶社福法59条の 2 ＝情報の公開等（ 2 項＝都道府県知事による調査及び分析を除く）

| 第59条の2第3項 | 前項前段の事務 | 当該都道府県の区域内に主たる事務所を有する社会福祉連携推進法人（厚生労働大臣が認定所轄庁であるものを除く。）の活動の状況その他の厚生労働省令で定める事項について、調査、分析及び必要な統計その他の資料の作成 |
| | 所轄庁（市長に限る。次項において同じ。） | 認定所轄庁 |

▶社福法規則40条の16

▶社福法59条の3（厚生労働大臣及び都道府県知事の支援）については読替規定は置かれていない

＜編者注＞　社福法144条による社会福祉法の読替え

社福法144条によって、社福法56条（第8項を除く。）、社福法57条の2、社福法59条、社福法59条の2（第2項を除く。）及び社福法59条の3の規定は、次のように読み替えて社会福祉連携推進法人について準用される。

（監督）

社福法　第56条　~~所轄庁~~ 社福法144条読替 認定所轄庁（第139条第1項に規定する認定所轄庁をいう。以下同じ。）は、この法律の施行に必要な限度において、~~社会福祉法人~~ 連携法人に対し、その業務若しくは財産の状況に関し報告をさせ、又は当該職員に、~~社会福祉法人~~ 連携法人の事務所その他の施設に立ち入り、その業務若しくは財産の状況若しくは帳簿、書類その他の物件を検査させることができる。

2　前項の規定により立入検査をする職員は、その身分を示す証明書を携帯し、関係人にこれを提示しなければならない。

3　第1項の規定による立入検査の権限は、犯罪捜査のために認められたものと解してはならない。

4　~~所轄庁~~ 社福法144条読替 認定所轄庁は、~~社会福祉法人~~ 連携法人が、法令、法令に基づいてする行政庁の処分若しくは定款に違反し、又はその運営が著しく適正を欠くと認めるときは、当該~~社会福祉法人~~ 連携法人に対し、期限を定めて、その改善のために必要な措置（役員の解職を除く。）をとるべき旨を勧告することができる。

5　~~所轄庁~~ 社福法144条読替 認定所轄庁は、前項の規定による勧告をした場合において、当該勧告を受けた~~社会福祉法人~~ 連携法人が同項の期限内にこれに従わなかつたときは、その旨を公表することができる。

6　~~所轄庁~~ 社福法144条読替 認定所轄庁は、第4項の規定による勧告を受けた~~社会福祉法人~~ 連携法人が、正当な理由がないのに当該勧告に係る措置をとらなかつたときは、当該~~社会福祉法人~~ 連携法人に対し、期限を定めて、当該勧告に係る措置をとるべき旨を命ずることができる。

7　~~社会福祉法人~~ 連携法人が前項の命令に従わないときは、~~所轄庁~~ 社福法144条読替 認定所轄庁は、当該~~社会福祉法人~~ 連携法人に対し、期間を定めて業務の全部若しくは一部の停止を命じ、又は役員の解職を勧告することができる。

8　【準用除外】

9　~~所轄庁~~ 社福法144条読替 認定所轄庁は、第7項の規定により役員の解職を勧告しようとする場合には、当該~~社会福祉法人~~ 連携法人に、~~所轄庁~~ 社福法144条読替 認定所轄庁の指定した職員に対して弁明する機会を与えなければならない。この場合においては、当該~~社会福祉法人~~ 連携法人に対し、あらかじめ、書面をもつて、弁明をなすべき日時、場所及びその勧告をなすべき理由を通知しなければならない。

10　前項の通知を受けた~~社会福祉法人~~ 連携法人は、代理人を出頭させ、かつ、自己に有利な証拠を提出することができる。

11　第9項の規定による弁明を聴取した者は、聴取書及び当該勧告をする必要がある

▶社福法139条1項＝認定所轄庁の定義

▶解散の命令

かどうかについての意見を付した報告書を作成し、これを~~所轄庁~~ 社福法144条読替 認定所轄庁に提出しなければならない。

（関係都道府県知事等の協力）

社福法　第57条の2　関係都道府県知事等（~~社会福祉法人~~連携法人の事務所、事業所、施設その他これらに準ずるものの所在地の都道府県知事又は市町村長であつて、当該~~社会福祉法人~~連携法人の~~所轄庁~~ 社福法144条読替 認定所轄庁以外の者をいう。次項において同じ。）は、当該~~社会福祉法人~~連携法人に対して適当な措置をとることが必要であると認めるときは、当該~~社会福祉法人~~連携法人の~~所轄庁~~ 社福法144条読替 認定所轄庁に対し、その旨の意見を述べることができる。

2　~~所轄庁~~ 社福法144条読替 認定所轄庁は、第56条第1項及び~~第4項から第9項まで~~並びに前条 社福法144条読替 、第4項から第7項まで及び第9項の事務を行うため必要があると認めるときは、関係都道府県知事等に対し、情報又は資料の提供その他必要な協力を求めることができる。

（所轄庁への届出）

▶社福法規則40条の15によって社福法規則9条を準用 📎

社福法　第59条　~~社会福祉法人~~連携法人は、毎会計年度終了後3月以内に、厚生労働省令で定めるところにより、次に掲げる書類を~~所轄庁~~ 社福法144条読替 認定所轄庁に届け出なければならない。

一　第45条の32第1項 社福法144条読替 一般社団法人及び一般財団に関する法律第129条第1項に規定する計算書類等

二　~~第45条の34第2項~~ 社福法144条読替 第138条第1項において準用する第45条の34第2項に規定する財産目録等

社福法施行規則

（所轄庁への届出の規定の準用）

第40条の15　第9条の規定は、法第144条において準用する法第59条に規定する社会福祉連携推進法人の認定所轄庁への届出について準用する。

＜編者注＞　社福法施行規則40条の15による施行規則の読替え

社福法施行規則40条の15によって、同9条の規定は、連携法人の認定所轄庁への届出等について、次のように準用される。

社福法施行規則

（届出）

第9条　法第59条の規定による計算書類等及び財産目録等（以下「届出計算書類等」という。）の届出は、次の各号に掲げる方法のいずれかにより行わなければならない。

一　書面の提供（次のイ又はロに掲げる場合の区分に応じ、当該イ又はロに定める方法による場合に限る。）

イ　届出計算書類等が書面をもつて作成されている場合　当該書面に記載された事項を記載した書面2通の提供

ロ　届出計算書類等が電磁的記録をもつて作成されている場合　当該電磁的記録に記録された事項を記載した書面2通の提供

二　電磁的方法による提供（次のイ又はロに掲げる場合の区分に応じ、当該イ又はロに定める方法による場合に限る。）

イ　届出計算書類等が書面をもつて作成されている場合　当該書面に記載された事項の電磁的方法による提供

ロ　届出計算書類等が電磁的記録をもつて作成されている場合　当該電磁的記録に記録された事項の電磁的方法による提供

三　届出計算書類等の内容を当該届出に係る行政機関（厚生労働大臣、都道府県知事及び市長をいう。以下同じ。）及び独立行政法人福祉医療機

構法（平成14年法律第166号）に規定する独立行政法人福祉医療機構の
使用に係る電子計算機と接続された届出計算書類等の管理等に関する統
一的な支援のための情報処理システムに記録する方法

（情報の公開等）

社福法　第59条の2　~~社会福祉法人~~連携法人は、次の各号に掲げる場合の区分に応
じ、遅滞なく、厚生労働省令で定めるところにより、当該各号に定める事項を公表
しなければならない。

　一　~~第31条第1項若しくは第45条の36第2項~~ 社福法144条読替 第139条第1項の認
　　可を受けたとき、又は~~同条第4項~~ 社福法144条読替 同条第3項の規定による届
　　出をしたとき　定款の内容　　　　　　　　　　　　　　　　　　　▶社福法規則40条の16🖉

　二　~~第45条の35第2項~~ 社福法144条読替 第138条第1項において準用する第45条の
　　35第2項の承認を受けたとき　当該承認を受けた報酬等の支給の基準　▶社福法45条の35第2項＝評議員会の承認

　三　前条の規定による届出をしたとき　同条各号に掲げる書類のうち厚生労働省令　▶社福法規則40条の16第3項🖉
　　で定める書類の内容

2　**【準用除外】**（知事による社会福祉法人の活動の状況等についての調査等）

3　都道府県知事は、~~前項前段の事務~~ 社福法144条読替 当該都道府県の区域内に主
たる事務所を有する社会福祉連携推進法人（厚生労働大臣が認定所轄庁であるもの
を除く。）の活動の状況その他の厚生労働省令で定める事項について、調査、分析
及び必要な統計その他の資料の作成を行うため必要があると認めるときは、当該都
道府県の区域内に主たる事務所を有する~~社会福祉法人~~連携法人の~~所轄庁（市長に限
る。次項において同じ。）~~ 社福法144条読替 認定所轄庁に対し、社会福祉法人連携
法人の活動の状況その他の厚生労働省令で定める事項に関する情報の提供を求める　▶社福法規則40条の17🖉
ことができる。

4　~~所轄庁~~ 社福法144条読替 認定所轄庁は、前項の規定による都道府県知事の求め
に応じて情報を提供するときは、電磁的方法その他の厚生労働省令で定める方法に　▶社福法規則40条の18🖉
よるものとする。

5　厚生労働大臣は、~~社会福祉法人~~連携法人に関する情報に係るデータベース（情報
の集合物であつて、それらの情報を電子計算機を用いて検索することができるよう
に体系的に構成したものをいう。）の整備を図り、国民にインターネットその他の
高度情報通信ネットワークの利用を通じて迅速に当該情報を提供できるよう必要な
施策を実施するものとする。

6　厚生労働大臣は、前項の施策を実施するため必要があると認めるときは、都道府
県知事に対し、当該都道府県の区域内に主たる事務所を有する~~社会福祉法人~~連携法
人の活動の状況その他の厚生労働省令で定める事項に関する情報の提供を求めるこ　▶社福法規則40条の17🖉
とができる。

7　第4項の規定は、都道府県知事が前項の規定による厚生労働大臣の求めに応じて
情報を提供する場合について準用する。

社福法施行規則

（公表）

第40条の16　法第144条において読み替えて準用する法第59条の2第1項の公表
は、インターネットの利用により行うものとする。

2　前項の規定にかかわらず、社会福祉連携推進法人が前条において準用する第
9条第3号に規定する方法による届出を行い、行政機関等が当該届出により記
録された届出計算書類等の内容の公表を行うときは、当該社会福祉連携推進法
人が前項に規定する方法による公表を行つたものとみなす。

3　法第144条において準用する法第59条の2第1項第3号に規定する厚生労働
省令で定める書類は、次に掲げる書類（法人の運営に係る重要な部分に限り、

個人の権利利益が害されるおそれがある部分を除く。）とする。

　一　法第138条第 2 項において読み替えて適用する一般社団法人及び一般財団法人に関する法律第123条第 2 項に規定する計算書類

　二　法第138条第 1 項において準用する法第45条の34第 1 項第 2 号に規定する役員等名簿及び同項第 4 号に規定する書類（第40条の12第15号に規定する事項が記載された部分を除く。）

社福法施行規則

　（調査事項）

第40条の17　法第144条において準用する法第59条の 2 第 3 項及び第 6 項に規定する厚生労働省令で定める事項は、次に掲げる事項（個人の権利利益が害されるおそれがある部分を除く。）とする。

　一　計算関係書類（第40条の 7 第 1 号に規定する計算関係書類をいう。）の内容

　二　法第138条第 1 項において準用する法第45条の34第 1 項第 1 号に規定する財産目録の内容

　三　法第138条第 1 項において準用する法第45条の34第 1 項第 4 号に規定する書類（第40条の12第15号に掲げる事項が記載された部分を除く。）の内容

　四　その他必要な事項

社福法施行規則

　（報告方法）

第40条の18　法第144条において準用する法第59条の 2 第 4 項に規定する厚生労働省令で定める方法は、次に掲げる方法とする。

　一　電磁的方法

　二　第 9 条第 3 号に規定する情報処理システムに記録する方法

（厚生労働大臣及び都道府県知事の支援）

社福法　第59条の 3　厚生労働大臣は、都道府県知事及び市長に対して、都道府県知事は、市長に対して、社会福祉法人連携法人の指導及び監督に関する事務の実施に関し必要な助言、情報の提供その他の支援を行うよう努めなければならない。

（社会福祉連携推進認定の取消し）

社福法　第145条　認定所轄庁は、社会福祉連携推進法人が、次の各号のいずれかに該当するときは、社会福祉連携推進認定を取り消さなければならない。

　一　第128条第 1 号又は第 3 号に該当するに至つたとき。

　二　偽りその他不正の手段により社会福祉連携推進認定を受けたとき。

2　認定所轄庁は、社会福祉連携推進法人が、次の各号のいずれかに該当するときは、社会福祉連携推進認定を取り消すことができる。

　一　第127条各号（第 5 号を除く。）に掲げる基準のいずれかに適合しなくなつたとき。

　二　社会福祉連携推進法人から社会福祉連携推進認定の取消しの申請があつたとき。

　三　この法律若しくはこの法律に基づく命令又はこれらに基づく処分に違反したとき。

3　認定所轄庁は、前 2 項の規定により社会福祉連携推進認定を取り消したときは、厚生労働省令で定めるところにより、その旨を公示しなければならない。

4　第 1 項又は第 2 項の規定により社会福祉連携推進認定を取り消された社会福祉連携推進法人は、その名称中の社会福祉連携推進法人という文字を一般社団法人と変更する定款の変更をしたものとみなす。

5　公益社団法人及び公益財団法人の認定等に関する法律（平成18年法律第49号）第29条第 6 項及び第 7 項の規定は、認定所轄庁が第 1 項又は第 2 項の規定により社会福祉連携推進認定を取り消した場合について準用する。この場合において、同条第 6 項中「行政

左欄（傍注）:

▶一般法123条 2 項
＝計算書類等の作成及び保存

▶社福法規則 9 条 3 号
＝電子開示システム

▶社福法128条
＝欠格事由

▶社福法127条
＝認定の基準

▶社福法規則40条の 3 ☞社福法129条
▶公益認定法人にあっては社福法145条 4 項及び 5 項は非適用：社福法規則40条の21第 2 項 ☞社福法127条 5 号ル及びヲ
▶公益社団法人及び

庁は、第１項又は第２項の規定による公益認定」とあるのは、「社会福祉法第139条第１項に規定する認定所轄庁は、同法第126条第１項に規定する社会福祉連携推進認定」と読み替えるものとする。

> 公益財団法人の認定等に関する法律（以下「**公益認定法**」という）29条６項及び７項
> ＝公益認定を取り消した場合の行政庁による名称の変更登記の嘱託

＜編者注＞　社会福祉連携推進認定を取り消された場合に準用される公益認定法

（公益認定の取消し）

公益認定法　第29条　１～５【準用対象外】

6　~~行政庁は、第１項又は第２項の規定による公益認定~~ 社福法145条読替 社会福祉法第139条第１項に規定する認定所轄庁は、同法第126条第１項に規定する社会福祉連携推進認定の取消しをしたときは、遅滞なく、当該公益法人の主たる事務所及び従たる事務所の所在地を管轄する登記所に当該公益法人の名称の変更の登記を嘱託しなければならない。

7　前項の規定による名称の変更の登記の嘱託書には、当該登記の原因となる事由に係る処分を行ったことを証する書面を添付しなければならない。

（社会福祉連携推進認定の取消しに伴う贈与）

社福法　第146条　認定所轄庁が社会福祉連携推進認定の取消しをした場合において、第127条第５号ルに規定する定款の定めに従い、当該社会福祉連携推進認定の取消しの日から１月以内に社会福祉連携推進目的取得財産残額に相当する額の財産の贈与に係る書面による契約が成立しないときは、認定所轄庁が当該社会福祉連携推進目的取得財産残額に相当する額の金銭について、同号ルに規定する定款で定める贈与を当該社会福祉連携推進認定の取消しを受けた法人（第４項において「認定取消法人」という。）から受ける旨の書面による契約が成立したものとみなす。当該社会福祉連携推進認定の取消しの日から１月以内に当該社会福祉連携推進目的取得財産残額の一部に相当する額の財産について同号ルに規定する定款で定める贈与に係る書面による契約が成立した場合における残余の部分についても、同様とする。

> ▶社福法127条５号ル
> ＝認定基準定款記載事項のうち認定取消処分を受けた場合の社会福祉連携目的財産損額の贈与
>
> ▶公益認定法人にあっては社福法146条は非適用（社福法規則40条の21第２項　☞法127条５号ル及びヲ）
>
> ▶**社会福祉連携推進目的取得財産残額**の定義

2　前項の「社会福祉連携推進目的取得財産残額」とは、第１号に掲げる財産から第２号に掲げる財産を除外した残余の財産の価額の合計額から第３号に掲げる額を控除して得た額をいう。

一　当該社会福祉連携推進法人が取得した全ての社会福祉連携推進目的事業財産（第137条各号に掲げる財産をいう。以下この項において同じ。）

二　当該社会福祉連携推進法人が社会福祉連携推進認定を受けた日以後に社会福祉連携推進業務を行うために費消し、又は譲渡した社会福祉連携推進目的事業財産

三　社会福祉連携推進目的事業財産以外の財産であつて当該社会福祉連携推進法人が社会福祉連携推進認定を受けた日以後に社会福祉連携推進業務を行うために費消し、又は譲渡したもの及び同日以後に社会福祉連携推進業務の実施に伴い負担した公租公課の支払その他厚生労働省令で定めるものの額の合計額

> ▶社福法規則40条の19

社福法施行規則

（社会福祉連携推進認定の取消しの後に確定した公租公課）

第40条の19　法第146条第２項第３号に規定する厚生労働省令で定めるものは、当該社会福祉連携推進法人が社会福祉連携推進認定を受けた日以後の社会福祉連携推進業務の実施に伴い負担すべき公租公課であつて、法第145条第１項又は第２項の社会福祉連携推進認定の取消しの日以後に確定したものとする。

社福法施行規則

（社会福祉連携推進認定が取り消された場合における社会福祉連携推進目的取得財産残額）

第40条の20　認定所轄庁が法第145条第１項又は第２項の規定により社会福祉連携推

進認定の取消しをした場合における法第146条第2項の社会福祉連携推進目的取得財産残額は、法第144条において準用する法第59条第2号の規定により届け出られた財産目録（以下この条において単に「財産目録」という。）のうち当該社会福祉連携推進認定が取り消された日の属する事業年度の前事業年度の財産目録に記載された当該金額（その額が零を下回る場合にあつては、零）とする。

＜編者注＞　社会福祉連携推進目的取得財産残額

　「社会福祉連携推進目的取得財産残額」は、社福法137条を前提としており、その内容を理解することが困難であるので、下に表としてまとめた。

　なお、下の表では、「社会福祉連携推進認定を受けた日」を「認定日」と、また「社会福祉連携推進業務」を「連携推進業務」と略記している

▶注：寄附をした者、財産を交付した者が連携推進業務以外のために使用すべき旨を定めたものを除く

社福法146条2項1号	社会福祉連携推進目的事業財産（社福法137条） ①　認定日以後に寄附を受けた財産（欄外注参照） ②　認定日以後に交付を受けた補助金その他の財産（欄外注参照） ③　認定日以後に行つた連携推進業務に係る活動の対価として得た財産 ④　認定日以後に行つた連携推進業務以外の業務から生じた収益に厚生労働省令で定める割合を乗じて得た額に相当する財産 ⑤　前各号に掲げる財産を支出することにより取得した財産 ⑥　認定日の前に取得した財産であつて同日以後に厚生労働省令で定める方法により連携推進業務の用に供するものである旨を表示した財産 ⑦　前各号に掲げるもののほか、当該法人が連携推進業務を行うことにより取得し、又は連携推進業務を行うために保有していると認められるものとして厚生労働省令で定める財産
社福法146条2項2号	1号のうち、認定日以後に連携推進業務を行うために費消し、又は譲渡した財産
＜差引＞	残余の財産の価額の合計額（1号−2号）
社福法146条2項3号	1号以外の財産で、認定日以後に連携推進業務を行うために費消し、又は譲渡したもの及び同日以後に連携推進業務の実施に伴い負担した公租公課の支払その他厚生労働省令で定めるもの
＜差引＞	**社会福祉連携推進目的取得財産残額**（1号−2号−3号）

▶具体的な**社会福祉連携推進目的取得財産残額**は、連携推進会計基準10条2号に規定する損益計算書内訳表における社会福祉連携推進業務会計の当期末純資産残高として計算される

3　前項に定めるもののほか、社会福祉連携推進目的取得財産残額の算定の細目その他その算定に関し必要な事項は、厚生労働省令で定める。

▶規則未制定

4　認定所轄庁は、第1項の場合には、認定取消法人に対し、前2項の規定により算定した社会福祉連携推進目的取得財産残額及び第1項の規定により当該認定取消法人と認定所轄庁との間に当該社会福祉連携推進目的取得財産残額又はその一部に相当する額の金銭の贈与に係る契約が成立した旨を通知しなければならない。

5　社会福祉連携推進法人は、第127条第5号ルに規定する定款の定めを変更することができない。

社福法　第5節　雑則

（一般社団法人及び一般財団法人に関する法律の適用除外）

社福法　第147条　社会福祉連携推進法人については、一般社団法人及び一般財団法人に関する法律第5条第1項、第67条第1項及び第3項、第128条並びに第5章の規定は、適用しない。

```
＜編者注＞　適用除外される一般法
一般法5条1項＝名称中に「一般社団法人」の文字の使用を強制（社福法130条参照）
一般法67条＝監事の任期（2項＝補欠監事の定めを除く）
一般法128条＝貸借対照表等の広告
一般法5章＝合併
```

▶連携法人は合併できない

（政令及び厚生労働省令への委任）

社福法　第148条　この章に定めるもののほか、社会福祉連携推進認定及び社会福祉連携推進法人の監督に関し必要な事項は政令で、第139条第1項及び第142条の認可の申請に関し必要な事項は厚生労働省令で、それぞれ定める。

▶社福法139条
＝定款の変更等
▶社福法142条
＝代表理事の選定及び解職に関する認定所轄庁の認可

第 3 章

社会福祉連携推進法人の
会計基準

　ここでは、連携法人が準拠すべきであるとされている社会福祉連携推進法人の会計基準の概要を説明しています。説明に当たっては、本書を利用される方が社会福祉法人会計について一定の知識を持っておられることを前提に、社会福祉法人会計との対比を通して、厚生労働省令である「社会福祉連携推進法人会計基準」に示されている会計の概略をご理解いただくことを主眼として記載しています。

　なお、本書の他の部分を読まずに、この章だけを読む読者もおられることを考慮して、一部分、他の箇所と説明が重複している部分のあることをお断りしておきます。

▶本書での略記
社会福祉連携推進
法人
　→連携法人
社会福祉連携推進
法人会計基準
　→連携会計基準
社会福祉法人会計
基準
　→社福会計基準

Ⅰ　連携法人の会計の概略

1　はじめに

　　本章は、読者が社会福祉法人の会計実務について、一定の理解をお持ち
であることを前提に記載していますので、社会福祉法人会計をご存じない
方には理解が困難な部分のあることにご留意ください。
　　なお以下では、「社会福祉連携推進法人」を「**連携法人**」と、「社会福祉
連携推進法人会計基準」を「**連携会計基準**」と、また「社会福祉法人会計
基準」を「**社福会計基準**」と、それぞれ略記しています。

2　「法人」の種類と連携法人

▶法人の 2 類型は
社団タイプの法人
　　　と
財団タイプの法人

　　「法人」には、人の集団として組織された「社団タイプの法人」と、一定の
財産を運用するために組織された「財団タイプの法人」との 2 つの種類があり
ます。

▶本書での略記
一般社団法人及び
一般財団法人に関
する法律
　→一般法
社会福祉法
　→社福法
▶連携法人は
一般社団法人

　　その代表的なものが「一般社団法人及び一般財団法人に関する法律」（以
下、本章では「一般法」と略記）によって設立される「一般社団法人」と「一
般財団法人」です。連携法人は、この一般法によって設立される「一般社団法
人」です。そして、当該一般社団法人が、社会福祉法（本書では「社福法」と
略記）によって連携法人として認定を受けて初めて「社会福祉連携推進法人」
となります。

▶社会福祉法人は
財団タイプの法人

　　これに対して、社会福祉法人は、社福法によって設立されている法人です。
ただ、社会福祉法人は、寄附された財産を運用する財団タイプの法人として設
計されていますので、その機関に関する定めについては、一般法に定める一般
財団法人に関する規定が多く準用されています。

　　このように、連携法人と社会福祉法人とでは、法人としての性格が異なり、
根拠法も異なります。そのために連携法人と社会福祉法人には様々な相違があ
り、その相違が、会計の面にも表れてきます。以下、社会福祉法人との対比
で、連携法人の会計についてみていきます。

3　計算書類の体系

（1）　一般社団法人の計算書類

　　一般法では、計算書類を「貸借対照表と損益計算書」と規定しています。そ
う、資金収支計算書がないのです。しかも、「一般」的な法人ですので、フ
ローの計算書は「事業活動計算書」ではなく「損益計算書」となっています。

▶一般法123条 2 項
▶事業活動計算書で
はなく損益計算書
▶資金収支計算書は
計算書類ではなく
「資金収支明細書」
として附属明細書
の一つに位置付け
☞様式は193・194
頁
▶連携会計基準は、
社福会計基準を取
り入れている
「局長通知」「課長
通知」についても、
社福会計基準と同
様に発出されてい
る

　　しかし、連携法人に携わる方々の多くは社会福祉法人の皆様であると思わ
れ、連携法人の経営には、資金収支計算書が必要だろうと考えられます。その
ようなことから、一般法の計算書類に含まれていない資金収支計算書を、「資
金収支明細書」という名称で、附属明細書の 1 つとして位置付けることとなり
ました。

　　一般法には規定されていない附属明細書の 1 つとして資金収支明細書を位置

付けたことにみられるように、連携法人の会計については、社会福祉法人会計の実務を可能な限り取り入れるように設計されています。例えば、勘定科目についても、社会福祉法人会計と大きく相違しないように設定されています。これは、連携会計基準の大きな特徴です。

（2）　社会福祉法人のような事業区分・拠点区分がない

　社会福祉法人では、計算書類を作成する単位として拠点区分を設け、拠点区分の計算書類を、社会福祉事業・公益事業・収益事業の事業区分に集計し、それらの合計として法人単位の計算書類を作成します。これは社会福祉法人会計の大きな特徴ですが、連携法人には、そのような事業区分・拠点区分はありませんので、その分、計算書類の体系は随分とスッキリしています。

▶連携法人には、事業区分・拠点区分がないので、法人全体の計算書類しかない
　計算書類の体系＝連携会計基準10条
　☞164頁

（3）　連携法人の会計区分

　連携法人には、社会福祉法人のような事業区分・拠点区分はありません。しかし、連携法人は、「**社会福祉連携推進業務**」（6種類あります）を行おうとする一般社団法人なので、どのような種類の連携推進業務をどの程度行っているのかは、明瞭に示されることが必要です。そのために、連携法人では、「社会福祉連携推進業務会計」等の区分を設けた「損益計算書内訳表」を作成することとされました。

　損益計算書内訳表の冒頭の部分は、次のようになっています。

▶**社会福祉連携推進業務**
　・地域福祉支援業務
　・災害時支援業務
　・経営支援業務
　・貸付業務
　・人材確保等業務
　・物資等供給業務
▶会計の区分＝連携会計基準11条
　☞164頁
　☞様式は178・179頁

第2号第2様式（第19条関係）

社会福祉連携推進法人名 ＿＿＿＿＿＿＿＿＿＿＿＿

損益計算書内訳表
（自）令和　年　月　日　　（至）令和　年　月　日

（単位：円）

勘定科目		社会福祉連携推進業務会計								その他の業務会計	法人会計	合　計
		地域福祉支援業務	災害時支援業務	経営支援業務	貸付業務	人材確保等業務	物資等供給業務	共　通	小　計			
	受取会費											
	業務収益											
	⋮		6種類の社会福祉連携推進業務									

（4）　連携法人の計算書類

　以上の結果、**連携法人の計算書類は、次の3種類**とされました。

① 　貸借対照表　　　　　（☞様式は176頁）
② 　損益計算書　　　　　（☞様式は177頁）
③ 　損益計算書内訳表　　（☞様式は178・179頁）

　なお、連携会計基準10条2項では、上の②と③とは「損益計算書（内訳表を含む。）以下同じ。」と一括りにして記載されています。

連携法人の計算書類
＝
貸借対照表
＆
損益計算書
（内訳表を含む）

4　社会福祉法人VS一般社団法人～会計処理

（1）　連携法人は社会福祉法人ではない

　　連携法人は一般社団法人なので、次のような<u>社会福祉法人に特有な会計処理</u>は、連携法人にはありません。

　①　国庫補助金等特別積立金

　　　連携法人は社会福祉事業を行うことができず、社会福祉法人のように施設整備に対する補助金は原則として想定されませんので、<u>国庫補助金等特別積立金の制度</u>はありません。

　②　基本金

　　　社会福祉法人は、財団タイプの法人の特徴である寄附者による財産の出捐があり、当該寄附財産を処理する基本金が発生しますが、一般社団法人である連携法人には<u>基本金が存在しません</u>。

　③　基本財産

　　　連携法人には、社会福祉法人のような基本財産の計上義務がありませんので、貸借対照表上、<u>基本財産を表す独立科目がない</u>ことになります。

　　　ただし、定款で基本財産を定めた場合には、注記をすることとなりました。具体的には、連携会計基準20条1項14号の事項として注記します。

（2）　連携法人は一般社団法人である

　　では、一般社団法人である連携法人の貸借対照表の純資産の部がどうなるのかというと、次のようになります。

連携法人の純資産の部

基金	×××
代替基金	××××
積立金	××××
次期繰越活動増減差額	××××
（うち当期活動増減差額）	（××××）
純資産の部合計	××××

　以下、「**基金**」と「**代替基金**」について説明します。

　①　**基金**

　　　文字からみると、「基金」は社会福祉法人における「基本金」のようなものかと思われるかもしれません。しかし、<u>基金と基本金は全く別のもの</u>です。基金は、一般社団法人に拠出された金銭その他の財産で、拠出者に対して返還義務を負うものとされています（一般法131条）。

　　　基金を受け入れたときは、長期借入金を受け入れたときと同じく、収益を計上せず、直接基金を増加させます。

▶計算書類の体系以外の大きな相違

▶連携法人にない会計処理（社会福祉法人特有の会計処理）
▶国庫補助金等特別積立金の会計処理
基本金の会計処理

▶定款で基本財産を定めた場合
→計算書類の注記として記載する（課長通知7
　　☞198頁）

▶連携会計基準第1号様式参照
　　☞176頁

▶貸借対照表の要約は148頁にも記載しています

▶資金収支明細書では「基金受入収入」

会計処理は、次のようになります。

例：基金100,000円を現金で受け入れたときの処理

（借　方）		（貸　方）	
現金預金	100,000円	／　　基　　金	100,000円

（資金収支明細書では「基金受入収入」）

対比例：設備資金100,000円を現金で受け入れたときの処理

（借　方）		（貸　方）	
現金預金	100,000円	／　設備資金借入金	100,000円

（資金収支明細書では設備資金借入金収入）

▶基金受入れ時の処理は、長期借入金受入れ時と同じ
→基本金のように損益計算書（事業活動計算書）を経由しない

②　代替基金

基金を返還したときには、同額を「代替基金」として計上しなければならないとされており、<u>代替基金は取り崩すことができません</u>。また、返還できる基金の金額は、純資産額から基金及び代替基金の額を控除した額（資産評価差額を計上している場合は、その額をさらに控除した額）を限度とします。

▶一般法144条1項・2項

▶一般法141条2項

基金は、万が一、法人が倒産した場合にも、他の債権者に対する弁済がなされない限り返還されません。また、基金に計上された金額は、基金が返還されても代替基金と形を変えて法人内にプールされることになります。このように、基金は他の債権者との関係では純資産としての性質を持っています。以上のことから、連携法人の貸借対照表では、<u>基金は純資産項目として処理</u>されます。

▶基金及び代替基金の内容は注記が必要（連携会計基準20条1項13号 ☞ 170頁）

5　連携法人に係る独自の勘定科目

（1）　社会福祉連携推進業務としての貸付けに関する勘定科目

連携法人は、資金の貸付けその他の社員（社会福祉法人に限ります）が社会福祉事業に係る必要な資金を調達するための支援業務を行うことができます（6つある社会福祉連携推進業務のうちの一つです）。

この業務に関連した短期・長期の貸付金・借入金の勘定科目が貸借対照表に計上されます。これらの貸付金・借入金は、通常の貸付金・借入金とは区分して、社会福祉連携推進業務に係るものだと明瞭にわかる勘定科目で計上することになっています。

▶貸付業務

▶勘定科目が明瞭に区分されるだけで1年基準の適用や資金収支計算上での取扱いは、通常の貸付金や借入金と同じです

（2）　その他の勘定科目

損益計算書では、受け取る会費は「受取会費」科目（資金収支明細書では「受取会費収入」）で計上し、連携推進業務に関する収益は「業務収益」科目（資金収支明細書では「業務収入」）で計上します。

また、貸借対照表では、社会福祉法人で使われる「徴収不能引当金」の勘定科目に代えて「貸倒引当金」という勘定科目を使用します。同様に「徴収不能額」の勘定科目に代えて「貸倒損失額」という勘定科目を使用します。

▶「貸倒引当金」「貸倒損失額」の勘定科目は一般に使用される科目ですので、連携法人に独特の科目というものではありません

6　計算書類の様式

（1）　貸借対照表の様式

▶連携会計基準では
第1号様式として
示されています
☞176頁

　連携法人の貸借対照表の様式は、次のようになっています。なお、**太字（ゴシック体）の勘定科目**は、連携法人の貸借対照表で使用される勘定科目です。従来の社会福祉法人の貸借対照表には、出てこない勘定科目です。

第1号様式（第14条関係）

貸借対照表

令和　年　月　日現在

（単位：円）

資　産　の　部	当年度末	前年度末	増減	負　債　の　部	当年度末	前年度末	増減
流動資産				流動負債			
現金預金 　　： 　**1年以内回収予定社会福祉連携推進業務長期貸付金** 　**社会福祉連携推進業務短期貸付金** 　　： 　その他の流動資産 　**貸倒引当金**	△×××	△×××		事業未払金 　**社会福祉連携推進業務短期借入金** 　　： 　**1年以内返済予定社会福祉連携推進業務長期借入金** 　　： 　その他の流動負債			
固定資産				固定負債			
土地 　建物 　　： 　投資有価証券 　**社会福祉連携推進業務長期貸付金** 　　： 　その他の固定資産 　**貸倒引当金**	△×××	△×××		**社会福祉連携推進業務長期借入金** 　設備資金借入金 　　： 　その他の固定負債			
				負債の部合計			
				純　資　産　の　部			
				基金 **代替基金** 積立金 次期繰越活動増減差額 （うち当期活動増減差額）			
				純資産の部合計			
資産の部合計				負債及び純資産の部合計			

従来の社会福祉法人の貸借対照表と大きく異なるのは次の3点
① 　純資産の部が大きく違う
② 　基本財産が別掲されない（定款で基本財産を定めた場合、計算書類の注記として記載　課長通知7）
③ 　**太字（ゴシック体）**部分の勘定科目

（2）　損益計算書の様式

▶連携会計基準では
第2号第1様式と
して示されています　☞177頁
▶一般社団法人では
収益課税が前提と
されています

　連携法人の損益計算書の様式は、次のようになっており、本来の損益計算書は「当期活動増減差額（14）」までの部分です。この部分は、ほぼ社会福祉法人の「事業活動計算書」と同じです。異なるのは、次の3点です。

①「サービス活動増減の部」の「収益」で「受取会費」と「業務収益」の勘定科目が使用されること

②「サービス活動増減の部」の「費用」で「貸倒損失額」「貸倒引当金繰入」

の勘定科目が使用されること

③「税引前当期活動増減差額（11）」「法人税、住民税及び事業税（12）」「法人

第2号第1様式（第19条関係）

損益計算書

（自）令和　年　月　日　　（至）令和　年　月　日

（単位：円）

勘定科目			当年度決算(A)	前年度決算(B)	増減(A)−(B)
サービス活動増減の部	収益	受取会費			
		業務収益			
		経常経費寄附金収益			
		その他の収益			
		サービス活動収益計（1）			
	費用	人件費			
		事業費			
		事務費			
		減価償却費			
		貸倒損失額			
		貸倒引当金繰入			
		その他の費用			
		サービス活動費用計（2）			
		サービス活動増減差額（3）＝（1）−（2）			
サービス活動外増減の部	収益	⋮			
		サービス活動外収益計（4）			
	費用	⋮			
		サービス活動外費用計（5）			
		サービス活動外増減差額（6）＝（4）−（5）			
経常増減額（7）＝（3）＋（6）					
特別増減の部	収益	⋮			
		特別収益計（8）			
	費用	⋮			
		特別費用計（9）			
		特別増減差額（10）＝（8）−（9）			
税引前当期活動増減差額（11）＝（7）＋（10）					
法人税、住民税及び事業税（12）					
法人税等調整額（13）					
当期活動増減差額（14）＝（11）−（12）−（13）					
純資産増減の部	基金	前期基金残高（15）			
		基金受入額（16）			
		基金返還額（17）			
		当期末基金残高（18）＝（15）＋（16）−（17）			
	代替基金	前期代替基金残高（19）			
		代替基金計上額（17）			
		当期末代替基金残高（20）＝（19）＋（17）			
	積立金	前期積立金残高（21）			
		積立金取崩額（22）			
		積立金積立額（23）			
		当期末積立金残高（24）＝（21）−（22）＋（23）			
	次期繰越活動増減差額	前期繰越活動増減差額（25）			
		当期活動増減差額（14）			
		当期末繰越活動増減差額（26）＝（25）＋（14）			
		積立金取崩額（22）			
		積立金積立額（23）			
		次期繰越活動増減差額（27）＝（26）＋（22）−（23）			
		当期末純資産残高（28）＝（18）＋（20）＋（24）＋（27）			

本来の損益計算書

社会福祉法人の事業活動計算書とは形式が大きく異なっている

税等調整額（13）」が様式として定められたこと

「純資産増減の部」は、本来の損益計算書には含まれない部分であり、内容的には、持ち分のない非営利法人の活動の成果を表すフロー情報として、純資産全体の増減を表すものとなっています。

また、形式的には、社会福祉法人の事業活動計算書とも大きく異なり、純資産項目である「基金」「代替基金」「積立金」「次期繰越活動増減差額」について、前期残高・当期増減額・期末残高を記載する様式となっています。

（3）　損益計算書内訳表の様式

損益計算書内訳表については「3　計算書類の体系」の（3）でも少し触れましたが、その特徴を損益計算書との対比で記載すると次の2点です。

①　社会福祉連携推進業務会計等の区分が設けられている

②　中区分科目までの勘定科目で表示されている

具体的には、次のようになっています。

▶連携会計基準では
第2号第2様式と
して示されていま
す
☞178・179頁

損益計算書内訳表

(自)令和　年　月　日　　(至)令和　年　月　日

(単位：円)

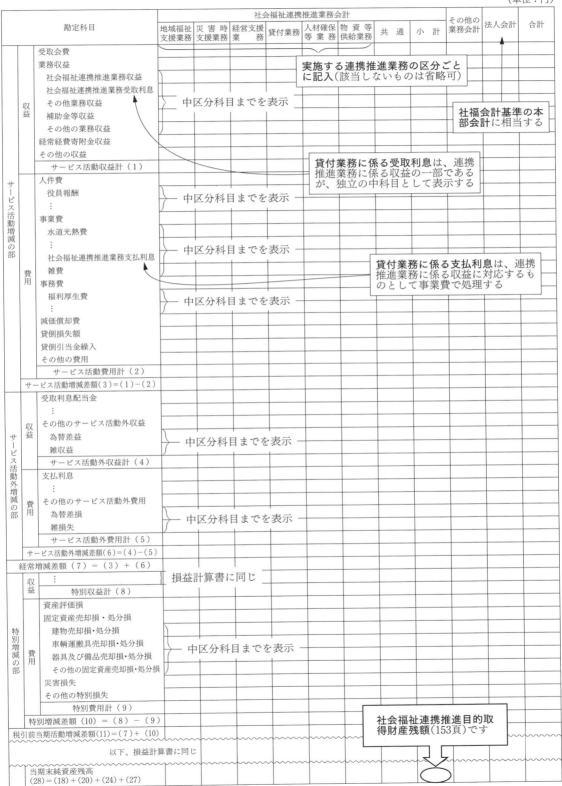

151

7　計算書類の注記

　　連携法人の計算書類の注記を、社会福祉法人のそれと対比して示すと、次の通りです。なお、社福会計基準では、法人全体についての注記と、拠点区分についての注記とが規定されていましたが、連携法人では拠点区分等はありません。

連携会計基準の注記事項	備　考	社福会計基準の注記事項
1　継続事業の前提	←　実質同じ　→	1　継続事業の前提
2　重要な会計方針	←　同　じ　→	2　重要な会計方針
3　重要な会計方針の変更	←　同　じ　→	3　重要な会計方針の変更
4　採用する退職給付制度	←　実質同じ　→	4　採用する退職給付制度
	削除→	5　作成する計算書類と拠点区分等
	削除→	6　基本財産
	削除→	7　基本金等の取崩し
	削除→	8　担保提供資産
5　固定資産（減価償却累計額を直接控除した場合）	←　同　じ　→	9　固定資産（減価償却累計額を直接控除した場合）
6　債　権（貸倒引当金を直接控除した場合）	←　実質同じ　→	10　債　権（徴収不能引当金を直接控除した場合）
7　社会福祉連携推進目的取得財産残額	←新設＜注1＞	
8　満期保有目的債権	←　同　じ　→	11　満期保有目的債権
9　関連当事者取引	←　同　じ　→	12　関連当事者取引
10　重要な偶発事象	←　同　じ　→	13　重要な偶発事象
11　重要な後発事象	←　同　じ　→	14　重要な後発事象
12　社員との取引内容	←新設＜注2＞	
13　基金及び代替基金の内容	←新設＜注3＞	
	削除＜注4＞→	15　合併に係る事項
14　その他	←同じ＜注5＞→	16　その他

＜注1＞　「社会福祉連携推進目的取得財産残額」は、連携法人ならではの独特の制度・考え方です。難しいことなので、「8　**社会福祉連携推進目的取得財産残額**」で記載します。

＜注2＞　「関連当事者取引」については開示対象範囲が定められていますが（課長通知14☞199頁）、社員との取引内容の開示については、そのような範囲が定められていませんので、全ての取引内容が開示対象となります。記載例は、190頁をご覧ください。

＜注3＞　記載例は、190頁をご覧ください。

＜注4＞　連携法人は合併できません（社福法147条）。

＜注5＞　「その他社会福祉連携推進法人の資産、負債及び純資産の状態及び純資産の増減の状況を明らかにするために必要な事項」を記載することになっています。例えば、「担保に供している資産に関する事項」は社福会計基準と異なり、連携会計基準では注記を求められていませんが、重要な資産が担保に供されているような場合には、「資産、負債及び純資産の状態を明らかにするために必要な事項」として記載することが必要となります。

8　社会福祉連携推進目的取得財産残額

（1）　社会福祉連携推進目的事業財産と社会福祉連携推進目的取得財産残額

連携法人は、連携推進認定を受けた日以後に受けた財産等（これを<u>社会福祉連携推進目的事業財産</u>といいます）については、原則として、連携推進業務を行うために使用し、又は処分しなければならないとされています。当該財産のうち、費消等されていない財産の残額を<u>社会福祉連携推進目的取得財産残額</u>（以下「目的取得財産残額」という）といいます。

連携法人として認定を受けるには、<u>連携推進認定の取消しの処分を受けた場合には目的取得財産残額に相当する財産を国等に贈与する旨を定款に定める</u>必要があります。

目的取得財産残額を詳しく記載しますと、次のようになります（とても難しそうですが、今は、十分に理解する必要はありません。下の枠内を読み飛ばして、下の（2）に進んでください）。

▶社福法137条

▶社福法146条 2 項以下「社会福祉連携推進目的取得財産残額」を「目的取得財産残額」と略記
▶社福法127条 5 号ル

社会福祉連携推進目的取得財産残額（注 1 ）

第 1 号　社会福祉連携推進目的事業財産（社福法137条）

①　認定日以後に寄附を受けた財産（注 2 ）

②　認定日以後に交付を受けた補助金その他の財産（注 2 ）

③　認定日以後に行つた連携推進業務に係る活動の対価として得た財産

④　認定日以後に行つた連携推進業務以外の業務から生じた収益に厚生労働省令で定める割合を乗じて得た額に相当する財産

⑤　前各号に掲げる財産を支出することにより取得した財産

⑥　認定日の前に取得した財産であつて同日以後に厚生労働省令で定める方法により連携推進業務の用に供するものである旨を表示した財産

⑦　前各号に掲げるもののほか、当該法人が連携推進業務を行うことにより取得し、又は連携推進業務を行うために保有していると認められるものとして厚生労働省令で定める財産

第 2 号　第 1 号のうち、認定日以後に連携推進業務を行うために費消し、又は譲渡した財産

＜差引＞残余の財産の価額の合計額（第 1 号－第 2 号）

第 3 号　第 1 号以外の財産で、認定日以後に連携推進業務を行うために費消し、又は譲渡したもの及び同日以後に連携推進業務の実施に伴い負担した公租公課の支払その他厚生労働省令で定めるもの

＜差引＞**社会福祉連携推進目的取得財産残額**（第 1 号－第 2 号－第 3 号）

▶注 1 ：「社会福祉連携推進認定を受けた日」を、「認定日」と、また「社会福祉連携推進業務」を「連携推進業務」と記載しています
▶注 2 ：寄附をした者、財産を交付した者が連携推進業務以外のために使用すべき旨を定めたものを除きます
▶第 1 号・第 2 号・第 3 号は、社福法146条 2 項の各号を示しています

▶151頁末尾を参照

（2）　社会福祉連携推進目的取得財産残額の計算

152頁の表の「連携会計基準の注記事項」の 7 にあるように、<u>目的取得財産</u><u>残額の注記</u>が求められています。前頁の枠内のような計算は、とても大変そうです。

しかし、安心してください。<u>目的取得財産残額は、損益計算書内訳表の「社</u><u>会福祉連携推進業務会計」の「小計」の末尾「当期末純資産残高」として計算</u><u>される</u>ように設計されています。

なお、この目的取得財産残額は、財産目録の末尾にも、その金額が記載されることになっています。

9　附属明細書と財産目録

（1）　附属明細書

作成が必要な附属明細書は、次の 4 つです。

①　固定資産明細書

社福会計基準では「基本財産及びその他の固定資産（有形・無形固定資産）の明細書」として定められていたものですが、連携法人では基本財産の区分がありません。また、国庫補助金等特別積立金の仕組みがありませんので、社会福祉法人の場合の附属明細書と比較して、とてもシンプルな様式になっています。

②　引当金明細書

社福会計基準とほとんど変わりませんが、職員の転職・拠点間異動による退職給付の支払を伴わない退職給付引当金の増減はありませんので、社福会計基準の引当金明細書にあるような括弧書きの記載はありません。

③　資金収支明細書

社会福祉法人の実務に従事している方々に使いやすいようにという配慮から、様式は、社福会計基準の資金収支計算書とほとんど変わりません。大区分も、「事業活動による収支」「設備整備等による収支」「その他の活動による収支」となっています。連携法人では、社会福祉法人のような設備整備は予定されていませんが、理論的妥当性よりも実務的に理解されやすいことが重視された結果です。

貸付業務に係る受取利息収入及び支払利息支出が、業務収入及び事業費支出の内訳科目に計上されていることは、損益計算書での扱いと同様です。しかし、それ以外にも、貸付業務に係る長期借入金及び長期貸付金に係る収入及び支出が、業務収入及び事業費支出の内訳科目に計上されていることには注意が必要です。

④　社会福祉連携推進業務貸付金（借入金）明細書

貸付対象社員ごとに、貸付原資提供社員とが対比されるような形式になっています。ただし、貸付金の回収と貸付原資提供社員への返還が必ずしも同日ではないこともあり得ますので、貸付原資提供社員ごとの原資提供金額がわかるのは、当期増加額だけとなっています。

▶151頁末尾を参照
▶局長通知 2
　　　☞182頁
▶局長通知16
　　　☞185頁
▶財産目録
　　　☞196頁

▶様式は
　局長通知別紙 2 ①
　　　☞191頁

▶様式は
　局長通知別紙 2 ②
　　　☞192頁

▶様式は
　局長通知別紙 2 ③
　　　☞193・194頁

▶資金収支明細書を
　除き、該当事由が
　ない場合は、附属
　明細書の作成を省
　略できます（局長
　通知22　☞187頁）

▶様式は
　局長通知別紙 2 ④
　　　☞195頁

　　また、局長通知の別紙２④の（注）には記載されていませんが、課長通知の「8　引当金について」の「（1）貸倒引当金について」（☞198頁）の中で、回収することが不可能な債権を個別に判断して貸倒引当金を計上した場合には、「社会福祉連携推進業務貸付金（借入金）明細書の摘要欄にその内容及び金額を記載する」こととされています。

（2）　財産目録

　　財産目録の作成が必要なことは、社会福祉法人と同様です。なお、「8　社会福祉連携推進目的取得財産残額」の（2）の末尾（154頁）に記載の通り、社会福祉連携推進目的取得財産残額の記載が必要です。

▶様式は
　局長通知別紙3
　　　☞196頁

10　局長通知と課長通知

　　社福会計基準と同じく、局長通知・課長通知が発出されています。その概略は、次の通りです。

局長通知

社会福祉連携推進法人会計基準の運用上の取扱い

1　重要性の原則の適用について	19　社員との取引について
2　社会福祉連携推進目的事業財産の会計の区分について	20　その他社会福祉連携推進法人の資産、負債及び純資産の状態並びに純資産の増減の状況を明らかにするために必要な事項について
3　資産及び負債の流動と固定の区分について	
4　共通費用の配分について	
5　リース取引に関する会計	21　計算書類に対する注記について
6　外貨建の資産及び負債の決算時における換算について	22　附属明細書について
	23　資金収支明細書の内容について
7　受贈、交換によって取得した資産について	24　資金収支明細書の資金の範囲について
8　満期保有目的の債券について	25　資金収支計算の方法について
9　減価償却について	26　資金収支明細書の区分について
10　固定資産の使用価値の見積もりについて	27　資金収支明細書の構成について
11　引当金について	28　財産目録について
12　積立金と積立資産の関係について	
13　サービス活動費用における事業費と事務費の区分について	別紙1　　計算書類に対する注記
14　継続事業の前提について	別紙2①　固定資産明細書
15　重要な会計方針の開示について	別紙2②　引当金明細書
16　社会福祉連携推進目的取得財産残額について	別紙2③　資金収支明細書
17　関連当事者との取引の内容について	別紙2④　社会福祉連携推進業務貸付金（借入金）明細書
18　重要な後発事象について	別紙3　　財産目録

課長通知

社会福祉連携推進法人会計基準の運用上の留意事項

1　管理組織の確立	10　リース会計について
2　予算と経理	11　退職給付について
3　決算	12　資産価値の下落について
4　寄附金の扱い	13　計算関係書類の勘定科目及び計算書類に対する注記について
5　棚卸資産の会計処理等について	
6　減価償却について	14　関連当事者との取引について
7　基本財産の取扱いについて	15　固定資産管理台帳について
8　引当金について	
9　積立金と積立資産について	別添　　勘定科目説明

11　計算書類等の法令

▶社福法125条

　一般法に基づいて設立された一般社団法人が、社福法に定める所轄庁の認定を受けて連携法人となりますので、連携法人には様々な社福法上の特例が適用されることになります。

　連携法人は、一般法の規定に従う必要があるのですが、連携法人として社福法上の特例にも従うことになります。会計処理についていえば、連携法人が連携会計基準に従う必要があるのは、社福法（次頁の図のＡ）によって「社会福祉法人は、厚生労働省令で定める基準に従い、会計処理を行わなければならない」（社福法45条の23第1項）との規定が連携法人に準用され、その場合の「厚生労働省令」とは連携会計基準だと定められているからです。

▶連携会計基準1条
　1項　　☞160頁

　<u>計算書類等の作成、監査、その承認などについても、連携法人は一般法に従う必要がありますが、計算書類等の作成等について、社福法は連携法人に次のような特例を定めています。</u>

▶財団タイプの法人である社会福祉法人「評議員会」は、おおむね一般社団法人の「社員総会」に相当します。社福法の定めを連携法人に準用する際には、このような点を意識していただくと読み替えやすいものと思います

　Ａ　社福法138条1項
　　　連携法人について、社福法の一部の規定を準用する
　Ｂ　社福法138条2項
　　　一般法の一部について、連携法人への適用について読み替える
　Ｃ　社福法147条
　　　一般法128条を連携法人には適用しない

　これらの連携法人の計算書類等に適用される法律を整理すると、次のように図示することができます。

```
┌─────────────────────────────────────────────────────────────────┐
│              連携法人の計算書類等に適用される法律                 │
│                                                                   │
│  ┌──────────────────────────────────┐         ┌────────────────────────────┐│
│  │■  そのまま適用される一般法       │    ＋   │ A  社福法のうち            ││
│  │   （B・C以外の一般法第4節119条   │         │    連携法人に準用されるもの││
│  │   から130条の規定）              │         │    （社福法45条の23、45条の ││
│  │ B  適用について読み替える一般法  │         │     32第4項、45条の34、45条 ││
│  │   （一般法120条1項、123条1・2項、│         │     の35）                 ││
│  │   124条1・2項）                 │         └────────────────────────────┘│
│  └──────────────────────────────────┘                                       │
│  ┌──────────────────────────────────┐                                       │
│  │ C  連携法人に適用しない一般法     │                                       │
│  │   （一般法128条）                │                                       │
│  └──────────────────────────────────┘                                       │
└─────────────────────────────────────────────────────────────────┘
```

　大変ですね。法律に従った処理・手続を正しく行うためには、①一般法を正確に理解したうえで、②一般法の一部分（B）については社福法による読替えを行い、③一般法の一部分（C）については連携法人には適用せず、さらに④連携法人に準用される社福法（A）を理解する必要があります。

　しかし、計算書類等を作成する実務家としては、社福法の規定が準用されているお陰で、「計算書類に関する定めは、社会福祉法人と大きくは変わらない」と理解しておいて大丈夫です。深く悩む必要はありません。

　もちろん、手続等については正確な法律の理解が必要ですが、法律についての説明は、本書の第2章をご覧ください。

▶正確な法文については、第2章Ⅱの「一般法　第2章　第4節　第3款　計算書類等」を参照してください

Ⅱ　連携法人の会計基準と通知

1　はじめに

> 　この第 3 章の Ⅱ では、連携法人の会計に関する会計基準と厚生労働省から発出されている通知を収録しています。
>
> 　連携法人の会計に関する会計基準とは、令和 3 年厚生労働省令第177号「社会福祉連携推進法人会計基準」（本書では「連携会計基準」と略記）を指しています。また、厚生労働省から発出されている連携法人の会計に関する主な通知には 2 つあります。

▶本書での略記
　社会福祉連携推
　進法人会計基準
　　→連携会計基準

（1）　連携会計基準

　社福法138条 1 項において、次の社福法45条の23が連携法人の計算について準用することとされています。

> **社福法45条の23**　社会福祉法人は、厚生労働省令で定める基準に従い、会計処理を
> 　行わなければならない。
> 2　社会福祉法人の会計年度は、 4 月 1 日に始まり、翌年 3 月31日に終わるものと
> 　する。

　上の社福法45条の23は、連携法人の計算に準用されることによって、「社会福祉法人」とあるのは「連携法人」と読み替えられることになります（念のために記載しますが、連携法人は一定の認定を受けた一般社団法人であって、社会福祉法人ではありません。社福法138条 1 項の特例があって初めて社福法が準用されることになります）。そのようにして、連携法人の計算について読み替えて準用される上記社福法45条の23第 1 項に定められている「厚生労働省令」が連携会計基準です。

▶連携法人の制度は
　社会福祉法人の
　方々に利用される
　制度だと考えられ
　ます

　連携会計基準は、社会福祉法人の人たちが理解しやすいように、社会福祉法人会計基準（本書では「社福会計基準」と略記）と相違が少ないように設定されています。後に掲げる連携会計基準も、社福会計基準との相違点が分かるように、次のように対比して記載しています。

　　　　偶数（左）頁に　　　連携会計基準
　　　　奇数（右）頁に　　　備考　と　社福会計基準

　このように対比して記載したうえで、<u>相違する箇所は、**太字（ゴシック体）で表示しています**</u>ので、社会福祉法人の会計をご存知の方には、本章の「Ⅰ 連携法人の会計の概略」を読んだうえで、社福会計基準と対比した連携会計基準をご覧になると、連携会計基準は随分と理解しやすいものになると思います。

（2）　通知

　厚生労働省から発出されている連携法人の会計に関する通知の主たるものは、次の 2 つです。

○「社会福祉連携推進法人会計基準の運用上の取扱い」（社援発1112第2号　令和3年11月12日厚生労働省社会・援護局長）

○「社会福祉連携推進法人会計基準の運用上の留意事項」（社援基発1112第1号　令和3年11月12日厚生労働省社会・援護局福祉基盤課長）

社福会計基準に関しても、局長通知及び課長通知が発出されていますが、同じような構成になっていると考えてください。これらの通知の内容を示す目次は、180・181頁に記載しています。また、局長通知には欄外に＜編者注＞を付しています。ぜひ、実務の参考にしてください。

2　連携会計基準・社福会計基準対比表

以下、左頁に連携会計基準本文、右頁に備考と社福会計基準本文を記載しています。

▶本書での略記
　　→局長通知

▶本書での略記
　　→課長通知

159

社会福祉連携推進法人会計基準

第 1 章　総則

（社会福祉連携推進法人会計の基準）
第 1 条　社会福祉法（昭和26年法律第45号。以下「法」という。）第125条の認定（以下「社会福祉連携推進認定」という。）を受けた一般社団法人（以下「社会福祉連携推進法人」という。）は、この省令で定めるところに従い、会計処理を行い、会計帳簿（法第138条第 2 項において読み替えて適用する一般社団法人及び一般財団法人に関する法律（平成18年法律第48号）第120条第 1 項に規定する会計帳簿をいう。以下同じ。）、計算書類（法第138条第 2 項において読み替えて適用する一般社団法人及び一般財団法人に関する法律第123条第 1 項に規定する貸借対照表並びに同条第 2 項に規定する貸借対照表及び損益計算書をいう。以下同じ。）、その附属明細書及び財産目録（法第138条第 1 項において読み替えて準用する法第45条の34第 1 項第 1 号に規定する財産目録をいう。以下同じ。）を作成しなければならない。
2 　社会福祉連携推進法人は、この省令に定めるもののほか、一般に公正妥当と認められる**社会福祉連携推進法人**会計の慣行を斟酌しなければならない。

（会計原則）
第 2 条　**社会福祉連携推進法人**は、次に掲げる原則に従って、会計処理を行い、計算書類及びその附属明細書（以下「計算関係書類」という。）並びに財産目録を作成しなければならない。
　一　計算書類は、**資産、負債及び純資産の状態並びに純資産の増減の状況**に関する真実な内容を明瞭に表示すること。
　二　計算書類は、正規の簿記の原則に従って正しく記帳された会計帳簿に基づいて作成すること。
　三　採用する会計処理の原則及び手続並びに計算書類の表示方法については、毎会計年度継続して適用し、みだりにこれを変更しないこと。
　四　重要性の乏しいものについては、会計処理の原則及び手続並びに計算書類の表示方法の適用に際して、本来の厳密な方法によらず、他の簡便な方法によることができること。

（総額表示）
第 3 条　計算関係書類及び財産目録に記載する金額は、原則として総額をもって表示しなければならない。

＜備　考＞	（参考　社会福祉法人会計基準）

目次
　第1章　総則（第1条―第2条の3）
　第2章　会計帳簿（第3条―第6条）
　第3章　計算関係書類
　　第1節　総則（第7条―第11条）

　第4章　財産目録（第31条―第34条）
　附則

第2節削除→
資金収支計算書を削除（附属明細表に位置付け）
事業活動計算書を損益計算書として貸借対照表の後に置いた

第1章　総則

（**社会福祉法人**会計の基準）
第1条　**社会福祉法人**は、この省令で定めるところに従い、会計処理を行い、会計帳簿、計算書類（**貸借対照表及び収支計算書**をいう。以下同じ。）、その附属明細書及び財産目録を作成しなければならない。

連携会計基準では対象とされる法人の根拠法が明示された

2　社会福祉法人は、この省令に定めるもののほか、一般に公正妥当と認められる**社会福祉法人**会計の慣行を斟酌しなければならない。
3　**この省令の規定は、社会福祉法人が行う全ての事業に関する会計に適用する。**

削除→
連携法人には不要な規定

（会計原則）
第2条　**社会福祉法人**は、次に掲げる原則に従って、会計処理を行い、計算書類及びその附属明細書（以下「計算関係書類」という。）並びに財産目録を作成しなければならない。
　一　計算書類は、**資金収支及び純資産の増減の状況並びに資産、負債及び純資産の状態**に関する真実な内容を明瞭に表示すること
　二　（同左）
　三　（同左）

連携会計基準では資金収支計算書が計算書類に含まれないので、当該部分が省かれている

　四　（同左）

（総額表示）
第2条の2　（同左）

社会福祉連携推進法人会計基準

（金額の表示の単位）

第4条　計算関係書類及び財産目録に記載する金額は、1円単位をもって表示するものとする。

第2章　会計帳簿

（会計帳簿の作成）

第5条　会計帳簿に付すべき資産、負債及び純資産の価額その他会計帳簿の作成に関する事項については、この章の定めるところによる。

2　会計帳簿は、書面又は電磁的記録をもって作成しなければならない。

（資産の評価）

第6条　資産については、次項から第6項までの場合を除き、会計帳簿にその取得価額を付さなければならない。ただし、受贈又は交換によって取得した資産については、その取得時における公正な評価額を付すものとする。

2　有形固定資産及び無形固定資産については、会計年度の末日（会計年度の末日以外の日において評価すべき場合にあっては、その日。以下この条及び次条第2項において同じ。）において、相当の償却をしなければならない。

3　会計年度の末日における時価がその時の取得原価より著しく低い資産については、当該資産の時価がその時の取得原価まで回復すると認められる場合を除き、時価を付さなければならない。ただし、使用価値を算定することができる有形固定資産又は無形固定資産であって、当該資産の使用価値が時価を超えるものについては、取得価額から減価償却累計額を控除した価額を超えない限りにおいて、使用価値を付することができる。

4　受取手形、**事業未収金**、貸付金等の債権については、**回収不能**のおそれがあるときは、会計年度の末日においてその時に**回収**することができないと見込まれる額を控除しなければならない。

5　満期保有目的の債券（満期まで所有する意図をもって保有する債券をいう。第20条第1項第8号において同じ。）以外の有価証券のうち市場価格のあるものについては、会計年度の末日においてその時の時価を付さなければならない。

6　棚卸資産については、会計年度の末日における時価がその時の取得原価より低いときは、時価を付さなければならない。

（負債の評価）

第7条　負債については、次項の場合を除き、会計帳簿に債務額を付さなければならない。

2　次に掲げるもののほか、引当金については、会計年度の末日において、将来の費用の発生に備えて、その合理的な見積額のうち当該会計年度の負担に属する金額を費用として繰り入れることにより計上した額を付さなければならない。

一　賞与引当金

二　退職給付引当金

三　役員退職慰労引当金

（純資産）

第8条　基金には、一般社団法人及び一般財団法人に関する法律第131条の規定に基づく基金（同法第141条の規定に基づき返還された金額を除く。）の金額を計上するものとする。

2　代替基金には、一般社団法人及び一般財団法人に関する法律第144条の規定に基づく代替基金の金額を計上するものとする。

3　積立金には、将来の特定の目的の費用又は損失の発生に備えるため、**社会福祉連携推進法人**が理事会の議決に基づき**積立金**として積み立てた額を計上するものとする。

＜備　考＞	（参考　社会福祉法人会計基準）
	（金額の表示の単位） 第2条の3　（同左）
	第2章　会計帳簿
連携会計基準とは、根拠法が異なるだけ	（会計帳簿の作成） 第3条　社会福祉法（昭和26年法律第45号。以下「法」という。）第45条の24第1項の規定により社会福祉法人が作成すべき会計帳簿に付すべき資産、負債及び純資産の価額その他会計帳簿の作成に関する事項については、この章の定めるところによる。 2　（同左）
「資産の評価」については、連携会計基準と社福会計基準とで実質変わらない	（資産の評価） 第4条　（同左） 2　（同左） 3　（同左）
────「事業」の文字が追加されたが実質的変更はない。また「徴収」を「回収」に変更	4　受取手形、未収金、貸付金等の債権については、徴収不能のおそれがあるときは、会計年度の末日においてその時に徴収することができないと見込まれる額を控除しなければならない。 5　（同左） 6　（同左）
「負債の評価」についても、連携会計基準と社福会計基準とで実質変わらない	（負債の評価） 第5条　（同左） 2　（同左） 一　（同左） 二　（同左） 三　（同左）
純資産の部は内容・区分が大きく異なる「基本金」「国庫補助金等特別積立金」がなくなり「基金」「代替基金」を計上	（純資産） 第6条　（基本金についての規定　省略） 2　（国庫補助金等特別積立金についての規定　省略） 3　（その他の積立金についての規定　省略）

社会福祉連携推進法人会計基準

第 3 章　計算関係書類

第 1 節　総則

（社会福祉連携推進認定を受けた日の貸借対照表）

第 9 条　法第138条第 2 項において読み替えて適用する一般社団法人及び一般財団法人に関する法律第123条第 1 項の規定により作成する貸借対照表は、社会福祉連携推進認定を受けた日における会計帳簿に基づき作成される次条第 1 項第 1 号に掲げるものとする。

（各会計年度に係る計算書類）

第10条　各会計年度に係る計算書類は、当該会計年度に係る会計帳簿に基づき作成される次に掲げるものとする。

　一　貸借対照表

　二　損益計算書（損益計算書内訳表を含む。以下同じ。）

（会計の区分）

第11条　計算書類の会計の区分は、次に掲げる区分に従い、それぞれ次に定める内容とする。

　一　社会福祉連携推進業務会計　法第125条に規定する社会福祉連携推進業務に関する会計

　二　その他の業務会計　法第132条第 3 項に規定する社会福祉連携推進業務以外の業務に関する会計

　三　法人会計　前 2 号に掲げるもの以外に関する会計

2　社会福祉連携推進業務会計は、法第125条各号に掲げる業務の種類ごとに区分するものとする。

<＜備　考＞>　　　　　　　　　　　　　（参考　社会福祉法人会計基準）

第3章　計算関係書類

第1節　総則

（成立の日の貸借対照表）
第7条　法第45条の27第1項の規定により作成すべき貸借対照表は、社会福祉法人の成立の
　　日における会計帳簿に基づき作成される次条第1項第1号イからニまでに掲げるものとす
　　る。

削除→
2　社会福祉法人は、次の各号に掲げる場合には、前項の規定にかかわらず、当該各号に定

連携法人にあって　　　める書類の作成を省略することができる。
は、事業区分・拠点　　　一　事業区分（省略）
区分などの区分がな　　　二　拠点区分（省略）
い　　　　　　　　　　　三　事業区分において拠点区分の数が一である場合　次条第1項第1号ハ

社福会計基準では、　（各会計年度に係る計算書類）
「収支計算書」を「資　第7条の2　法第45条の27第2項の規定により作成すべき各会計年度に係る計算書類は、当
金 収 支 計 算 書」と　　　該会計年度に係る会計帳簿に基づき作成される次に掲げるものとする。
「事 業 活 動 計 算　　　一　次に掲げる貸借対照表
書」とに区分　　　　　　　　（省略）
連携会計基準では資　　　二　次に掲げる収支計算書
金収支計算書がなく　　　イ　次に掲げる資金収支計算書
附属明細書として位　　　　　（省略）
置付け　　　　　　　　　　ロ　次に掲げる事業活動計算書
また、事業区分・拠　　　　　（省略）
点区分がないので、　2　社会福祉法人は、次の各号に掲げる場合には、前項の規定にかかわらず、当該各号に定
それらの区分計算書　　　める計算書類の作成を省略することができる。
がない　　　　　　　　　　（以下、省略）

第8条　削除

第9条　削除

（会計の区分）
社福会計基準では事　第10条　社会福祉法人は、計算書類の作成に関して、事業区分及び拠点区分を設けなければ
業区分・拠点区分が　　　ならない。
設けられていた
連携会計基準では
「損益計算書内訳表」　2　拠点区分には、サービス区分（社会福祉法人がその行う事業の内容に応じて設ける区分
でのみ連携推進業務　　　をいう。以下同じ。）を設けなければならない。
等の区分が設けられ
た

（内部取引）
削除→
第11条　社会福祉法人は、計算書類の作成に関して、内部取引の相殺消去をするものとす
連携法人では内部取　　　る。
引は想定されていな
い

社会福祉連携推進法人会計基準

第2節　貸借対照表

（貸借対照表の内容）

第12条　貸借対照表は、当該会計年度末現在における全ての資産、負債及び純資産の状態を明瞭に表示するものでなければならない。

（貸借対照表の区分）

第13条　貸借対照表は、資産の部、負債の部及び純資産の部に区分し、更に資産の部は流動資産及び固定資産に、負債の部は流動負債及び固定負債に区分しなければならない。

2　純資産の部は、**基金、代替基金、積立金**及び次期繰越活動増減差額に区分するものとする。

（貸借対照表の**様式**）

第14条　**貸借対照表の様式は、第1号様式のとおりとする。**

第3節　**損益計算書**

（**損益計算書**の内容）

第15条　**損益計算書**は、当該会計年度における全ての純資産の増減の内容を明瞭に表示するものでなければならない。

（**損益計算**の方法）

第16条　**損益計算**は、当該会計年度における純資産の増減に基づいて行うものとする。

2　**損益計算**を行うに当たっては、**複数の業務**に共通する収益及び費用を合理的な基準に基づいて**当該業務**に配分するものとする。

（**損益計算書**の区分）◄─────────────────────────

第17条　**損益計算書**は、次に掲げる部に区分するものとする。

一　サービス活動増減の部

二　サービス活動外増減の部

三　特別増減の部

四　**純資産増減の部**◄─────────────────────────

（**損益計算書**の構成）

第18条　前条第1号に掲げる部には、サービス活動による収益及び費用を記載し、同号に掲げる部の収益から費用を控除した額をサービス活動増減差額として記載するものとする。

＜備　考＞	（参考　社会福祉法人会計基準）

第4節　貸借対照表

（貸借対照表の内容）
第25条（同左）

基本財産の区分がなくなった
定款で基本財産を定めた場合、会計基準20条1項14号の事項として注記（課長通知7）

（貸借対照表の区分）
第26条（同左）

2　純資産の部は、基本金、国庫補助金等特別積立金、その他の積立金及び次期繰越活動増減差額に区分するものとする。

第1項から第3項削除→
拠点区分等がない連携法人には、社福会計基準の第1項から第3項は不要なので、連携会計基準では第4項の部分だけを規定している

（貸借対照表の種類及び様式）
第27条　法人単位貸借対照表は、法人全体について表示するものとする。
2　貸借対照表内訳表及び事業区分貸借対照表内訳表は、事業区分の情報を表示するものとする。
3　拠点区分貸借対照表は、拠点区分別の情報を表示するものとする。
4　第1項から前項までの様式は、第3号第1様式から第4様式までのとおりとする。

削除→
勘定科目は、課長通知に☞別添201頁以下

（貸借対照表の勘定科目）
第28条　貸借対照表に記載する勘定科目は、別表第3のとおりとする。

第3節　事業活動計算書

利益計算概念の「損益」は連携法人には不適切だとの批判もあるが、一般法で「損益計算書」が法定されている

（事業活動計算書の内容）
第19条　事業活動計算書は、当該会計年度における全ての純資産の増減の内容を明瞭に表示するものでなければならない。

（事業活動計算の方法）
第20条　事業活動計算は、当該会計年度における純資産の増減に基づいて行うものとする。
2　事業活動計算を行うに当たっては、事業区分、拠点区分又はサービス区分ごとに、複数の区分に共通する収益及び費用を合理的な基準に基づいて当該区分に配分するものとする。

この部分異なる→

（事業活動計算書の区分）
第21条　事業活動計算書は、次に掲げる部に区分するものとする。
　一　サービス活動増減の部
　二　サービス活動外増減の部
　三　特別増減の部
　四　繰越活動増減差額の部

「純資産増減の部」は本来の損益計算書の範疇外

（事業活動計算書の構成）
第22条　前条第1号に掲げる部には、サービス活動による収益及び費用を記載し、同号に掲げる部の収益から費用を控除した額をサービス活動増減差額として記載するものとする。
　この場合において、サービス活動による費用には、減価償却費等の控除項目として国庫補助金等特別積立金取崩額を含めるものとする。

後段削除→
連携法人では国庫補助金特別積立金を設けない

社会福祉連携推進法人会計基準

2　前条第 2 号に掲げる部には、受取利息**配当金**、支払利息、有価証券売却益、有価証券売却損その他サービス活動以外の原因による収益及び費用であって経常的に発生するものを記載し、同号に掲げる部の収益から費用を控除した額をサービス活動外増減差額として記載するものとする。

3　**損益計算書**には、第 1 項のサービス活動増減差額に前項のサービス活動外増減差額を加算した額を経常増減差額として記載するものとする。

4　前条第 3 号に掲げる部には、固定資産売却等に係る損益その他の臨時的な損益（金額が僅少なものを除く。）を記載し、同号に掲げる部の収益から費用を控除した額を特別増減差額として記載するものとする。

5　**損益計算書**には、第 3 項の経常増減差額に前項の特別増減差額を加算した額を**税引前当期活動増減差額**として記載し、当該税引前当期活動増減差額から法人税その他利益に関連する金額を課税標準として課される租税の負担額を控除した額を当期活動増減差額として記載するものとする。

6　前条第 4 号に掲げる部には、**基金、代替基金、積立金**並びに繰越活動増減差額の増減及び残高を記載し、前項の当期活動増減差額にこれらの額を加減した額を**当期末純資産残高**として記載するものとする。

（損益計算書の様式）

第19条　**損益計算書**の様式は、第 2 号第 1 様式**及び第 2 様式**のとおりとする。

第 4 節　計算書類の注記

第20条　計算書類には、次に掲げる事項を注記しなければならない。

一　会計年度の末日において、**社会福祉連携推進法人**が将来にわたって事業を継続するとの前提（以下この号において「継続事業の前提」という。）に重要な疑義を生じさせるような事象又は状況が存在する場合であって、当該事象又は状況を解消し、又は改善するための対応をしてもなお継続事業の前提に関する重要な不確実性が認められる場合には、継続事業の前提に関する事項

二　資産の評価基準及び評価方法、固定資産の減価償却方法、引当金の計上基準等計算書類の作成に関する重要な会計方針

＜備　考＞	（参考　社会福祉法人会計基準）

「受取利息配当金収益」から「収益」の文言が削除された

2　前条第2号に掲げる部には、受取利息配当金収益、支払利息、有価証券売却益、有価証券売却損その他サービス活動以外の原因による収益及び費用であって経常的に発生するものを記載し、同号に掲げる部の収益から費用を控除した額をサービス活動外増減差額として記載するものとする。

3　事業活動計算書には、第1項のサービス活動増減差額に前項のサービス活動外増減差額を加算した額を経常増減差額として記載するものとする。

4　前条第3号に掲げる部には、第6条第1項の寄附金及び国庫補助金等の収益、基本金の組入額、国庫補助金等特別積立金の積立額、固定資産売却等に係る損益その他の臨時的な損益（金額が僅少なものを除く。）を記載し、同号に掲げる部の収益から費用を控除した額を特別増減差額として記載するものとする。この場合において、国庫補助金等特別積立金を含む固定資産の売却損又は処分損を記載する場合には、特別費用の控除項目として国庫補助金等特別積立金取崩額を含めるものとする。

後段削除→
連携法人では国庫補助金等が想定されていない
連携法人は収益課税が生じることを前提している

5　事業活動計算書には、第3項の経常増減差額に前項の特別増減差額を加算した額を当期活動増減差額として記載するものとする。

6　前条第4号に掲げる部には、前期繰越活動増減差額、基本金取崩額、その他の積立金積立額及びその他の積立金取崩額を記載し、前項の当期活動増減差額にこれらの額を加減した額を次期繰越活動増減差額として記載するものとする。

（事業活動計算書の種類及び様式）
第23条　法人単位事業活動計算書は、法人全体について表示するものとする。

1項から3項削除→
拠点区分等がない連携法人には、社福会計基準の1項から3項は不要なので、連携会計基準では4項の部分だけを規定している

2　事業活動内訳表及び事業区分事業活動内訳表は、事業区分の情報を表示するものとする。

3　拠点区分事業活動計算書は、拠点区分別の情報を表示するものとする。

4　第1項から前項までの様式は、第2号第1様式から第4様式までのとおりとする。

（事業活動計算書の勘定科目）
第24条　事業活動計算書に記載する勘定科目は、別表第2のとおりとする。

削除→
勘定科目は、課長通知に☞別添201頁以下

第5節　計算書類の注記

第29条　計算書類には、法人全体について次に掲げる事項を注記しなければならない。

一　会計年度の末日において、社会福祉法人が将来にわたって事業を継続するとの前提（以下この号において「継続事業の前提」という。）（以下、同左）

二　（同左）

社会福祉連携推進法人会計基準

　　三　重要な会計方針を変更した場合には、その旨、変更の理由及び当該変更による影響額

　　四　**社会福祉連携推進法人**で採用する退職給付制度

　　五　固定資産について減価償却累計額を直接控除した残額のみを記載した場合には、当該資産の取得価額、減価償却累計額及び当期末残高

　　六　債権について**貸倒引当金**を直接控除した残額のみを記載した場合には、当該債権の金額、**貸倒引当金**の当期末残高及び当該債権の当期末残高

　　七　**法第146条第 2 項に規定する社会福祉連携推進目的取得財産残額**

　　八　満期保有目的の債券の内訳並びに帳簿価額、時価及び評価損益

　　九　関連当事者との取引に関する事項

　　十　重要な偶発債務

　　十一　重要な後発事象

　　十二　**社員との取引の内容**

　　十三　**基金及び代替基金の内容**

　　十四　前各号に掲げるもののほか、社会福祉連携推進法人の資産、負債及び純資産の状態並びに純資産の増減の状況を明らかにするために必要な事項

２　前項第 9 号の「関連当事者」とは、次に掲げる者をいう。

　　一　当該**社会福祉連携推進法人**の常勤の役員として報酬を受けている者

　　二　前号に掲げる者の近親者

　　三　前 2 号に掲げる者が議決権の過半数を有している法人

　　四　支配法人（当該**社会福祉連携推進法人**の財務及び営業又は事業の方針の決定を支配している他の法人をいう。第 6 号において同じ。）

　　五　被支配法人（当該**社会福祉連携推進法人**が財務及び営業又は事業の方針の決定を支配している他の法人をいう。）

　　六　当該**社会福祉連携推進法人**と同一の支配法人をもつ法人

３　前項第 4 号及び第 5 号の「財務及び営業又は事業の方針の決定を支配している」とは、**社員総会等の意思決定機関**の総数に対する次に掲げる者の数の割合が100分の50を超えることをいう。

　　一　1 の法人の役員（理事、監事、取締役、会計参与、監査役、執行役その他これらに準ずる者をいう。）

　　二　1 の法人の職員

４　第 1 項各号に掲げる事項を注記する場合に用いる様式は、厚生労働省社会・援護局長（以下「社会・援護局長」という。）が定める。

＜備　考＞	（参考　社会福祉法人会計基準）
	三　（会計方針の変更…同左）
	四　法人で採用する退職給付制度
削除→	五　法人が作成する計算書類並びに拠点区分及びサービス区分
削除→	六　基本財産の増減の内容及び金額
削除→	七　基本金又は固定資産の売却若しくは処分に係る国庫補助金等特別積立金の取崩しを行った場合には、その旨、その理由及び金額
削除→	八　担保に供している資産に関する事項
	九　固定資産について（以下同左）
————「徴収不能引当金」を→「貸倒引当金」に————新設	十　債権について徴収不能引当金を直接控除した残額のみを記載した場合には、当該債権の金額、徴収不能引当金の当期末残高及び当該債権の当期末残高
	十一　（満期保有目的の債権…同左）
	十二　（関連当事者取引…同左）
	十三　（重要な偶発債務…同左）
	十四　（重要な後発事象…同左）
————新設 ————新設 削除→連携法人は合併できない	十五　合併又は事業の譲渡若しくは譲受けが行われた場合には、その旨及び概要 十六　その他社会福祉法人の資金収支及び純資産の増減の状況並びに資産、負債及び純資産の状態を明らかにするために必要な事項
———— 評議員を削除→連携法人には評議員が存在しない	2　前項第12号に規定する「関連当事者」とは、次に掲げる者をいう。 一　当該社会福祉法人の常勤の役員又は評議員として報酬を受けている者 二　（同左） 三　（同左） 四　支配法人（当該社会福祉法人の財務及び営業又は事業の方針の決定を支配している他の法人をいう。第6号において同じ。） 五　被支配法人（当該社会福祉法人が財務及び営業又は事業の方針の決定を支配している他の法人をいう。） 六　当該社会福祉法人と同一の支配法人をもつ法人
———— 評議員を削除→	3　前項第4号及び第5号に規定する「財務及び営業又は事業の方針の決定を支配している」とは、評議員の総数に対する次に掲げる者の数の割合が100分の50を超えることをいう。 一　1の法人の役員（理事、監事、取締役、会計参与、監査役、執行役その他これらに準ずる者をいう。）又は評議員 二　1の法人の職員
削除→	4　計算書類には、拠点区分ごとに第1項第2号から第11号まで、第14号及び第16号に掲げる事項を注記しなければならない。ただし、拠点区分の数が一の社会福祉法人については、拠点区分ごとに記載する計算書類の注記を省略することができる。
————新設 局長通知で定めていることを明示	

社会福祉連携推進法人会計基準

第５節　附属明細書

第21条　各会計年度に係る計算書類の附属明細書は、当該会計年度に係る会計帳簿に基づき作成される次に掲げるものとする。

一　固定資産明細書
二　引当金明細書
三　資金収支明細書

四　社会福祉連携推進業務貸付金（借入金）明細書

2　附属明細書は、当該会計年度における計算書類の内容を補足する重要な事項を表示しなければならない。

3　第１項各号に掲げる附属明細書の様式は、社会・援護局長が定める。

第４章　財産目録

（財産目録の内容）
第22条　財産目録は、当該会計年度末現在（**社会福祉連携推進認定を受けた日における財産目録にあっては、当該日**）における全ての資産及び負債につき、その名称、数量、金額等を詳細に表示するものとする。

＜備　考＞	（参考　社会福祉法人会計基準）

第6節　附属明細書

（附属明細書）

第30条　法第45条の27第2項の規定により作成すべき各会計年度に係る計算書類の附属明細
　　　書は、当該会計年度に係る会計帳簿に基づき作成される次に掲げるものとする。この場合
　　　において、第1号から第7号までに掲げる附属明細書にあっては法人全体について、第8
　　　号から第19号までに掲げる附属明細書にあっては拠点区分ごとに作成するものとする。

後段削除→

削除→　　一　借入金明細書
削除→　　二　寄附金収益明細書
削除→　　三　補助金事業等収益明細書
削除→　　四　事業区分間及び拠点区分間繰入金明細書
削除→　　五　事業区分間及び拠点区分間貸付金（借入金）残高明細書
削除→　　六　基本金明細書
削除→　　七　国庫補助金等特別積立金明細書
☞様式は191頁　　八　基本財産及びその他の固定資産（有形・無形固定資産）の明細書
☞様式は192頁　　九　引当金明細書
新設☞様式は193・
194頁
新設☞様式は195頁

削除→　　十　拠点区分資金収支明細書
削除→　　十一　拠点区分事業活動明細書
削除→　　十二　積立金・積立資産明細書
削除→　　十三　サービス区分間繰入金明細書
削除→　　十四　サービス区分間貸付金（借入金）残高明細書
削除→　　十五　就労支援事業別事業活動明細書
削除→　　十六　就労支援事業製造原価明細書
削除→　　十七　就労支援事業販管費明細書
削除→　　十八　就労支援事業明細書
削除→　　十九　授産事業費用明細書

　　　　2　（同左）
削除→　　3　社会福祉法人は、第1項の規定にかかわらず、厚生労働省社会・援護局長（次項及び第
資金収支明細書の作　　　34条において「社会・援護局長」という。）が定めるところにより、同項各号に掲げる附
成は省略できない　　　属明細書の作成を省略することができる。
（☞局長通知22　187　　4　（同左）
頁）

第4章　財産目録

（財産目録の内容）

第31条　法第45条の34第1項第1号の財産目録は、当該会計年度末現在（社会福祉法人の成
　　　立の日における財産目録は、当該社会福祉法人の成立の日）における全ての資産及び負債
　　　につき、その名称、数量、金額等を詳細に表示するものとする。

社会福祉連携推進法人会計基準

（財産目録の区分）

第23条　財産目録は、貸借対照表の区分に準じて資産の部と負債の部とに区分して純資産の額を表示するものとする。

（財産目録の金額）

第24条　財産目録の金額は、貸借対照表に記載した金額と同一とする。

（財産目録の様式）

第25条　財産目録の様式は、社会・援護局長が定める。

　　　附　則

　この省令は、地域共生社会の実現のための社会福祉法等の一部を改正する法律（令和 2 年法律第52号）附則第 1 条第 2 号に掲げる規定の施行の日（令和 4 年 4 月 1 日）から施行する。

＜備　考＞	（参考　社会福祉法人会計基準）
	（財産目録の区分） 第32条　（同左） （財産目録の金額） 第33条　（同左） （財産目録の**種類及び様式**） 第34条　財産目録は、**法人全体について表示する**ものとし、その様式は、社会・援護局長が定める。 　　　　　附　則（略）

3　連携会計基準様式

　次頁以下に、連携会計基準が定める様式を掲げます。

第 1 号様式（第14条関係）
社会福祉連携推進法人名＿＿＿＿＿＿＿＿＿＿＿＿＿

貸借対照表

令和　年　月　日現在

(単位：円)

資　産　の　部	当年度末	前年度末	増減	負　債　の　部	当年度末	前年度末	増減
流動資産				流動負債			
現金預金				事業未払金			
有価証券				その他の未払金			
事業未収金				支払手形			
未収金				社会福祉連携推進業務短期借入金			
未収収益				短期運営資金借入金			
受取手形				役員等短期借入金			
貯蔵品				1年以内返済予定社会福祉連携推進業務長期借入金			
立替金				1年以内返済予定設備資金借入金			
前払金				1年以内返済予定長期運営資金借入金			
前払費用				1年以内返済予定リース債務			
1年以内回収予定社会福祉連携推進業務長期貸付金				1年以内返済予定役員等長期借入金			
社会福祉連携推進業務短期貸付金				1年以内支払予定長期未払金			
仮払金				未払費用			
その他の流動資産				未払法人税等			
貸倒引当金	△×××	△×××		未払消費税等			
				預り金			
				職員預り金			
				前受金			
				前受収益			
				仮受金			
				賞与引当金			
				その他の流動負債			
固定資産				固定負債			
土地				社会福祉連携推進業務長期借入金			
建物				設備資金借入金			
構築物				長期運営資金借入金			
機械及び装置				リース債務			
車輌運搬具				役員等長期借入金			
器具及び備品				繰延税金負債			
建設仮勘定				退職給付引当金			
有形リース資産				役員退職慰労引当金			
減価償却累計額	△×××	△×××		長期未払金			
権利				長期預り金			
ソフトウェア				その他の固定負債			
無形リース資産							
投資有価証券				負債の部合計			
社会福祉連携推進業務長期貸付金				純　資　産　の　部			
積立資産							
差入保証金				基金			
長期前払費用				代替基金			
繰延税金資産				積立金			
その他の固定資産				次期繰越活動増減差額			
貸倒引当金	△×××	△×××		（うち当期活動増減差額）			
				純資産の部合計			
資産の部合計				負債及び純資産の部合計			

（作成上の留意事項）
・本様式の勘定科目については、必要のないものは省略することができる。ただし追加・修正はできないものとする。

第 2 号第 1 様式（第19条関係）

社会福祉連携推進法人名 _____

損益計算書

(自) 令和　年　月　日　(至) 令和　年　月　日

(単位：円)

勘定科目			当年度決算(A)	前年度決算(B)	増減(A)-(B)
サービス活動増減の部	収益	受取会費			
		業務収益			
		経常経費寄附金収益			
		その他の収益			
		サービス活動収益計（1）			
	費用	人件費			
		事業費			
		事務費			
		減価償却費			
		貸倒損失額			
		貸倒引当金繰入			
		その他の費用			
		サービス活動費用計（2）			
		サービス活動増減差額（3）＝（1）－（2）			
サービス活動外増減の部	収益	受取利息配当金			
		有価証券評価益			
		有価証券売却益			
		投資有価証券評価益			
		投資有価証券売却益			
		積立資産評価益			
		その他のサービス活動外収益			
		サービス活動外収益計（4）			
	費用	支払利息			
		有価証券評価損			
		有価証券売却損			
		投資有価証券評価損			
		投資有価証券売却損			
		積立資産評価損			
		その他のサービス活動外費用			
		サービス活動外費用計（5）			
		サービス活動外増減差額（6）＝（4）－（5）			
		経常増減差額（7）＝（3）＋（6）			
特別増減の部	収益	設備整備等寄附金収益			
		長期運営資金借入金元金償還寄附金収益			
		固定資産受贈額			
		固定資産売却益			
		その他の特別収益			
		特別収益計（8）			
	費用	資産評価損			
		固定資産売却損・処分損			
		災害損失			
		その他の特別損失			
		特別費用計（9）			
		特別増減差額（10）＝（8）－（9）			
税引前当期活動増減額（11）＝（7）＋（10）					
法人税、住民税及び事業税（12）					
法人税等調整額（13）					
当期活動増減差額（14）＝（11）－（12）－（13）					
純資産増減の部	基金	前期基金残高（15）			
		基金受入額（16）			
		基金返還額（17）			
		当期末基金残高（18）＝（15）＋（16）－（17）			
	代替基金	前期代替基金残高（19）			
		代替基金計上額（17）			
		当期末代替基金残高（20）＝（19）＋（17）			
	積立金	前期積立金残高（21）			
		積立金取崩額（22）			
		積立金積立額（23）			
		当期末積立金残高（24）＝（21）－（22）＋（23）			
	次期繰越活動増減差額	前期繰越活動増減差額（25）			
		当期活動増減差額（14）			
		当期末繰越活動増減差額（26）＝（25）＋（14）			
		積立金取崩額（22）			
		積立金積立額（23）			
		次期繰越活動増減差額（27）＝（26）＋（22）－（23）			
		当期末純資産残高（28）＝（18）＋（20）＋（24）＋（27）			

(作成上の留意事項)

・本様式の勘定科目については、必要のないものは省略することができる。ただし追加・修正はできないものとする。

第2号第2様式（第19条関係）
社会福祉連携推進法人名 _____

損益計算書内訳表

（自）令和　年　月　日　（至）令和　年　月　日

（単位：円）

勘定科目			社会福祉連携推進業務会計								その他の業務会計	法人会計	合計
			地域福祉支援業務	災害時支援業務	経営支援業務	貸付業務	人材確保等業務	物資等供給業務	共通	小計			
サービス活動増減の部	収益	受取会費											
		業務収益											
		社会福祉連携推進業務収益											
		社会福祉連携推進業務受取利息											
		その他業務収益											
		補助金等収益											
		その他の業務収益											
		経常経費寄附金収益											
		その他の収益											
		サービス活動収益計（1）											
	費用	人件費											
		役員報酬											
		役員退職慰労金											
		役員退職慰労引当金繰入											
		職員給料											
		職員賞与											
		賞与引当金繰入											
		非常勤職員給与											
		派遣職員費											
		退職給付費用											
		法定福利費											
		事業費											
		水道光熱費											
		燃料費											
		消耗器具備品費											
		保険料											
		賃借料											
		車輌費											
		棚卸資産評価損											
		社会福祉連携推進業務支払利息											
		雑費											
		事務費											
		福利厚生費											
		職員被服費											
		旅費交通費											
		研修研究費											
		事務消耗品費											
		印刷製本費											
		水道光熱費											
		燃料費											
		修繕費											
		通信運搬費											
		会議費											
		広報費											
		業務委託費											
		手数料											
		保険料											
		賃借料											
		土地・建物賃借料											
		租税公課											
		保守料											
		渉外費											
		諸会費											
		雑費											
		減価償却費											
		貸倒損失額											
		貸倒引当金繰入											
		その他の費用											
		サービス活動費用計（2）											
	サービス活動増減差額（3）＝(1)-(2)												

178

サービス活動外増減の部	収益	受取利息配当金										
		有価証券評価益										
		有価証券売却益										
		投資有価証券評価益										
		投資有価証券売却益										
		積立資産評価益										
		その他のサービス活動外収益										
		為替差益										
		雑収益										
		サービス活動外収益計（4）										
	費用	支払利息										
		有価証券評価損										
		有価証券売却損										
		投資有価証券評価損										
		投資有価証券売却損										
		積立資産評価損										
		その他のサービス活動外費用										
		為替差損										
		雑損失										
		サービス活動外費用計（5）										
サービス活動外増減差額（6）＝（4）−（5）												
経常増減差額（7）＝（3）+（6）												
特別増減の部	収益	設備整備等寄附金収益										
		長期運営資金借入金元金償還寄附金収益										
		固定資産受贈額										
		固定資産売却益										
		その他の特別収益										
		特別収益計（8）										
	費用	資産評価損										
		固定資産売却損・処分損										
		建物売却損・処分損										
		車輌運搬具売却損・処分損										
		器具及び備品売却損・処分損										
		その他の固定資産売却損・処分損										
		災害損失										
		その他の特別損失										
		特別費用計（9）										
特別増減差額（10）＝（8）−（9）												
税引前当期活動増減差額（11）＝（7）+（10）												
法人税、住民税及び事業税（12）												
法人税等調整額（13）												
当期活動増減差額（14）＝（11）−（12）−（13）												
純資産増減の部	基金	前期基金残高（15）										
		基金受入額（16）										
		基金返還額（17）										
		当期末基金残高（18）=（15）+（16）−（17）										
	代替基金	前期代替基金残高（19）										
		代替基金計上額（17）										
		当期末代替基金残高（20）＝（19）+（17）										
	積立金	前期積立金残高（21）										
		積立金取崩額（22）										
		積立金積立額（23）										
		当期末積立金残高（24）＝（21）−（22）+（23）										
	次期繰越活動増減差額	前期繰越活動増減差額（25）										
		当期活動増減差額（14）										
		当期末繰越活動増減差額（26）＝（25）+（14）										
		積立金取崩額（22）										
		積立金積立額（23）										
		次期繰越活動増減差額（27）＝（26）+（22）−（23）										
	当期末純資産残高（28）=（18）+（20）+（24）+（27）											

（作成上の留意事項）
・本様式の勘定科目については、必要のないものは省略することができる。ただし追加・修正はできないものとする。
・本様式の会計の区分については、社会福祉連携推進業務のうち実施していない業務に係るものは省略することができる。
また、単一の社会福祉連携推進業務のみ実施している場合には、共通に係る区分を省略することができる。

4　連携会計基準の運用上の取扱いと留意事項

　182頁以下に、連携会計基準に係る 2 つの通知を収録しています。

社会福祉連携推進法人会計基準の運用上の取扱い（局長通知）

	内　　　容	（関連する連携会計基準条項）	掲載頁
1	重要性の原則の適用について	（ 2 条 4 号）	182
2	社会福祉連携推進目的事業財産の会計の区分について	（11条）	182
3	資産及び負債の流動と固定の区分について	（13条 1 項）	182
4	共通費用の配分について	（16条 2 項）	182
5	リース取引に関する会計	（ 6 条 1 項）	183
6	外貨建の資産及び負債の決算時における換算について	（ 6 条 1 項、18条 2 項）	183
7	受贈、交換によって取得した資産について	（ 6 条 1 項）	183
8	満期保有目的の債券について	（ 6 条 5 項）	184
9	減価償却について	（ 6 条 2 項）	184
10	固定資産の使用価値の見積もりについて	（ 6 条 3 項）	184
11	引当金について	（ 7 条 2 項）	184
12	積立金と積立資産の関係について	（ 8 条 3 項）	185
13	サービス活動費用における事業費と事務費の区分について	（18条 1 項）	185
14	継続事業の前提について	（20条 1 項 1 号）	185
15	重要な会計方針の開示について	（20条 1 項 2 号）	185
16	社会福祉連携推進目的取得財産残額について	（20条 1 項 7 号）	185
17	関連当事者との取引の内容について	（20条 1 項 9 号及び 2 項）	186
18	重要な後発事象について	（20条 1 項11号）	186
19	社員との取引について	（20条 1 項12号）	186
20	その他社会福祉連携推進法人の資産、負債及び純資産の状態並びに純資産の増減の状況を明らかにするために必要な事項について	（20条 1 項14号）	186
21	計算書類に対する注記について	（20条）	187
22	附属明細書について	（21条）	187
23	資金収支明細書の内容について	（21条）	187
24	資金収支明細書の資金の範囲について	（21条）	187
25	資金収支計算の方法について	（21条）	187
26	資金収支明細書の区分について	（21条）	187
27	資金収支明細書の構成について	（21条）	187
28	財産目録について	（22条）	188
	別紙 1　　計算書類に対する注記		189
	別紙 2 ①　固定資産明細書		191
	別紙 2 ②　引当金明細書		192
	別紙 2 ③　資金収支明細書		193
	別紙 2 ④　社会福祉連携推進業務貸付金（借入金）　明細書		195
	別紙 3　　財産目録		196

社会福祉連携推進法人会計基準の運用上の留意事項（課長通知）

○　社会福祉連携推進法人会計基準の運用上の取扱い（局長通知）

　　正しくは、厚生労働省から発出された次の局長通知です。

　　「社会福祉連携推進法人会計基準の運用上の取扱いについて」

　　社援発1112第2号　令和3年11月12日　厚生労働省社会・援護局長

○　社会福祉連携推進法人会計基準の運用上の留意事項（課長通知）

　　正しくは、厚生労働省から発出された次の留意事項です。

　　「社会福祉連携推進法人会計基準の運用上の留意事項について」

　　社援基発1112第1号　令和3年11月12日　厚生労働省社会・援護局福祉基盤課長

社援発1112第 2 号
令和 3 年11月12日
厚生労働省社会・援護局長

（別紙）

社会福祉連携推進法人会計基準の運用上の取扱い

＜編者注＞

▶社福会計基準と同じ

1　**重要性の原則の適用について（社会福祉連携推進法人会計基準省令（以下「会計基準省令」という。）第 2 条第 4 号関係）**

重要性の原則の適用例としては、次のようなものがある。

（1）　消耗品、貯蔵品等のうち、重要性が乏しいものについては、その買入時又は払出時に費用として処理する方法を採用することができる。

（2）　保険料、賃借料、受取利息配当金、借入金利息、法人税等にかかる前払金、未払金、未収金、前受金等のうち重要性の乏しいもの、または毎会計年度経常的に発生しその発生額が少額なものについては、前払金、未払金、未収金、前受金等を計上しないことができる。

（3）　引当金のうち、重要性の乏しいものについては、これを計上しないことができる。

（4）　取得価額と債券金額との差額について重要性が乏しい満期保有目的の債券については、償却原価法を適用しないことができる。

（5）　ファイナンス・リース取引について、取得したリース物件の価額に重要性が乏しい場合、通常の賃貸借取引に係る方法に準じて会計処理を行うことができる。

（6）　法人税法上の収益事業に係る課税所得の額に重要性が乏しい場合、税効果会計を適用しないで、繰延税金資産又は繰延税金負債を計上しないことができる。

なお、財産目録の表示に関しても重要性の原則が適用される。

▶連携法人独自の規定
▶連携会計基準第 2 号第 2 様式「損益計算書内訳表」参照☞178・179頁

2　**社会福祉連携推進目的事業財産の会計の区分について（会計基準省令第11条関係）**

社会福祉法（昭和26年法律第45号。以下、「法」という。）第146条第 2 項第 1 号に規定する社会福祉連携推進目的事業財産の増減は、社会福祉連携推進業務会計の区分に計上するものとする。

▶太字（ゴシック体）表記した部分以外は社福会計基準の局長通知と同じ
▶社福会計基準では「未収金」「未払金」と記載されているが実質的相違はない
▶企業会計の営業循環基準に替えて経常取引か否かを流動・固定の区分基準として記載されている（社福会計基準と同じ）
▶連携推進業務貸借は経常的取引とは扱わないことを明示

3　**資産及び負債の流動と固定の区分について（会計基準省令第13条第 1 項関係）**

事業未収金、前払金、**事業未払金**、前受金等の経常的な取引によって発生した債権債務は、流動資産または流動負債に属するものとする。

ただし、これらの債権のうち、破産債権、更生債権等で 1 年以内に回収されないことが明らかなものは固定資産に属するものとする。

社会福祉連携推進業務貸付金、借入金等の経常的な取引以外の取引によって発生した債権債務については、貸借対照表日の翌日から起算して 1 年以内に入金又は支払の期限が到来するものは流動資産又は流動負債に属するものとし、入金又は支払の期限が 1 年を超えて到来するものは固定資産又は固定負債に属するものとする。

現金及び預貯金は、原則として流動資産に属するものとするが、特定の目的で保有する預貯金は、固定資産に属するものとする。

▶社福会計基準と同旨

4　**共通費用の配分について（会計基準省令第16条第 2 項関係）**

損益計算を行うに当たって、事業費のうち、複数の業務に共通する費用について、また、人件費、事務費等のうち、法人全体に共通する費用については、合理的な基準に基づいて配分することになるが、その配分基準は、費用の項目ごとに、その発生に最も密接に関連する量的基準（例えば、人数、時間、面積等による基準、又はこれらの 2 つ以上の要素を合わせた複合基準）を選択して適用する。

▶太字（ゴシック体）

社員総会、理事会等の開催経費、法人登記に関する費用その他の法人運営のための費用

は法人会計に計上する。

　一度選択した配分基準は、状況の変化等により当該基準を適用することが不合理であると認められるようになった場合を除き、継続的に適用するものとする。

　なお、共通する収益がある場合には、同様の取扱いをするものとする。

5　リース取引に関する会計（会計基準省令第6条第1項関係）

（1）　リース取引に係る会計処理は、原則として以下のとおりとする。

　ア　「ファイナンス・リース取引」とは、リース契約に基づくリース期間の中途において当該契約を解除することができないリース取引又はこれに準ずるリース取引で、借手が、当該契約に基づき使用する物件（以下「リース物件」という。）からもたらされる経済的利益を実質的に享受することができ、かつ、当該リース物件の使用に伴って生じるコストを実質的に負担することとなるリース取引をいう。

　　　また、「オペレーティング・リース取引」とは、ファイナンス・リース取引以外のリース取引をいう。

　イ　ファイナンス・リース取引については、原則として、通常の売買取引に係る方法に準じて会計処理を行うものとする。

　ウ　ファイナンス・リース取引のリース資産については、原則として、有形固定資産、無形固定資産ごとに、一括してリース資産として表示する。ただし、有形固定資産又は無形固定資産に属する各科目に含めることもできるものとする。

　エ　オペレーティング・リース取引については通常の賃貸借取引に係る方法に準じて会計処理を行うものとする。

　オ　ファイナンス・リース取引におけるリース資産の取得価額及びリース債務の計上額については、原則として、リース料総額から利息相当額を控除するものとする。

（2）　利息相当額をリース期間中の各期に配分する方法は、原則として、利息法（各期の支払利息相当額をリース債務の未返済元本残高に一定の利率を乗じて算定する方法）によるものとする。

（3）　リース取引については、以下の項目を計算書類に注記するものとする。ただし、重要性が乏しい場合には、注記を要しない。

　ア　ファイナンス・リース取引の場合、リース資産について、その内容（主な資産の種類等）及び減価償却の方法を注記する。

　イ　オペレーティング・リース取引のうち解約不能のものに係る未経過リース料は、貸借対照表日後1年以内のリース期間に係るものと、貸借対照表日後1年を超えるリース期間に係るものとに区分して注記する。

6　外貨建の資産及び負債の決算時における換算について（会計基準省令第6条第1項、第18条第2項関係）

　外国通貨、外貨建金銭債権債務（外貨預金を含む。）及び外貨建有価証券等については、原則として、決算時の為替相場による円換算額を付すものとする。

　決算時における換算によって生じた換算差額は、原則として、当期の為替差損益として処理する。

7　受贈、交換によって取得した資産について（会計基準省令第6条第1項関係）

（1）　通常要する価額と比較して著しく低い価額で取得した資産又は贈与された資産の評価は、取得又は贈与の時における当該資産の取得のために通常要する価額をもって行うものとする。

（2）　交換により取得した資産の評価は、交換に対して提供した資産の帳簿価額をもって行うものとする。

――――

表記した部分は、連携法人独自の規定

▶社福会計基準と同じ

▶社福会計基準と同じ

▶社福会計基準と同じ

▶社福会計基準と同じ

8　満期保有目的の債券について（会計基準省令第６条第５項関係）

（１）　評価について

満期保有目的の債券を債券金額より低い価額又は高い価額で取得した場合において、取得価額と債券金額との差額の性格が金利の調整と認められるときは、償却原価法に基づいて算定された価額をもって貸借対照表価額としなければならない。

（２）　保有目的の変更について

満期保有目的の債券への分類はその取得当初の意図に基づくものであるので、取得後の満期保有目的の債券への振替は認められない。

満期保有目的の債券に分類している債券のうち、その一部を満期保有目的の債券以外の有価証券への振替又は償還期限前に売却を行った場合には、満期まで保有する意思を変更したものとして、他の満期保有目的債券についても、満期保有目的以外の有価証券に保有目的を変更しなければならない。さらに、当該変更を行った年度及びその翌年度においては、新たに取得した債券を満期保有目的の債券に分類することはできない。ただし、債券の発行者の信用状態の著しい悪化等により、当該債券を保有し続けることによる損失又は不利益が生じることが合理的に見込まれる場合は、満期まで保有する意思を変更したものとはしない。したがって、保有目的の変更を行う必要はない。

▶社福会計基準と同じ

9　減価償却について（会計基準省令第６条第２項関係）

（１）　減価償却の対象

耐用年数が１年以上、かつ、使用又は時の経過により価値が減ずる有形固定資産及び無形固定資産（ただし、取得価額が少額のものは除く。以下「償却資産」という。）に対して毎期一定の方法により償却計算を行わなければならない。

なお、土地など減価が生じない資産（非償却資産）については、減価償却を行うことができないものとする。

（２）　減価償却の方法

減価償却の方法としては、有形固定資産については定額法又は定率法のいずれかの方法で償却計算を行う。

また、ソフトウエア等の無形固定資産については定額法により償却計算を行うものとする。

なお、償却方法は、資産の種類ごとに選択し、適用することができる。

（３）　減価償却累計額の表示

有形固定資産（有形リース資産を含む。）に対する減価償却累計額を、当該各資産の金額から直接控除した残額のみを記載する方法（以下「直接法」という。）又は当該各資産科目の控除科目として掲記する方法（以下「間接法」という。）のいずれかによる。間接法の場合は、これらの資産に対する控除科目として一括して表示することも妨げない。

無形固定資産に対する減価償却累計額は直接法により表示する。

▶社福会計基準と同じ

10　固定資産の使用価値の見積もりについて（会計基準省令第６条第３項関係）

（１）　使用価値により評価できるのは、対価を伴う事業に供している固定資産に限られるものとする。

（２）　使用価値は、資産又は資産グループを単位とし、継続的使用と使用後の処分によって生ずると見込まれる将来キャッシュ・フローの現在価値をもって算定する。

▶社福会計基準と同じ
ただし、従来の社福会計基準では貸倒引当金ではなく、徴収不能引当金として規定

11　引当金について（会計基準省令第７条第２項関係）

（１）　将来の特定の費用又は損失であって、その発生が当該会計年度以前の事象に起因し、発生の可能性が高く、かつその金額を合理的に見積もることができる場合には、当該会計年度の負担に属する金額を当該会計年度の費用として引当金に繰り入れ、当該引当金の残高を貸借対照表の負債の部に計上又は資産の部に控除項目として記載する。

（2）　原則として、引当金のうち賞与引当金のように通常1年以内に使用される見込みのものは流動負債に計上し、退職給付引当金のように通常1年を超えて使用される見込みのものは固定負債に計上するものとする。

　　　また、貸倒引当金は、直接法又は間接法のいずれかを選択して、当該金銭債権から控除するものとする。

（3）　職員に対し賞与を支給することとされている場合、当該会計年度の負担に属する金額を当該会計年度の費用に計上し、負債として認識すべき残高を賞与引当金として計上するものとする。

（4）　職員に対し退職金を支給することが定められている場合には、将来支給する退職金のうち、当該会計年度の負担に属すべき金額を当該会計年度の費用に計上し、負債として認識すべき残高を退職給付引当金として計上するものとする。

　　　なお、役員に対し在任期間中の職務執行の対価として退職慰労金を支給することが定められており、その支給額が規程等により適切に見積もることが可能な場合には、将来支給する退職慰労金のうち、当該会計年度の負担に属すべき金額を当該会計年度の役員退職慰労引当金繰入に計上し、負債として認識すべき残高を役員退職慰労引当金として計上するものとする。なお、退職慰労金を支給した際、支給金額については役員退職慰労金支出に計上するものとする。

12　積立金と積立資産の関係について（会計基準省令第8条第3項関係）

　損益計算書の当期末繰越活動増減差額に積立金取崩額（基金の返還に伴い代替基金に計上する額を除く。）を加算した額に余剰が生じた場合には、その範囲内で将来の特定の目的のために積立金を積み立てることができるものとする。積立金を計上する際は、同額の積立資産を積み立てるものとする。

　また、積立金に対応する積立資産を取崩す場合には、当該積立金を同額取崩すものとする。

▶積立目的を示す名称を付すことを求められていない点は社福会計基準と異なる

13　サービス活動費用における事業費と事務費の区分について（会計基準省令第18条第1項関係）

　事業費には「業務の目的のために直接要する費用」を計上する。

　事務費には「事務局経費など、各種の業務の管理等をするために発生する費用又は法人運営のために毎年度経常的に要する費用」を計上する。

▶社福会計基準とは大きく異なる連携法人独自の規定

14　継続事業の前提について（会計基準省令第20条第1項第1号関係）

　継続事業の前提に関する注記は、当該社会福祉連携推進法人の会計年度の末日において、財務指標の悪化の傾向、重要な債務の不履行等財政破綻の可能性その他将来にわたって事業を継続することの前提に重要な疑義を抱かせる事象又は状況が存在する場合におけるその内容を記載する。

▶社福会計基準にはない規定（企業会計にはある基準）

15　重要な会計方針の開示について（会計基準省令第20条第1項第2号関係）

　重要な会計方針とは、社会福祉連携推進法人が計算書類を作成するに当たって、その財政及び活動の状況を正しく示すために採用した会計処理の原則及び手続並びに計算書類への表示の方法をいう。

　なお、代替的な複数の会計処理方法等が認められていない場合には、会計方針の注記を省略することができる。

▶社福会計基準と同旨

16　社会福祉連携推進目的取得財産残額について（会計基準省令第20条第1項第7号関係）

　社会福祉連携推進目的取得財産残額の額は、会計基準省令第10条第2号に規定する損益計算書内訳表における社会福祉連携推進業務会計の当期末純資産残高とする。

▶連携法人独自の規定
▶連携会計基準第2号第2様式「損益計算書内訳表」参照☞178・179頁

▶社福会計基準と同旨

17　関連当事者との取引の内容について（会計基準省令第20条第 1 項第 9 号及び第 2 項関係）

（1）　関連当事者との取引については、次に掲げる事項を原則として関連当事者ごとに注記しなければならない。

ア　当該関連当事者が法人の場合には、その名称、所在地、直近の会計年度末における資産総額及び事業の内容

なお、当該関連当事者が会社の場合には、当該関連当事者の議決権に対する当該社会福祉連携推進法人の役員又はそれらの近親者の所有割合

イ　当該関連当事者が個人の場合には、その氏名及び職業

ウ　当該社会福祉連携推進法人と関連当事者との関係

エ　取引の内容

オ　取引の種類別の取引金額

カ　取引条件及び取引条件の決定方針

キ　取引により発生した債権債務に係る主な科目別の期末残高

ク　取引条件の変更があった場合には、その旨、変更の内容及び当該変更が計算書類に与えている影響の内容

（2）　関連当事者との間の取引のうち次に定める取引については、1 に規定する注記を要しない。

ア　一般競争入札による取引並びに預金利息及び配当金の受取りその他取引の性格からみて取引条件が一般の取引と同様であることが明白な取引

イ　役員に対する報酬、賞与及び退職慰労金の支払い

▶社福会計基準と同旨

18　重要な後発事象について（会計基準省令第20条第 1 項第11号関係）

後発事象とは、当該会計年度末日後に発生した事象で翌会計年度以後の社会福祉連携推進法人の財政及び活動の状況に影響を及ぼすものをいう。

重要な後発事象は社会福祉連携推進法人の状況に関する利害関係者の判断に重要な影響を与えるので、計算書類作成日までに発生したものは計算書類に注記する必要がある。

重要な後発事象の例としては、次のようなものがある。

（1）　火災、出水等による重大な損害の発生

（2）　重要な係争事件の発生又は解決

（3）　重要な回収不能額の発生

なお、後発事象の発生により、当該会計年度の決算における会計上の判断ないし見積りを修正する必要が生じた場合には、当該会計年度の計算書類に反映させなければならない。

▶連携法人独自の規定

19　社員との取引について（会計基準省令第20条第 1 項第12号関係）

当該社会福祉連携推進法人が社員と行う取引の内容について、サービス活動収益、サービス活動費用、サービス活動外収益、サービス活動外費用、特別収益、特別費用、金銭債権及び金銭債務の額を会計基準省令第20条 1 項第12号の事項として社員ごとに注記しなければならない。

なお、注記する事項について、主要な勘定科目別の額を記載することができる。

▶社福会計基準と同旨
　ただし資金収支計算書に係る部分は除外されている

20　その他社会福祉連携推進法人の資産、負債及び純資産の状態並びに純資産の増減の状況を明らかにするために必要な事項について（会計基準省令第20条第 1 項第14号関係）

会計基準省令第20条第 1 項14号に規定する「その他社会福祉連携推進法人の資産、負債及び純資産の状態並びに純資産の増減の状況を明らかにするために必要な事項」とは、計算書類に記載すべきものとして会計基準省令に定められたもののほかに、社会福祉連携推進法人の利害関係者が、当該法人の状況を適正に判断するために必要な事項である。

このような事項は、個々の社会福祉連携推進法人の経営内容、周囲の環境等によって

様々であるが、その例としては、次のようなものがある。

（1）　状況の変化にともなう引当金の計上基準の変更、固定資産の耐用年数、残存価額の変更等会計処理上の見積方法の変更に関する事項

（2）　法令の改正、社会福祉連携推進法人の規程の制定及び改廃等、会計処理すべき新たな事実の発生にともない新たに採用した会計処理に関する事項

（3）　勘定科目の内容について特に説明を要する事項

（4）　法令、認定所轄庁の通知等で特に説明を求められている事項

21　計算書類に対する注記について（会計基準省令第20条関係）

計算書類の注記は、別紙１のとおりとする。

なお、計算書類の注記は、会計基準省令第２号第２様式の後に記載するものとする。

22　附属明細書について（会計基準省令第21条関係）

会計基準省令第21条に規定する附属明細書は以下のものをいう。ただし、資金収支明細書を除き、該当する事由がない場合は作成を省略できるものとする。

（1）　（別紙２①）固定資産明細書

（2）　（別紙２②）引当金明細書

（3）　（別紙２③）資金収支明細書

（4）　（別紙２④）社会福祉連携推進業務貸付金（借入金）明細書

23　資金収支明細書の内容について（会計基準省令第21条関係）

資金収支明細書は、当該会計年度における全ての支払資金の増加及び減少の状況を明瞭に表示するものとする。

24　資金収支明細書の資金の範囲について（会計基準省令第21条関係）

支払資金は、流動資産及び流動負債（経常的な取引以外の取引によって生じた債権又は債務のうち貸借対照表日の翌日から起算して一年以内に入金又は支払の期限が到来するものとして固定資産又は固定負債から振り替えられた流動資産又は流動負債、引当金及び棚卸資産（貯蔵品を除く。）を除く。）とし、支払資金残高は、当該流動資産と流動負債との差額とする。

25　資金収支計算の方法について（会計基準省令第21条関係）

資金収支計算は、当該会計年度における支払資金の増加及び減少に基づいて行うものとする。

26　資金収支明細書の区分について（会計基準省令第21条関係）

資金収支明細書は、次に掲げる収支に区分するものとする。

（1）　事業活動による収支

（2）　設備整備等による収支

（3）　その他の活動による収支

27　資金収支明細書の構成について（会計基準省令第21条関係）

事業活動による収支には、経常的な事業活動による収入（受取利息配当金収入を含む。）及び支出（支払利息支出を含む。）を記載し、収入から支出を控除した額を事業活動資金収支差額として記載するものとする。

設備整備等による収支には、固定資産の取得に係る支出及び売却に係る収入、設備整備等寄附金収入、設備資金借入金収入、設備資金借入金元金償還支出その他設備整備等に係る収入及び支出を記載し、収入から支出を控除した額を設備整備等資金収支差額として記載するものとする。

▶社福会計基準と同旨
　ただし拠点区分での注記については記載されていない

▶社福会計基準と比して附属明細書は簡略化
　一方で「資金収支明細書」「社連携推進業務貸付金（借入金）明細書」を新たに規定

▶以下27まで、資金収支計算書を明細書の一つとしたことに伴い会計基準ではなく局長通知として規定

▶資金の範囲は社福会計基準13条と同じ

▶社福会計基準14条１項と同旨

▶区分は社福会計基準と同じ

▶「設備整備等による収支」の区分には違和感があるが、連携法人制度の主たる利用者として考えられる社会福祉法人関係者の理解、便益に資

するために区分

その他の活動による収支には、事業活動による収支及び設備整備等による収支に属さない収入及び支出を記載し、収入から支出を控除した額をその他の活動資金収支差額として記載するものとする。

資金収支明細書には、事業活動資金収支差額、設備整備等資金収支差額及びその他の活動資金収支差額を合計した額を当期資金収支差額合計として記載し、これに前期末支払資金残高を加算した額を当期末支払資金残高として記載するものとする。

資金収支明細書には、当該会計年度の決算の額を予算の額と対比して記載するものとする。この場合において、決算の額と予算の額とに著しい差異がある勘定科目については、その理由を備考欄に記載するものとする。

▶基本的に社福会計
基準と同じ
　ただし、「使用目的
等」に連携推進目
的事業財産である
旨等の記載
　また、連携推進目
的事業財産残額に
ついての規定がな
されている

28　財産目録について（会計基準省令第22条関係）

財産目録は、当該会計年度末現在におけるすべての資産及び負債につき、価額及び必要な情報を表示する。

財産目録は、貸借対照表の区分に準じ、資産の部と負債の部に区分し、更に資産の部を流動資産及び固定資産に、負債の部を流動負債及び固定負債に区分して、純資産合計の額を表示する。「貸借対照表科目」には、「現金」「土地」等を、「場所・物量等」には「手持保管」「○○市○○町○○」等を、「使用目的等」には「運転資金として」「社会福祉連携推進目的事業財産であり、○○業務に使用している」等を記載する。

財産目録の価額は、貸借対照表記載の価額と同一とする。

財産目録の社会福祉連携推進目的取得財産残額の額は、損益計算書内訳表の社会福祉連携推進業務会計の当期末純資産残高と同額を記載する。

財産目録の様式は、別紙３による。

計算書類に対する注記

１．継続事業の前提に関する注記
・・・・・・・・

２．重要な会計方針
（１）有価証券の評価基準及び評価方法
　　　・満期保有目的の債券等－償却原価法（定額法）
　　　・上記以外の有価証券で時価のあるもの－決算日の市場価格に基づく時価法
（２）固定資産の減価償却の方法
　　　・建物並びに器具及び備品－定額法
　　　・リース資産
　　　　所有権移転ファイナンス・リース取引に係るリース資産
　　　　　自己所有の固定資産に適用する減価償却方法と同一の方法によっている。
　　　　所有権移転外ファイナンス・リース取引に係るリース資産
　　　　　リース期間を耐用年数とし、残存価額を零とする定額法によっている。
（３）引当金の計上基準
　　　・退職給付引当金－・・・
　　　・賞与引当金　　－・・・

３．重要な会計方針の変更
・・・・・・・・

４．法人で採用する退職給付制度
・・・・・・・・

５．有形固定資産の取得価額、減価償却累計額及び当期末残高
（貸借対照表上、間接法で表示している場合は記載不要。）
　　固定資産の取得価額、減価償却累計額及び当期末残高は、以下のとおりである。

（単位：円）

	取得価額	減価償却累計額	当期末残高
建物			
構築物			
・・・・・			
合計			

６．債権額、貸倒引当金の当期末残高、債権の当期末残高
（貸借対照表上、間接法で表示している場合は記載不要。）
　　債権額、貸倒引当金の当期末残高、債権の当期末残高は以下のとおりである。

（単位：円）

	債権額	貸倒引当金の当期末残高	債権の当期末残高
合　計			

７．法第146条第2項に規定する社会福祉連携推進目的取得財産残額
・・・・・・・・

８．満期保有目的の債券の内訳並びに帳簿価額、時価及び評価損益

満期保有目的の債券の内訳並びに帳簿価額、時価及び評価損益は以下のとおりである。

（単位：円）

種類及び銘柄	帳簿価額	時価	評価損益
第〇回利付国債			
第△回利付国債			
第☆回★★社 期限前償還条件付社債			
合　計			

９．関連当事者との取引の内容

関連当事者との取引の内容は次のとおりである。

（単位：円）

種類	法人等の名称	住所	資産総額	事業の内容又は職業	議決権の所有割合	関係内容		取引の内容	取引金額	科目	期末残高
						役員の兼務等	事業上の関係				

取引条件及び取引条件の決定方針等

・・・・・・・・

10．重要な偶発債務

・・・・・・・・

11．重要な後発事象

・・・・・・・・

12．社員との取引の内容

（単位：円）

法人名	サービス活動収益	サービス活動費用	サービス活動外収益	サービス活動外費用	特別収益	特別費用	金銭債権	金銭債務
社会福祉法人甲	受取会費　〇〇 社会福祉連携推進業務収益〇〇 その他業務収益　〇〇	事務費　〇〇	〇〇 〇〇	〇〇 〇〇	〇〇 〇〇	〇〇 〇〇	事業未収金　〇〇 短期貸付金　〇〇 長期貸付金　〇〇	その他未払金　〇〇
社会福祉法人乙	受取会費　〇〇 社会福祉連携推進業務収益〇〇 その他業務収益　〇〇	事務費　〇〇 支払利息　〇〇	〇〇 〇〇	〇〇 〇〇	〇〇 〇〇	〇〇 〇〇	事業未収金　〇〇	その他未払金　〇〇 短期借入金　〇〇 長期借入金　〇〇
・・・・・								

13．基金及び代替基金の内容

（単位：円）

科目	前期末残高	当期増加額	当期減少額	期末残高
基金 〇〇基金 ・・・・・				
基金計				
代替基金 〇〇基金 ・・・・・				
代替基金計				

14．その他社会福祉連携推進法人の資産、負債及び純資産の状態並びに純資産の増減の状況を明らかにするために必要な事項

・・・・・・・・

別紙2①

社会福祉連携推進法人名 _____

固定資産明細書

（自）令和　年　月　日　（至）令和　年　月　日

（単位：円）

資産の種類及び名称	期首帳簿価額(A)	当期増加額(B)	当期減価償却額(C)	当期減少額(D)	期末帳簿価額 (E=A+B−C−D)	減価償却累計額(F)	期末取得原価 (G=E+F)	摘要
有形固定資産								
有形固定資産計								
無形固定資産								
無形固定資産計								
その他の資産								
その他の資産計								
固定資産計								

（注）「当期増加額」には減価償却控除前の増加額、「当期減少額」には当期減価償却額を控除した減少額を記載する。

別紙２②

社会福祉連携推進法人名 　　　　　　　　　　　　　

引当金明細書

（自）令和　年　月　日　（至）令和　年　月　日

（単位：円）

科目	期首残高	当期増加額	当期減少額		期末残高	摘要
			目的使用	その他		
貸倒引当金						
賞与引当金						
退職給付引当金						
役員退職慰労引当金						
○○○						
計						

（注）

1．引当金明細書には、引当金の種類ごとに、期首残高、当期増加額、当期減少額及び期末残高の明細を記載する。

2．目的使用以外の要因による減少額については、その内容及び金額を注記する。

社会福祉連携推進法人名

資金収支明細書

（自）令和　年　月　日　（至）令和　年　月　日

（単位：円）

		勘定科目	予算(A)	決算(B)	差異(A)-(B)	備考
事業活動による収支	収入	受取会費収入				
		業務収入				
		社会福祉連携推進業務収入				
		社会福祉連携推進業務長期借入金収入				
		社会福祉連携推進業務受取利息収入				
		社会福祉連携推進業務長期貸付金回収収入				
		その他業務収入				
		補助金等収入				
		その他の業務収入				
		経常経費寄附金収入				
		受取利息配当金収入				
		その他の収入				
		雑収入				
		流動資産評価益等による資金増加額				
		有価証券売却益				
		有価証券評価益				
		為替差益				
		事業活動収入計（1）				
	支出	人件費支出				
		役員報酬支出				
		役員退職慰労金支出				
		職員給料支出				
		職員賞与支出				
		非常勤職員給与支出				
		派遣職員費支出				
		退職給付支出				
		法定福利費支出				
		事業費支出				
		水道光熱費支出				
		燃料費支出				
		消耗器具備品費支出				
		賃借料支出				
		車輌費支出				
		社会福祉連携推進業務長期貸付金支出				
		社会福祉連携推進業務支払利息支出				
		社会福祉連携推進業務長期借入金元金償還支出				
		雑支出				
		事務費支出				
		福利厚生費支出				
		職員被服費支出				
		旅費交通費支出				
		研修研究費支出				
		事務消耗品費支出				
		印刷製本費支出				
		水道光熱費支出				
		燃料費支出				
		修繕費支出				
		通信運搬費支出				
		会議費支出				
		広報費支出				
		業務委託費支出				
		手数料支出				
		保険料支出				
		賃借料支出				
		土地・建物賃借料支出				
		租税公課支出				
		保守料支出				

		渉外費支出				
		諸会費支出				
		雑支出				
		支払利息支出				
		その他の支出				
		法人税、住民税及び事業税支出				
		雑支出				
		流動資産評価損等による資金減少額				
		有価証券売却損				
		資産評価損				
		為替差損				
		貸倒損失額				
		事業活動支出計（２）				
	事業活動資金収支差額（３）＝（１）－（２）					
設備整備等による収支	収入	設備整備等寄附金収入				
		設備資金借入金収入				
		固定資産売却収入				
		その他の設備整備等による収入				
		設備整備等収入計（４）				
	支出	設備資金借入金元金償還支出				
		固定資産取得支出				
		固定資産除却・廃棄支出				
		ファイナンス・リース債務の返済支出				
		その他の設備整備等による支出				
		設備整備等支出計（５）				
	設備整備等資金収支差額（６）＝（４）－（５）					
その他の活動による収支	収入	長期運営資金借入金元金償還寄附金収入				
		長期運営資金借入金収入				
		役員等長期借入金収入				
		長期貸付金回収収入				
		投資有価証券売却収入				
		基金受入収入				
		積立資産取崩収入				
		その他の活動による収入				
		その他の活動収入計（７）				
	支出	長期運営資金借入金元金償還支出				
		役員等長期借入金元金償還支出				
		長期貸付金支出				
		投資有価証券取得支出				
		基金返還支出				
		積立資産支出				
		その他の活動による支出				
		雑支出				
		その他の活動支出計（８）				
	その他の活動資金収支差額（９）＝（７）－（８）					
予備費支出(10)			×××　⎤ △×××⎦	－	×××	
当期資金収支差額合計(11)＝（３）＋（６）＋（９）－(10)						
前期末支払資金残高(12)						
当期末支払資金残高(11)＋(12)						

（注）予備費支出△×××円は（何）支出に充当使用した額である。

（作成上の留意事項）

・本様式の勘定科目については、必要のないものは省略することができる。ただし追加・修正はできないものとする。

別紙2④

社会福祉連携推進法人名 _____

社会福祉連携推進業務貸付金（借入金）明細書

（自）令和　年　月　日　（至）令和　年　月　日

（単位：円）

| 貸付件名 | 貸付対象社員 | 貸付期間 | 貸付原資提供社員 | 期首残高① | 当期増加額② | 当期減少額③ | | 期末残高④=①+②-③（うち1年以内回収予定） | 摘要 |
						返済	その他		
社員甲に対する貸付	社員甲	長期	社員□□						
			社員△△						
			社員◇◇						
社員乙に対する貸付	社員乙	短期	社員××					（　　　　）	
合計									

（注）
1. 社会福祉連携推進業務貸付金（借入金）明細書には、貸付件名ごとに、期首残高、当期増加額、当期減少額及び期末残高の明細を記載する。
2. 返済以外の要因による減少額については、その内容及び金額を摘要欄に記載する。

社会福祉連携推進法人名 _____

財 産 目 録

(令和＿＿年＿＿月＿＿日　現在)

(単位：円)

貸借対照表科目		場所・物量等	使用目的等	金額
(流動資産)				
	現金	手持保管	運転資金として	×××
	預金	普通預金 ○○銀行○○支店	運転資金として	×××
流動資産合計				×××
(固定資産)				
	土地	○○m² ○○市○○町○○	社会福祉連携推進目的事業財産であり、○○業務に使用している。	×××
	建物	○○m² ○○市○○町○○ 4階建	3〜4階部分：社会福祉連携推進目的事業財産であり、○○業務に使用している。 1〜2階部分：△△業務に使用している。	×××
	投資有価証券	第○回利付国債他	社会福祉連携推進目的事業財産であり、運用益を○○業務の財源として使用している。	×××
	積立資産	定期預金 ○年○月以前取得	社会福祉連携推進目的事業財産であり、○○業務に供している。	×××
固定資産合計				×××
資産合計				×××
(流動負債)				
	事業未払金	○○に対する未払額	○○業務に供する備品購入の未払い分	×××
	短期運営資金借入金	○○銀行○○支店	運転資金	×××
流動負債合計				×××
(固定負債)				
	長期運営資金借入金	○○銀行○○支店	○○業務に供する建物を取得するための借入れ	×××
	退職給付引当金	従業員に対するもの	従業員○○名に対する退職金の支払いに備えたもの	×××
固定負債合計				×××
負債合計				×××
純資産				×××
うち社会福祉連携推進目的取得財産残額				×××

社援基発1112第1号
令和3年11月12日
厚生労働省社会・援護局
福祉基盤課長

（別紙）

社会福祉連携推進法人会計基準の運用上の留意事項

1　管理組織の確立

（1）　法人における予算の執行及び資金等の管理に関しては、あらかじめ運営管理責任者を定める等法人の管理運営に十分配慮した体制を確保すること。

　　　また、内部牽制に配意した業務分担、自己点検を行う等、適正な会計事務処理に努めること。

（2）　会計責任者については代表理事が任命することとし、会計責任者は取引の遂行、資産の管理及び帳簿その他の証憑書類の保存等会計処理に関する事務を行い、又は代表理事の任命する出納職員にこれらの事務を行わせるものとする。

（3）　法人は、上記事項を考慮し、社会福祉連携推進法人会計基準省令（以下「会計基準省令」という。）に基づく適正な会計処理のために必要な事項について経理規程を定めるものとする。

2　予算と経理

（1）　法人は、事業計画をもとに収入支出予算を編成し、資金収支予算書を作成するものとする。また、資金収支予算書の勘定科目は、資金収支明細書の勘定科目に準拠することとする。

（2）　法人は、全ての収入及び支出について予算を編成し、予算に基づいて事業活動を行うこととする。

　　　なお、年度途中で予算との乖離等が見込まれる場合は、必要な収入及び支出について補正予算を編成するものとする。ただし、乖離額等が法人の運営に支障がなく、軽微な範囲にとどまる場合は、この限りではない。

（3）　会計帳簿は、仕訳日記帳及び総勘定元帳を作成し、備え置くものとする。

3　決算

　決算に際しては、毎会計年度終了後3か月以内に、計算書類（貸借対照表、損益計算書（損益計算書内訳表含む。以下同じ。））及びその附属明細書並びに財産目録を作成し、理事会、社員総会の承認を受け、認定所轄庁に提出しなければならない。

4　寄附金の扱い

（1）　金銭の寄附は、損益計算書の経常経費寄附金収益又は設備整備等寄附金収益として計上し、併せて資金収支明細書の経常経費寄附金収入又は設備整備等寄附金収入として計上するものとする。

（2）　寄附物品については、取得時の時価により、経常経費に対する寄附物品であれば経常経費寄附金収益及び経常経費寄附金収入として計上する。土地などの支払資金の増減に影響しない寄附物品については、損益計算書の固定資産受贈額として計上するものとし、資金収支明細書には計上しないものとする。ただし、当該物品が飲食物等で即日消費されるもの又は社会通念上受取寄附金として扱うことが不適当なものはこの限りではない。

　　　なお、寄附金及び寄附物品を収受した場合においては、寄附者から寄附申込書を受けることとする。

5　棚卸資産の会計処理等について

　棚卸資産については、原則として、資金収支明細書上は購入時等に支出として処理するが、損益計算書上は当該棚卸資産を費消等した時に費用として処理するものとする。

6　減価償却について

（1）　減価償却の対象と単位

　　　減価償却は耐用年数が1年以上、かつ、原則として1個若しくは1組の金額が10万円以上の有形固定資産及び無形固定資産を対象とする。減価償却計算の単位は、原則として資産ごととする。

（2）　残存価額

ア　有形固定資産

　　　有形固定資産について償却計算を実施するための残存価額はゼロとし、償却累計額が当該資産の取得価額から

備忘価額（1円）を控除した金額に達するまで償却するものとする。

イ　無形固定資産

無形固定資産については、当初より残存価額をゼロとして減価償却を行うものとする。

（3）　耐用年数

耐用年数は、原則として「減価償却資産の耐用年数等に関する省令」（昭和40年大蔵省令第15号）によるものとする。

（4）　償却率等

減価償却の計算は、原則として、「減価償却資産の耐用年数等に関する省令」の定めによるものとする。

（5）　減価償却計算期間の単位

減価償却費の計算は、原則として1年を単位として行うものとする。ただし、年度の中途で取得又は売却・廃棄した減価償却資産については、月を単位（月数は暦に従って計算し、1か月に満たない端数を生じた時はこれを1か月とする）として計算を行うものとする。

（6）　減価償却費の配分の基準

複数の業務に共通して発生する減価償却費については、利用の程度に応じた面積、人数等の合理的基準に基づいて毎期継続的に各業務に配分する。

7　基本財産の取扱いについて

定款において基本財産の規定を置いている場合であっても、貸借対照表及び財産目録には、基本財産としての表示区分は設ける必要はないが、当該基本財産の前会計年度末残高、当該会計年度の増加額、当該会計年度の減少額及び当該会計年度末残高について、貸借対照表の科目別に会計基準省令第20条第1項第14号の事項として注記する。

8　引当金について

（1）　貸倒引当金について

ア　貸倒引当金の計上は、原則として、毎会計年度末において回収することが不可能な債権を個別に判断し、当該債権を貸倒引当金に計上する。社会福祉連携推進業務貸付金に係る貸倒引当金については、社会福祉連携推進業務貸付金（借入金）明細書の摘要欄にその内容及び金額を記載する。

イ　ア以外の債権については、過去の回収不能額の発生割合に応じた金額を貸倒引当金として計上する。

（2）　賞与引当金について

賞与引当金の計上は、法人と職員との雇用関係に基づき、毎月の給料の他に賞与を支給する場合において、翌期に支給する職員の賞与のうち、支給対象期間が当期に帰属する支給見込額を賞与引当金として計上する。

（3）　退職給付引当金について

11を参照のこと。

9　積立金と積立資産について

（1）　積立資産の積立て

社会福祉連携推進法人会計基準の運用上の取扱い（以下「運用上の取扱い」という。）第12において積立金を計上する際は同額の積立資産を積み立てることとしているが、資金管理上の理由等から積立資産の積立てが必要とされる場合には、積立金を積み立てずに積立資産を計上できるものとする。

（2）　積立資産の積立ての時期

積立金と積立資産の積立ては、増減差額の発生した年度の計算書類に反映させるものであるが、専用の預金口座で管理する場合は、遅くとも決算理事会終了後2か月を越えないうちに行うものとする。

10　リース会計について

（1）　リース会計処理について

企業会計においてはリース取引の会計処理はリース会計基準に従って行われる。社会福祉連携推進法人においてもリース取引の会計処理はこれに準じて行うこととなる。

土地、建物等の不動産のリース取引（契約上、賃貸借となっているものも含む。）についても、ファイナンス・リース取引に該当するか、オペレーティング・リース取引に該当するかを判定する。ただし、土地については、所有権の移転条項又は割安購入選択権の条項がある場合等を除き、オペレーティング・リース取引に該当す

るものと推定することとなる。

　なお、リース契約1件当たりのリース料総額（維持管理費用相当額又は通常の保守等の役務提供相当額のリース料総額に占める割合が重要な場合には、その合理的見積額を除くことができる。）が300万円以下のリース取引等少額のリース資産や、リース期間が1年以内のリース取引についてはオペレーティング・リース取引の会計処理に準じて資産計上又は運用上の取扱い第5に記載されている注記を省略することができる等の簡便的な取扱いができるものとする。

（2）　利息相当額の各期への配分について

　リース資産総額に重要性が乏しいと認められる場合は、次のいずれかの方法を適用することができる。

ア　運用上の取扱い第5の定めによらず、リース料総額から利息相当額の合理的な見積額を控除しない方法によることができる。この場合、リース資産及びリース債務は、リース料総額で計上され、支払利息は計上されず、減価償却費のみが計上される。

イ　運用上の取扱い第5の定めによらず、利息相当額の総額をリース期間中の各期に配分する方法として、定額法を採用することができる。

　なお、リース資産総額に重要性が乏しいと認められる場合とは、未経過リース料の期末残高（運用上の取扱い第1で通常の賃貸借取引に係る方法に準じて会計処理を行うこととしたものや、運用上の取扱い第5に従い利息相当額を利息法により各期に配分しているリース資産に係るものを除く。）が、当該期末残高、有形固定資産及び無形固定資産の期末残高の法人全体の合計額に占める割合が10％未満である場合とする。

11　退職給付について

　退職給付会計の適用に当たり、退職給付の対象となる職員数が300人未満の社会福祉連携推進法人のほか、職員数が300人以上であっても、年齢や勤務期間に偏りがあるなどにより数理計算結果に一定の高い水準の信頼性が得られない社会福祉連携推進法人や原則的な方法により算定した場合の額と期末要支給額との差異に重要性が乏しいと考えられる社会福祉連携推進法人においては、退職一時金に係る債務について期末要支給額により算定することができるものとする。

12　資産価値の下落について

　会計基準省令第6条第3項に規定する会計年度の末日における時価がその時の取得原価より著しく低い資産とは、時価が帳簿価額から概ね50％を超えて下落している場合をいうものとする。

13　計算関係書類の勘定科目及び計算書類に対する注記について

（1）　計算関係書類の勘定科目

　勘定科目は別添に定めるとおりとする。

　貸借対照表は、勘定科目の中区分までを記載し、必要のない中区分の勘定科目は省略できるものとするが、追加・修正はできないものとする。損益計算書（損益計算書内訳表除く。）は、勘定科目の大区分のみを記載し、損益計算書内訳表は勘定科目の中区分までを記載する。必要のない勘定科目は省略することができるものとするが、追加・修正はできないものとする。

　また、資金収支明細書は、勘定科目の中区分までを記載し、必要のない勘定科目は省略できるものとするが、追加・修正はできないものとする。

（2）　計算書類に対する注記

　計算書類に対する注記は、該当する内容がない項目についても、会計基準省令第20条第1項第1号、第3号、第5号、第6号を除いては、項目名の記載は省略できない。この場合は当該項目に「該当なし」などと記載するものとする。

14　関連当事者との取引について

　運用上の取扱い第17における関連当事者との取引の内容について計算書類に注記を付す場合の関連当事者の範囲及び重要性の基準は、以下のとおりである。

（1）　関連当事者の範囲

ア　当該社会福祉連携推進法人の常勤の役員として報酬を受けている者及びそれらの近親者（3親等内の親族及びこの者と特別の関係にある者。なお、「親族及びこの者と特別の関係にあるもの」とは例えば以下を指すことと

する。）
　　　（ア）　当該役員とまだ婚姻の届け出をしていないが、事実上婚姻と同様の事情にある者
　　　（イ）　当該役員から受ける金銭その他の財産によって生計を維持している者
　　　（ウ）　（ア）又は（イ）の親族で、これらの者と生計を一にしている者
　イ　当該社会福祉連携推進法人の常勤の役員として報酬を受けている者及びそれらの近親者が議決権の過半数を有している法人
　ウ　支配法人（当該社会福祉連携推進法人の財務及び営業又は事業の方針の決定を支配している他の法人、以下同じ。）
　　　次の場合には当該他の法人は、支配法人に該当するものとする。
　　・他の法人の役員である者が当該社会福祉連携推進法人の意思決定機関の構成員の過半数を占めていること。
　エ　被支配法人（当該社会福祉連携推進法人が財務及び営業又は事業の方針の決定を支配している他の法人、以下同じ。）
　　　次の場合には当該他の法人は、被支配法人に該当するものとする。
　　・当該社会福祉連携推進法人の役員若しくは職員である者が他の法人の意思決定機関の構成員の過半数を占めていること。
　オ　当該社会福祉連携推進法人と同一の支配法人を持つ法人
　　　当該社会福祉連携推進法人と同一の支配法人を持つ法人とは、支配法人が当該社会福祉連携推進法人以外に支配している法人とする。

（2）　関連当事者との取引に係る開示対象範囲
　ア　上記（1）ア及びイに掲げる者との取引については、貸借対照表項目及び損益計算書項目いずれに係る取引についても、年間1,000万円を超える取引については全て開示対象とするものとする。
　イ　支配法人、被支配法人又は同一の支配法人を持つ法人との取引
　　（ア）　貸借対照表項目に係る関連当事者との取引
　　　　　貸借対照表項目に属する科目の残高については、その金額が資産の合計額の100分の1を超える取引について開示する。
　　（イ）　損益計算書項目に係る関連当事者との取引
　　　　　サービス活動収益又はサービス活動外収益の各項目に係る関連当事者との取引については、各項目に属する科目ごとに、サービス活動収益とサービス活動外収益の合計額の100分の10を超える取引を開示する。
　　　　　サービス活動費用又はサービス活動外費用の各項目に係る関連当事者との取引については、各項目に属する科目ごとに、サービス活動費用とサービス活動外費用の合計額の100分の10を超える取引を開示する。
　　　　　特別収益又は特別費用の各項目に係る関連当事者との取引については、各項目に属する科目ごとに1,000万円を超える収益又は費用の額について、その取引総額を開示し、取引総額と損益が相違する場合は損益を併せて開示する。ただし、各項目に属する科目の取引に係る損益の合計額が税引前当期活動増減差額の100分の10以下となる場合には、開示を要しないものとする。

15　固定資産管理台帳について

　有形固定資産及び無形固定資産は、個々の資産の管理を行うため、固定資産管理台帳を作成するものとする。

別添

勘定科目説明

※貸借対照表は、勘定科目の中区分までを記載し、必要のない中区分の勘定科目は省略できるものとするが、追加・修正はできないものとする。また、損益計算書（損益計算書内訳表除く）は、勘定科目の大区分のみを記載し、損益計算書内訳表は勘定科目の中区分までを記載する。必要のないものは省略することができるものとするが、追加・修正はできないものとする。

1．貸借対照表勘定科目の説明

＜資産の部＞

科　　目		説　　明
大区分	中区分	
流動資産	現金預金	現金（硬貨、小切手、紙幣、郵便為替証書、郵便振替貯金払出証書、官公庁の支払通知書等）及び預貯金（当座預金、普通預金、定期預金、郵便貯金、金銭信託等）をいう。
	有価証券	債券（国債、地方債、社債等をいい、譲渡性預金を含む）のうち貸借対照表日の翌日から起算して1年以内に満期が到来するもの、又は債券、株式、証券投資信託の受益証券などのうち時価の変動により利益を得ることを目的とする有価証券をいう。
	事業未収金	業務収益に対する未収入金をいう。
	未収金	業務収益以外の収益に対する未収入金をいう。
	未収収益	一定の契約に従い、継続して役務の提供を行う場合、すでに提供した役務に対していまだその対価の支払を受けていないものをいう。
	受取手形	業務の取引先との通常の取引に基づいて発生した手形債権（金融手形を除く）をいう。割引又は裏書譲渡したものは、受取手形から控除し、その会計年度末日における期限未到来の金額を注記する。
	貯蔵品	消耗品等で未使用の物品をいう。
	立替金	一時的に立替払いをした場合の債権額をいう。
	前払金	物品等の購入代金及び役務提供の対価の一部又は全部の前払額をいう。
	前払費用	一定の契約に従い、継続して役務の提供を受ける場合、いまだ提供されていない役務に対し支払われた対価をいう。
	1年以内回収予定社会福祉連携推進業務長期貸付金	社会福祉連携推進業務長期貸付金のうち貸借対照表日の翌日から起算して1年以内に入金の期限が到来するものをいう。
	社会福祉連携推進業務短期貸付金	社会福祉連携推進業務として行う社会福祉法人に対する貸付金のうち、貸借対照表日の翌日から起算して1年以内に入金の期限が到来するものをいう。
	仮払金	処理すべき科目又は金額が確定しない場合の支出額を一時的に処理する科目をいう。
	その他の流動資産	上記に属さない債権等であって、貸借対照表日の翌日から起算して1年以内に入金の期限が到来するものをいう。
	貸倒引当金	債権について回収不能額（返済免除等を含む）を見積もったときの引当金をいう。
固定資産	土地	土地をいう。
	建物	建物及び建物付属設備をいう。

	構築物	建物以外の土地に固着している建造物をいう。
	機械及び装置	機械及び装置をいう。
	車輌運搬具	乗用車、貨物自動車等をいう。
	器具及び備品	器具及び備品をいう。ただし、取得価額が10万円以上で、耐用年数が1年以上のものに限る。
	建設仮勘定	有形固定資産の建設、拡張、改造などの工事が完了し稼働するまでに発生する請負前渡金、建設用材料部品の買入代金等をいう。
	有形リース資産	有形固定資産のうちリースに係る資産をいう。
	減価償却累計額	貸借対照表上、間接法で表示する場合の有形固定資産の減価償却の累計をいう。
	権利	法律上又は契約上の権利をいう。
	ソフトウェア	コンピュータソフトウェアに係る費用で、外部から購入した場合の取得に要する費用ないしは制作費用のうち研究開発費に該当しないものをいう。
	無形リース資産	無形固定資産のうちリースに係る資産をいう。
	投資有価証券	長期的に所有する有価証券をいう。
	社会福祉連携推進業務長期貸付金	社会福祉連携推進業務として行う社会福祉法人に対する貸付金のうち、貸借対照表日の翌日から起算して入金の期限が1年を超えて到来するものをいう。
	積立資産	将来における特定の目的のために積立てた現金預金等をいう。
	差入保証金	賃貸用不動産に入居する際に、賃貸人に担保として差し入れる敷金、保証金等をいう。
	長期前払費用	時の経過に依存する継続的な役務の享受取引に対する前払分で貸借対照表日の翌日から起算して1年を超えて費用化される未経過分の金額をいう。
	繰延税金資産	税効果会計の適用により資産として計上されるものをいう。
	その他の固定資産	上記に属さない債権等であって、貸借対照表日の翌日から起算して入金の期限が1年を超えて到来するものをいう。
	貸倒引当金	固定資産に計上されている債権について回収不能額（返済免除等を含む）を見積もったときの引当金をいう。

＜負債の部＞

流動負債	事業未払金	業務活動に伴う費用等の未払い債務をいう。
	その他の未払金	上記以外の未払金（設備整備等未払金を含む。）をいう。
	支払手形	事業の取引先との通常の取引に基づいて発生した手形債務（金融手形を除く）をいう。
	社会福祉連携推進業務短期借入金	社会福祉連携推進業務として行う社会福祉法人からの短期借入金をいう。
	短期運営資金借入金	経常経費に係る外部からの借入金で、貸借対照表日の翌日から起算して1年以内に支払の期限が到来するものをいう。
	役員等短期借入金	役員等からの借入金で貸借対照表日の翌日から起算して1年以内に支払の期限が到来するものをいう。

	1年以内返済予定社会福祉連携推進業務長期借入金	社会福祉連携推進業務として行う社会福祉法人からの長期借入金のうち、貸借対照表日の翌日から起算して1年以内に支払の期限が到来するものをいう。
	1年以内返済予定設備資金借入金	設備資金借入金のうち、貸借対照表日の翌日から起算して1年以内に支払の期限が到来するものをいう。
	1年以内返済予定長期運営資金借入金	長期運営資金借入金のうち、貸借対照表日の翌日から起算して1年以内に支払の期限が到来するものをいう。
	1年以内返済予定リース債務	リース債務のうち、貸借対照表日の翌日から起算して1年以内に支払の期限が到来するものをいう。
	1年以内返済予定役員等長期借入金	役員等長期借入金のうち貸借対照表日の翌日から起算して1年以内に支払の期限が到来するものをいう。
	1年以内支払予定長期未払金	長期未払金のうち貸借対照表日の翌日から起算して1年以内に支払の期限が到来するものをいう。
	未払費用	賃金、支払利息、賃借料など時の経過に依存する継続的な役務給付取引において既に役務の提供は受けたが、会計期末までに法的にその対価の支払債務が確定していない分の金額をいう。
	未払法人税等	法人税、住民税及び事業税の未払額をいう。
	未払消費税等	消費税及び地方消費税の未払額をいう。
	預り金	職員以外の者からの一時的な預り金をいう。
	職員預り金	源泉徴収税額及び社会保険料などの徴収額等、職員に関する一時的な預り金をいう。
	前受金	物品等の売却代金及び役務提供の対価の一部又は全部の前受額をいう。
	前受収益	受取利息、賃貸料など時の経過に依存する継続的な役務提供取引に対する前受分のうち未経過の金額をいう。
	仮受金	処理すべき科目又は金額が確定しない場合の収入金額を一時的に処理する科目をいう。
	賞与引当金	支給対象期間に基づき定期に支給する職員賞与に係る引当金をいう。
	その他の流動負債	上記に属さない債務等であって、貸借対照表日の翌日から起算して1年以内に支払の期限が到来するものをいう。
固定負債	社会福祉連携推進業務長期借入金	社会福祉連携推進業務として行う社会福祉法人からの長期借入金で、貸借対照表日の翌日から起算して支払の期限が1年を超えて到来するものをいう。
	設備資金借入金	設備整備等に係る外部からの借入金で、貸借対照表日の翌日から起算して支払の期限が1年を超えて到来するものをいう。
	長期運営資金借入金	経常経費に係る外部からの借入金で、貸借対照表日の翌日から起算して支払の期限が1年を超えて到来するものをいう。
	リース債務	リース料総額から利息相当額を控除した金額で、貸借対照表日の翌日から起算して支払の期限が1年を超えて到来するものをいう。
	役員等長期借入金	役員等からの借入金で貸借対照表日の翌日から起算して支払の期限が1年を超えて到来するものをいう。

繰延税金負債	税効果会計の適用により負債として計上されるものをいう。
退職給付引当金	将来支給する退職金のうち、当該会計年度末までに発生していると認められる金額をいう。
役員退職慰労引当金	将来支給する役員への退職慰労金のうち、当該会計年度末までに発生していると認められる金額をいう。
長期未払金	固定資産に対する未払債務（リース契約による債務を除く）等で貸借対照表日の翌日から起算して支払の期限が1年を超えて到来するものをいう。
長期預り金	固定負債で長期預り金をいう。
その他の固定負債	上記に属さない債務等であって、貸借対照表日の翌日から起算して支払の期限が1年を超えて到来するものをいう。

＜純資産の部＞

基金		一般社団法人及び一般財団法人に関する法律（平成18年法律第48号）第131条の規定に基づく基金（同法第141条の規定に基づき返還された金額を除く。）を設けた場合には当該科目を使用する。
代替基金		一般社団法人及び一般財団法人に関する法律第144条の規定に基づく代替基金がある場合には当該科目を使用する。
積立金		将来の特定の目的の費用又は損失の発生に備えるため、理事会の議決に基づき積み立てた額をいう。
次期繰越活動増減差額		損益計算書に記載された次期繰越活動増減差額をいう。

２．損益計算書（内訳表含む）勘定科目の説明

①収益の部

＜サービス活動収益＞

科目		説明
大区分	中区分	
受取会費		社員から集める会費等をいう。
業務収益	社会福祉連携推進業務収益	社会福祉連携推進業務（貸付業務を除く。）に係る収益をいう。
	社会福祉連携推進業務受取利息	社会福祉連携推進業務として行う社会福祉法人に対する貸付金に係る利息収益をいう。
	その他業務収益	その他業務に係る収益をいう。
	補助金等収益	業務に対して交付される国及び地方公共団体からの補助金事業収益等をいう。
	その他の業務収益	上記に属さない業務収益をいう。
経常経費寄附金収益		経常経費に対する寄附金及び寄附物品をいう。
その他の収益		上記に属さないサービス活動による収益をいう。

＜サービス活動外収益＞

受取利息配当金		預貯金、有価証券等の利息及び配当金等の収益をいう。（償却原価法による収益を含む。）

有価証券評価益		有価証券（投資有価証券を除く）を時価評価した時の評価益をいう。
有価証券売却益		有価証券（投資有価証券を除く）を売却した場合の売却益をいう。
投資有価証券評価益		投資有価証券を時価評価した時の評価益をいう。
投資有価証券売却益		投資有価証券を売却した場合の売却益をいう。
積立資産評価益		積立資産を時価評価した時の評価益をいう。
その他のサービス活動外収益	為替差益	外国通貨、外貨建金銭債権債務（外貨預金を含む。）及び外貨建有価証券等について、円換算によって生じた換算差益をいう。
	雑収益	上記に属さないサービス活動外による収益をいう。

＜特別収益＞

設備整備等寄附金収益		設備整備等固定資産取得に係る寄附金をいう。
長期運営資金借入金元金償還寄附金収益		長期運営資金（設備資金を除く）借入金元金償還に係る寄附金をいう。
固定資産受贈額		固定資産の受贈額をいう。
固定資産売却益		固定資産を売却した場合の売却益をいう。
その他の特別収益		上記に属さない特別利益をいう。

②費用の部

＜サービス活動費用＞

科　目		説　明
大区分	中区分	
人件費	役員報酬	役員に支払う報酬、諸手当をいう。
	役員退職慰労金	役員の退職時の慰労金等をいう。
	役員退職慰労引当金繰入	役員退職慰労引当金に繰り入れる額をいう。
	職員給料	常勤職員に支払う俸給・諸手当をいう。
	職員賞与	職員に対する確定済賞与のうち、当該会計期間に係る部分の金額をいう。
	賞与引当金繰入	職員に対する翌会計期間に確定する賞与の当該会計期間に係る部分の見積額をいう。
	非常勤職員給与	非常勤職員に支払う俸給・諸手当及び賞与をいう。
	派遣職員費	派遣会社に支払う金額をいう。
	退職給付費用	従事する職員に対する退職一時金、退職年金等将来の退職給付のうち、当該会計期間の負担に属する金額（役員であることに起因する部分を除く）をいう。
	法定福利費	法令に基づいて法人が負担する健康保険料、厚生年金保険料、雇用保険料等の費用をいう。
事業費	水道光熱費	電気、ガス、水道等の費用をいう。

	燃料費	灯油、重油等の燃料費（車輌費で計上する燃料費を除く）をいう。
	消耗器具備品費	消耗品、器具備品で、固定資産の購入に該当しない費用をいう。
	保険料	損害保険料等をいう。
	賃借料	器具及び備品等のリース料、レンタル料をいう。
	車輌費	乗用車、貨物自動車等の費用をいう。
	棚卸資産評価損	貯蔵品など、棚卸資産を時価評価した時の評価損をいう。
	社会福祉連携推進業務支払利息	社会福祉連携推進業務として行う社会福祉法人からの借入金に係る利息費用をいう。
	雑費	事業費のうち他のいずれにも属さない費用をいう。
事務費	福利厚生費	健康診断その他福利厚生のために要する法定外福利費をいう。
	職員被服費	職員に支給又は貸与する作業衣などの購入、洗濯等の費用をいう。
	旅費交通費	業務に係る役員・職員の出張旅費及び交通費（ただし、研究、研修のための旅費を除く）をいう。
	研修研究費	役員・職員に対する教育訓練に直接要する費用（研究・研修のための旅費を含む。）をいう。
	事務消耗品費	事務用に必要な消耗品及び器具什器のうち、固定資産の購入に該当しないものの費用をいう。
	印刷製本費	事務に必要な書類、諸用紙、関係資料などの印刷及び製本に要する費用をいう。
	水道光熱費	事務用の電気、ガス、水道等の費用をいう。
	燃料費	事務用の灯油、重油等の燃料費（車輌費で計上する燃料費を除く）をいう。
	修繕費	建物、器具及び備品等の修繕又は模様替の費用をいう。ただし、建物、器具及び備品を改良し、耐用年数を延長させるような資本的費用を含まない。
	通信運搬費	電話、電報、ファックスの使用料、インターネット接続料及び切手代、葉書代その他通信・運搬に要する費用をいう。
	会議費	会議時における茶菓子代、食事代等の費用をいう。
	広報費	広告料、パンフレット・機関誌・広報誌作成などの印刷製本費等に要する費用をいう。
	業務委託費	業務の一部を他に委託するための費用（保守料を除く）をいう。
	手数料	役務提供にかかる費用のうち、業務委託費以外のものをいう。
	保険料	生命保険料及び建物、車輌運搬具、器具及び備品等にかかる損害保険契約に基づく保険料をいう。ただし、福利厚生費に該当するものを除く。
	賃借料	固定資産に計上を要しない器機等のリース料、レンタル料をいう。

	土地・建物賃借料	土地、建物等の賃借料をいう。
	租税公課	消費税及び地方消費税の申告納税、固定資産税、印紙税、登録免許税、自動車税等をいう。
	保守料	建物、各種機器等の保守・点検料等をいう。
	渉外費	慶弔、広報活動（広報費に属する費用を除く）等に要する費用をいう。
	諸会費	各種組織への加盟等に伴う会費、負担金等の費用をいう。
	雑費	事務費のうち他のいずれにも属さない費用をいう。
減価償却費		固定資産の減価償却の額をいう。
貸倒損失額		債権の回収不能額のうち、貸倒引当金で填補されない部分の金額をいう。
貸倒引当金繰入		貸倒引当金に繰入れる額をいう。
その他の費用		上記に属さないサービス活動による費用をいう。

＜サービス活動外費用＞

支払利息		社会福祉連携推進業務として行う社会福祉法人からの借入金以外の設備資金借入金、長期運営資金借入金及び短期運営資金借入金の利息、及び支払リース料のうち利息相当額として処理するものをいう。
有価証券評価損		有価証券（投資有価証券を除く）を時価評価した時の評価損をいう。
有価証券売却損		有価証券（投資有価証券を除く）を売却した場合の売却損をいう。
投資有価証券評価損		投資有価証券を時価評価した時の評価損をいう。
投資有価証券売却損		投資有価証券を売却した場合の売却損をいう。
積立資産評価損		積立資産を時価評価した時の評価損をいう。
その他のサービス活動外費用	為替差損	外国通貨、外貨建金銭債権債務（外貨預金を含む。）及び外貨建有価証券等について、円換算によって生じた換算差損をいう。
	雑損失	上記に属さないサービス活動外による費用をいう。

＜特別費用＞

資産評価損		資産の時価の著しい下落に伴い、回復の見込みがない当該資産に対して計上する評価損をいう。
固定資産売却損・処分損	建物売却損・処分損	建物を除却又は売却した場合の処分損をいう。
	車輌運搬具売却損・処分損	車輌運搬具を売却又は処分した場合の売却損又は処分損をいう。
	器具及び備品売却損・処分損	器具及び備品を売却又は処分した場合の売却損又は処分損をいう。
	その他の固定資産売却損・処分損	上記以外の固定資産を売却又は処分した場合の売却損又は処分損をいう。

災害損失		火災、出水等の災害に係る廃棄損と復旧に関する費用の合計額をいう。
その他の特別損失		上記に属さない特別損失をいう。

＜純資産増減の部＞

基金受入額		一般社団法人及び一般財団法人に関する法律第131条の規定に基づく基金の受入額をいう。
基金返還額		一般社団法人及び一般財団法人に関する法律第141条の規定に基づき返還された基金の金額をいう。
代替基金計上額		一般社団法人及び一般財団法人に関する法律第144条の規定に基づき代替基金として計上した金額をいう。
積立金取崩額		運用上の取扱い第12に規定された積立金の取崩額をいう。
積立金積立額		運用上の取扱い第12に規定された積立金の積立額をいう。

３．資金収支明細書勘定科目の説明

①収入の部

＜事業活動による収入＞

科目		説明
大区分	中区分	
受取会費収入		社員から集める会費等をいう。
業務収入	社会福祉連携推進業務収入	社会福祉連携推進業務（貸付業務を除く。）に係る収入をいう。
	社会福祉連携推進業務長期借入金収入	社会福祉連携推進業務として行う社会福祉法人からの長期借入金収入をいう。
	社会福祉連携推進業務受取利息収入	社会福祉連携推進業務として行う社会福祉法人に対する貸付金に係る利息収入をいう。
	社会福祉連携推進業務長期貸付金回収収入	社会福祉連携推進業務として行う社会福祉法人に対する長期貸付金の回収収入をいう。
	その他業務収入	その他業務に係る収入をいう。
	補助金等収入	業務に対して交付される国及び地方公共団体からの補助金等の収入をいう。
	その他の業務収入	上記に属さない業務収入をいう。
経常経費寄附金収入		経常経費に対する寄附金及び寄附物品をいう。
受取利息配当金収入		預貯金、有価証券等の利息及び配当金等の収入をいう。
その他の収入	雑収入	上記に属さない業務活動による収入をいう。
流動資産評価益等による資金増加額	有価証券売却益	有価証券（投資有価証券を除く）を売却した場合の売却益をいう。
	有価証券評価益	有価証券（投資有価証券を除く）を時価評価した時の評価益をいう。
	為替差益	外国通貨、外貨建金銭債権債務（外貨預金を含む。）及び外貨建有価証券等について、円換算によって生じた換算差益をいう。

＜設備整備等による収入＞

設備整備等寄附金収入		設備整備等固定資産取得に係る寄附金収入をいう。
設備資金借入金収入		設備整備に対する借入金の受入額をいう。
固定資産売却収入		固定資産の売却による収入をいう。
その他の設備整備等による収入		上記に属さない設備整備等による収入をいう。

＜その他の活動による収入＞

長期運営資金借入金元金償還寄附金収入		社会福祉連携推進業務として行う社会福祉法人からの借入金以外の長期運営資金（設備資金を除く）借入金元金償還に係る寄附金収入をいう。
長期運営資金借入金収入		社会福祉連携推進業務として行う社会福祉法人からの借入金以外の長期運営資金（設備資金を除く）のための借入金の受入額をいう。
役員等長期借入金収入		役員等からの長期借入金の受入額をいう。
長期貸付金回収収入		社会福祉連携推進業務として行う社会福祉法人に対する貸付金以外の長期に貸付けた資金の回収による収入をいう。（1年以内回収予定長期貸付金の回収による収入を含む。）
投資有価証券売却収入		投資有価証券の売却収入（収入総額）をいう。
基金受入収入		一般社団法人及び一般財団法人に関する法律第131条の規定に基づく基金の受け入れをいう。
積立資産取崩収入		積立資産の取崩しによる収入をいう。
その他の活動による収入		上記に属さないその他の活動による収入をいう。

②支出の部

＜事業活動による支出＞

科　目		説　明
大区分	中区分	
人件費支出	役員報酬支出	役員に支払う報酬、諸手当をいう。
	役員退職慰労金支出	役員への退職慰労金等の支払額をいう。
	職員給料支出	常勤職員に支払う俸給・諸手当をいう。
	職員賞与支出	常勤職員に支払う賞与をいう。
	非常勤職員給与支出	非常勤職員に支払う俸給・諸手当及び賞与をいう。
	派遣職員費支出	派遣会社に支払う金額をいう。
	退職給付支出	外部拠出型の退職手当制度に対して法人が拠出する掛金額及び退職手当として支払う金額をいう。
	法定福利費支出	法令に基づいて法人が負担する健康保険料、厚生年金保険料、雇用保険料等の支出をいう。
事業費支出	水道光熱費支出	電気、ガス、水道等の支出をいう。

	燃料費支出	灯油、重油等の燃料費（車輌費で計上する燃料費を除く）をいう。
	消耗器具備品費支出	消耗品、器具備品で、固定資産の購入に該当しない支出をいう。
	保険料支出	損害保険料等をいう。
	賃借料支出	器具及び備品等のリース料、レンタル料をいう。
	車輌費支出	乗用車、貨物自動車等の支出をいう。
	社会福祉連携推進業務長期貸付金支出	社会福祉連携推進業務として行う社会福祉法人に対する長期貸付金の支出をいう。
	社会福祉連携推進業務支払利息支出	社会福祉連携推進業務として行う社会福祉法人からの借入金利息の支出をいう。
	社会福祉連携推進業務長期借入金元金償還支出	社会福祉連携推進業務として行う社会福祉法人からの長期借入金の返済支出をいう。
事務費支出	雑支出	事業費のうち他のいずれにも属さない支出をいう。
	福利厚生費支出	健康診断その他福利厚生のために要する法定外福利費をいう。
	職員被服費支出	職員に支給又は貸与する作業衣などの購入、洗濯等の支出をいう。
	旅費交通費支出	業務に係る役員・職員の出張旅費及び交通費（ただし、研究、研修のための旅費を除く）をいう。
	研修研究費支出	役員・職員に対する教育訓練に直接要する支出（研究・研修のための旅費を含む。）をいう。
	事務消耗品費支出	事務用に必要な消耗品及び器具什器のうち、固定資産の購入に該当しないものの支出をいう。
	印刷製本費支出	事務に必要な書類、諸用紙、関係資料などの印刷及び製本に要する支出をいう。
	水道光熱費支出	事務用の電気、ガス、水道等の支出をいう。
	燃料費支出	事務用の灯油、重油等の燃料（車輌費で計上する燃料費を除く）をいう。
	修繕費支出	建物、器具及び備品等の修繕又は模様替の支出をいう。ただし、建物、器具及び備品を改良し、耐用年数を延長させるような資本的支出を含まない。
	通信運搬費支出	電話、電報、ファックスの使用料、インターネット接続料及び切手代、葉書代その他通信・運搬に要する支出をいう。
	会議費支出	会議時における茶菓子代、食事代等の支出をいう。
	広報費支出	事務所の広告料、パンフレット・機関誌・広報誌作成などの印刷製本費等に要する支出をいう。
	業務委託費支出	業務の一部を他に委託するための支出（保守料を除く）をいう。
	手数料支出	役務提供にかかる支出のうち、業務委託費以外のものをいう。
	保険料支出	生命保険料及び建物、車輌運搬具、器具及び備品等にかかる損害保険契約に基づく保険料をいう。ただし、福利厚生費に該当するものを除く。

	賃借料支出	固定資産に計上を要しない器機等のリース料、レンタル料をいう。
	土地・建物賃借料支出	土地、建物等の賃借料をいう。
	租税公課支出	消費税及び地方消費税の申告納税、固定資産税、印紙税、登録免許税、自動車税等をいう。
	保守料支出	建物、各種機器等の保守・点検料等をいう。
	渉外費支出	式典、慶弔、広報活動（広報費に属する支出を除く）等に要する支出をいう。
	諸会費支出	各種組織への加盟等に伴う会費、負担金等の支出をいう。
	雑支出	事務費のうち他のいずれにも属さない支出をいう。
支払利息支出		社会福祉連携推進業務として行う社会福祉法人からの借入金以外の設備資金借入金、長期運営資金借入金及び短期運営資金借入金の利息、及び支払リース料のうち利息相当額として処理するものをいう。
その他の支出	法人税、住民税及び事業税支出	法人税、住民税及び事業税に係る支出をいう。
	雑支出	上記に属さない支出をいう。
流動資産評価損等による資金減少額	有価証券売却損	有価証券（投資有価証券を除く）を売却した場合の売却損をいう。
	資産評価損	資産の評価損をいう。
	為替差損	外国通貨、外貨建金銭債権債務（外貨預金を含む。）及び外貨建有価証券等について、円換算によって生じた換算差損をいう。
	貸倒損失額	債権の回収不能額のうち、貸倒引当金で填補されない部分の金額をいう。

＜設備整備等による支出＞

設備資金借入金元金償還支出		設備資金の借入金に基づく元金償還額をいう。（1年以内返済予定設備資金借入金の償還額を含む。）
固定資産取得支出		固定資産を取得するための支出をいう。
固定資産除却・廃棄支出		建物取壊支出の他、固定資産の除却、廃棄等に係る支出をいう。
ファイナンス・リース債務の返済支出		ファイナンス・リース取引に係る支払リース料のうち、元本相当額をいう（1年以内返済予定リース債務の返済額を含む。）。
その他の設備整備等による支出		設備整備等による支出で他のいずれの科目にも属さない支出をいう。

＜その他の活動による支出＞

長期運営資金借入金元金償還支出		長期運営資金（設備資金を除く）の借入金に基づく元金償還額をいう。（1年以内返済予定長期運営資金借入金の償還額を含む。）
役員等長期借入金元金償還支出		役員等からの長期借入金の返済額をいう。
長期貸付金支出		長期に貸付けた資金の支出をいう。

投資有価証券取得支出		投資有価証券を取得するための支出をいう。
基金返還支出		一般社団法人及び一般財団法人に関する法律第131条の規定に基づく基金の取り崩し支出をいう。
積立資産支出		積立資産への積立による支出をいう。
その他の活動による支出	雑支出	その他の活動による支出で上記に属さない支出をいう。

著者紹介

［編　著］
一般社団法人 福祉経営管理実践研究会
　社会福祉法人関係者と様々な職業的専門家とが協働して、社会福祉に関わる経営管理の実践のあり方を研究し、その実践を広めることを目的として、2021年9月に設立。2023年1月現在の会員は44名。

［執　筆］（執筆順）
■第1章
三宅　由佳（みやけ　ゆか）
　一般社団法人福祉経営管理実践研究会副会長。1999年関西学院大学大学院商学研究科博士課程前期課程修了、修士（商学）。2004年税理士登録。2021年同大学院人間福祉研究科博士課程後期課程修了、博士（人間福祉）。

■第2章
薩摩　義則（さつま　よしのり）
　ファーマシー・オフィスデポ代表取締役。公認会計士。1984年大阪大学経済学部卒業。監査法人中央会計事務所入所、株式会社ジャフコ出向を経て、1993年薩摩公認会計士事務所設立。Ｉ＆Ｈ株式会社取締役、一般社団法人調剤薬局運営研究会理事を兼務。

■第2章・第3章
林　光行（はやし　みつゆき）
　一般社団法人福祉経営管理実践研究会会長。シェア税理士法人統括代表社員。公認会計士。監査法人榮光会計事務所（現EY新日本有限責任監査法人）入所の後、1978年シェア税理士法人の前身である公認会計士・税理士林事務所設立。

サービス・インフォメーション

━━━━━● 通話無料 ●━━━━━

① 商品に関するご照会・お申込みのご依頼
　　　　　　　TEL 0120 (203) 694／FAX 0120 (302) 640
② ご住所・ご名義等各種変更のご連絡
　　　　　　　TEL 0120 (203) 696／FAX 0120 (202) 974
③ 請求・お支払いに関するご照会・ご要望
　　　　　　　TEL 0120 (203) 695／FAX 0120 (202) 973

●フリーダイヤル（TEL）の受付時間は、土・日・祝日を除く
　9:00〜17:30です。
●FAXは24時間受け付けておりますので、あわせてご利用ください。

社会福祉連携推進法人の制度と会計実務
—社会福祉法人のための早わかりガイド—

2023年3月25日　初版発行

編　著　　一般社団法人 福祉経営管理実践研究会

発行者　　田　中　英　弥

発行所　　第一法規株式会社
　　　　　〒107-8560　東京都港区南青山2-11-17
　　　　　ホームページ　https://www.daiichihoki.co.jp/

社福連携会計　ISBN978-4-474-09158-0　C2034　（7）